Luciano Matus

TEXTOS/TEXTS
Gustavo Buntinx, Olivier Debroise, Natalia Majluf, Luciano Matus y Cuauhtémoc Medina

TRADUCCIÓN AL INGLÉS/ENGLISH TRANSLATION
Lorna Scott Fox
Richard Moszka

COORDINACIÓN Y PRODUCCIÓN/COORDINATION AND PRODUCTION
Turner

DISEÑO/DESIGN
Pilar Cebrián

FOTOMECÁNICA/COLOUR ORIGINATION
IndesColor

IMPRESIÓN/PRINTING
Brizzolis Arte en Gráficas

ENCUADERNACIÓN/BINDING
Hermanos Ramos

FOTOGRAFÍA/PHOTOGRAPHY
Olivier Debroise
María Campillo

ISBN: 84-7506-641-0
D.L.: M. 11.642-2004
Impreso en España

MINISTERIO DE ASUNTOS EXTERIORES
AECI
CONACULTA
Consejo Nacional para la Cultura y las Artes • México
CASA DE AMÉRICA
TURNER
Fundación BBVA
FUNDACIÓN Telefónica

Luciano Matus

Agradecimientos/*Acknowledgements*

Miguel Ángel Cortés
Jesús Silva
Fernando Villalonga
Rafael Pardo
Patrici Tixix
Francisca Rivero Lake
Denise Muñoz
Tere Márquez
Gustavo Villamor
Jorge Reynoso
Miguel Ángel Mergold
Laura López Morales
Juan Carlos Belair
Amelia Lara
Juan García de Oteyza
Alex García
Manuel Rocha
Gran Centenario
Olga Limón
Bárbara González
Moisés Micha
Patricia Orendáin
Jaime Gorozpe
Jaime Reyes

Ricardo Reyes
Ercilia Gómez Maqueo
Amparo Gómez Pallete
Carlos Salom
María Campillo
Ernesto Ibarra
Leonor Molina
Ander Azpiri
Ángeles Albert
Carmen Castiella
Marifer
Ignacio Toscano
Jesús Silva Herzog Márquez
Juan Carlos Ayala
Pilar Cebrián
Ana López-Alonso
Alfredo Martínez
Karmele Salaberria
Alberto Cinta
Christy Burnett
Karla Adames
Paulo Alvarado
Enriqueta Calleros
Luciano Fco. Matus

Y muy especialmente/And very specially
Olivier Debroise
Rosina Cazali
Patricia Sloane
Cuauhtémoc Medina
Natalia Majluf
Gustavo Buntinx
Viviana Kuri
por su tiempo e interés en este proyecto/
for their time and interest in this project

Luciano Matus era uno de los artistas mexicanos que expusieron en la inauguración del Centro Cultural de España en México. Su instalación, en la primera sala, llamaba la atención por la limpieza con que intervenía en el espacio que se le había asignado. Se entendía que el autor fuera arquitecto.

Quiso el azar que en esas fechas estuviera a punto de desmontar un proyecto, éste de enorme envergadura, en el ex templo de San Agustín.

Fue allí, en San Agustín, donde surgió la idea que se desarrolló poco a poco, hasta tomar una dimensión que ha ido mucho más allá de lo que se pensó al principio.

Como tantas otras cosas, este proyecto es fruto de una serie de casualidades, pero de esas que sólo ocurren a quienes lo merecen.

Por mi parte, pienso que escribir sobre algo relacionado con el arte, sin ser experto, crítico o artista, tiene el peligro de la petulancia o la vaciedad. Pero negarse a la petición insistente de un amigo es una ingratitud.

Este texto requiere una declaración añadida: no se puede ser objetivo al escribir sobre un proyecto en cuya génesis y desarrollo se ha participado. Pienso, sin embargo, que unas breves notas pueden ayudar a explicar algunos porqués, aunque las imágenes se justifican solas bastante bien. En cualquier caso, es lo único en lo que acaso pueda aportar algo.

Una intervención efímera como la de San Agustín, en un edificio monumental, semiabandonado, nos dio la idea de que se podría hacer algo semejante en edifi-

Luciano Matus is one of the Mexican artists who showed at the opening of the Centro Cultural de España in Mexico City. His installation, in the first hall, stood out for the neatness with which it interacted with the space assigned to it. It was clear that its maker was an architect.

Coincidentally, around the same time, Matus was about to dismantle a project—this one huge in scale—at the former Church of San Agustín.

It was there, in San Agustín, where the idea gradually evolved until its scope had gone far beyond what had originally been planned.

Like so many things, this project is the result of a series of accidents, though it is the kind of accident that only happens to someone who deserves it. For my part, I believe that writing about artistic issues without being an expert, a critic or an artist, runs the risk of sounding arrogant or empty. But it would be churlish of me to deny a friend's insistent request.

This text requires an additional qualification: one cannot be objective about a project when one has taken part in its creation and development. However, I do believe that these short notes might help to explain some of the ways it came about, although the images easily speak for themselves. In any case, it is the only contribution I may be able to make.

An ephemeral intervention like that of San Agustín, carried out in a monumental, half-abandoned building, gave us the idea that something similar might be done

cios restaurados o en restauración en distintos lugares de Iberoamérica.

Surge así una oportunidad de conjugar un programa de restauración de patrimonio de la Agencia Española de Cooperación Internacional, que pretende recuperar el pasado, con intervenciones contemporáneas, no sólo respetuosas con el monumento, sino que lo puedan realzar, ayudar a comprender y difundir el trabajo que se está haciendo en el programa de patrimonio...

Elegimos, en principio, cuatro lugares incluidos en la lista del patrimonio de la humanidad de la UNESCO: Antigua —Guatemala—, Cartagena de Indias —Colombia—, el Cusco —Perú—, y las misiones jesuíticas del Paraguay. Sobre el terreno, lo que iban a ser cuatro intervenciones, se multiplicaron hasta rebasar la veintena.

Además de la documentación que queda, y es la base del libro que ahora se presenta, Luciano Matus ha querido —y ha sabido— ir más allá de las intervenciones efímeras. Hubo artistas que fueron invitados a ver el proceso de elaboración, se celebró alguna mesa redonda sobre el proyecto, la prensa local se ha ocupado del tema.

Ha habido visitas ilustres, y muchas de lugareños curiosos, cuyos comentarios es una pena que no hayan quedado recogidos. Desde quienes creían que era un sistema para espantar brujas o palomas, hasta quienes agradecían lo que les habían ayudado los cables para ver y comprender el monumento.

in other buildings—either already restored or in the process of it—at various locations in Latin America. Thus, there arose an opportunity to link the programme of heritage restoration coordinated by the Spanish Agency for International Cooperation, which seeks to recover the past, with contemporary interventions that would not only respect the monument but also serve to enhance it, thus aiding in the dissemination and public awareness of the work being done to preserve our heritage...

At first, we selected four locations included on UNESCO's list of World Heritage Sites: Antigua (Guatemala), Cartagena de Indias (Colombia), Cusco (Peru) and the Jesuit Missions of Paraguay. Once on site, the original four interventions soon grew to a series of over twenty.

In addition to the documentation that exists—and forms the basis for the present book—Luciano Matus wanted (and managed) to create something beyond ephemeral interventions. Artists were invited to see the work in progress, round table discussions about the project took place and the local press covered the topic.

There came distinguished visitors as well as many curious local residents whose comments, unfortunately, have not been recorded for posterity. Viewers had a wide range of reactions: some thought it was a system to scare off witches or pigeons, while others indeed felt that the wires had helped them better to see and understand the monument.

El libro o la exposición, no podrán reproducir la sensación de entrar en las ruinas de una de las misiones del Paraguay escuchando una especie de silbido suave y solemne que producía el viento con los cables que, después de décadas habían simulado la cubierta que nunca existió en el templo. Tendría que tener una capacidad de la que carezco para describirlo, pero si mi testimonio vale de algo diré que fue una sensación bellísima, que nos permitió ver la ruina de una forma distinta a como la vimos unos años antes o como lo hicieron quienes visitaron la misión cuatro días después.

La obra de Luciano Matus, de un joven artista mexicano que se presenta en España, que ha trabajado en Iberoamérica sobre un proyecto actual relacionado con nuestro pasado, es una buena síntesis de algunas ideas que, desde el Ministerio de Asuntos Exteriores, se ha tratado de impulsar: la existencia de una comunidad de naciones en la que se puede hablar de una cultura común, la reivindicación y respeto del patrimonio histórico compartido, la apuesta por la contemporaneidad y por nuestros artistas jóvenes, la convivencia de lo contemporáneo y lo antiguo.

Miguel Ángel Cortés
Secretario de Estado para la Cooperación Internacional y para Iberoamérica

This book or exhibition cannot fully render the sensation one had upon entering the ruins of one of the Jesuit missions in Paraguay, hearing the soft, portentous whistling of the wind against wires which, after decades, had come to simulate the roof that the church had never had. I lack the skill one would need to describe this, but if my account is worth anything, I should say that it was a wonderful sensation which allowed us to see the ruins differently from the way we had seen them a few years before, or how those who visited the mission four days after the installation did.

The work of Luciano Matus—an emerging Mexican artist being presented in Spain, who has worked in Latin America on a topical project related to our past—provides an interesting synthesis of some of the ideas that the Ministry of External Affairs has done its best to implement: the existence of a community of nations in which one may speak of a common culture, vindicating and respecting our common historical heritage, lending support to contemporary practice and our emerging artists, within the coexistence of new and old.

Miguel Ángel Cortés
Secretary of State for International Cooperation and for Latin America

Índice/Index

México D.F./Mexico City
Olivier Debroise 15
"Lo más lleno posible de espacio..."/"As Full as Possible of Empty Space..."
Cuauhtémoc Medina 25
Antigua, Guatemala/Antigua, Guatemala
Olivier Debroise 49
Instancias del vacío y la posibilidad/Instances of Emptiness and Possibility
Rosina Cazali 71
Cartagena de Indias/Cartagena de Indias
Olivier Debroise 95
Guerrilla *soft* para el siglo veintiuno/Softcore Guerrilla for the Twenty-First Century
Patricia Sloane 111
Perú/Peru
Olivier Debroise 131
Conversación en la Casona de San Marcos/Conversation in the Casona de San Marcos
Gustavo Buntinx, Olivier Debroise, Natalia Majluf, Luciano Matus y Cuauhtémoc Medina 165
Capitán Miranda, Itapúa/Capitán Miranda, Itapúa
Olivier Debroise 187
Entreveros/Minglings
Viviana Kuri 199
Lo que no fue: Jesús de Tavarangüe/What Never Was: Jesús de Tavarangüe
Olivier Debroise 209
Los autores de este libro/The Authors 226

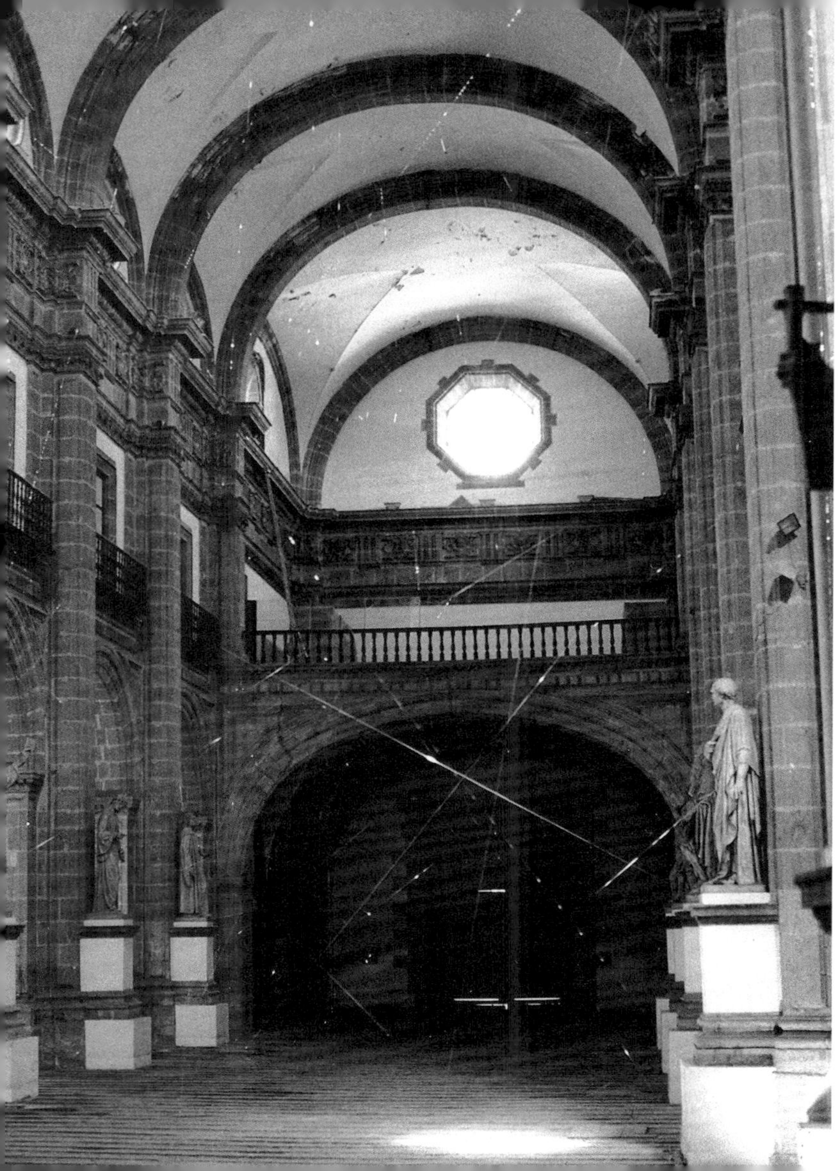

Templo de San Agustín, México D.F., México, 2002

México, D.F.

Olivier Debroise

Viernes, 19 de diciembre de 2003—. Tardé varias semanas, durante el verano de 2003, en comprender qué es lo que perseguía Luciano Matus. Así que me siento obligado a empezar esta crónica por el final, ahora que creo saber por qué lo seguí de México a Guatemala, y de Guatemala a Colombia, Perú y Paraguay.

Este joven escultor mexicano que, como muchos de su generación, proviene de la arquitectura, empezaba apenas a darse a conocer en los estrechos círculos de la floreciente y cada vez más competitiva "vanguardia mexicana". A finales de los años noventa, Matus dejó de lado una forma de escultura llena de reminiscencias del minimalismo, formas construidas a partir de módulos de madera lavada, organizados en el piso o en los muros, para abordar de manera más directa y ambiciosa el espacio tridimensional, con delicadas ordenaciones de cables, que también se situaban en la continuidad de los experimentos espaciales de Eva Hesse, por ejemplo, o más cerca de nosotros, de Lygia Pape o de la germano-venezolana Gego. Comparte con Pape una atracción por la geometría precisa que se deriva del dibujo arquitectónico, aunque está en el fondo más cerca de Gego en su fascinación por una inestabilidad en contradicción con el modernismo latente aún en las obras de Hesse y Pape.

Mexico City

Olivier Debroise

Friday, 19 December, 2003—. It took me several weeks, during the summer of 2003, to understand what Luciano Matus was after. I thus feel obliged to begin this chronicle by the end, now that I think I know why I shadowed him from Mexico to Guatemala, and from Guatemala to Colombia, Peru and Paraguay.

This young Mexican sculptor, who like many of his generation was trained in architecture, was just beginning to make a name for himself in the narrow circles of the flourishing and ever more competitive "Mexican avant-garde." At the end of the 1990s, Matus departed from a kind of sculpture that was redolent of minimalism in its constructed, modular shapes of scrubbed wood disposed on floor and walls, to tackle three-dimensional space in a more immediate and ambitious fashion, through delicate patternings of cables. These picked up the relay of the spatial experiments of Eva Hesse, for example, and closer to our time, echoed those of Lygia Pape or the German-Venezuelan artist Gego. Matus shares with Pape an attraction for the precise geometries extrapolated from architectural drawing, but he is closer to Gego when it comes to the fascination with instability, contradicting the modernism which still underpins the works of Hesse and Pape.

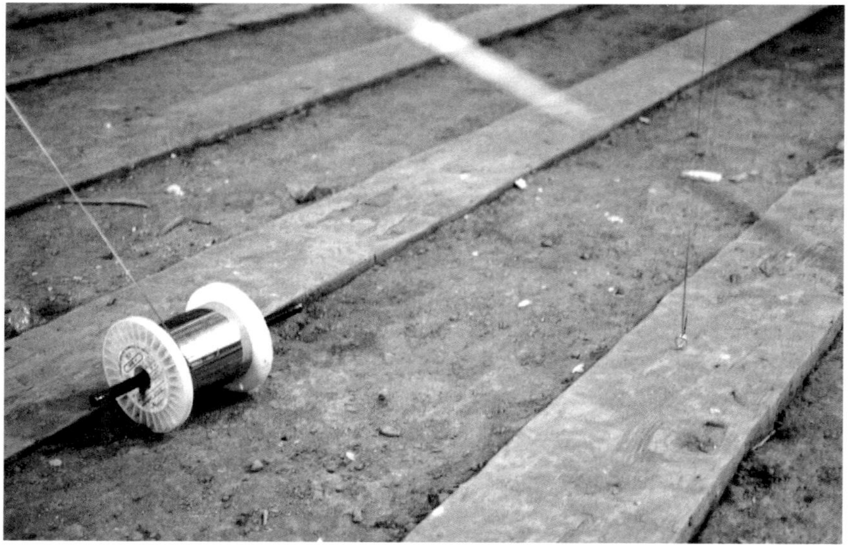

Templo de San Agustín, México D.F., México, 2002

Las primeras intervenciones de Matus, en el Salón Bancomer o en el Museo Carrillo Gil, cuando Patricia Sloane lo invitó a realizar un modesta instalación para el *Project Room*, parecían resultado de reflexiones hasta cierto punto sencillas, aunque en retrospectiva, ahora sé que no era así: la inserción de un delgado cable de níquel, interrumpido en determinados puntos pero mantenido en tensión por imanes, trazaba límites y encerraba al espectador en una "caja de visiones", espacio delimitado que lo obligaba a una gimnasia corporal a partir de la cual podía acceder a perspectivas inéditas sobre el territorio museal. La reflexión de Matus estaba sustentada en un análisis muy preciso sobre el "cubo blanco" del "sistema del arte". Sin embargo, las restricciones propias del salón de exhibición impuestas por su cuadratura, y quizá cierta timidez del autor (que él reconoce ahora), mantenían estas primeras obras en una bidimensionalidad algo teatral que entonces no dejaban percibir una posible evolución. Así, la barroca cortina elástica que Luciano Matus presentó en la inauguración de la Casa de España en México me pareció un retroceso, un simple ejercicio planimétrico que retomaba sin profundizar el arte cinético de los sesenta y, en particular, la obra de Carlos Cruz-Diez.

Cuando dejó de trabajar en espacios diseñados específicamente para albergar obras de arte —primero en el templo barroco de Santa Teresa la Antigua (una iglesia del siglo dieciocho convertida en los años noventa en el espacio de arte contemporáneo Ex Teresa Arte Actual,

Matus's first interventions, in the Salón Bancomer or the Museo Carrillo Gil, where Patricia Sloane invited him to realize a modest installation for the *Project Room*, appeared to be the product of relatively simplistic reflections, although now, in retrospect, I know better: the deployment of a fine nickel cable, interrupted here and there but kept in tension by magnets, drew limits and fenced the viewer inside a "visions box," a demarcated space which compelled spectators to perform the bodily gymnastics whereby they could accede to unprecedented perspectives over the museum space. Matus's reasoning was grounded in a highly precise analysis of the "white cube" beloved of the "art system." Nevertheless, the constraints inherent in the quadrature of the exhibition room, plus a certain diffidence on the part of the artist (to which he now admits), confined these early works within a somewhat theatrical two-dimensionality, which at the time gave little hint of their potential evolution. Thus the baroque elastic curtain presented by Luciano Matus for the inauguration of the Casa de España in Mexico struck me as a step backwards, a merely planimetrical exercise that alluded, without adding anything, to the kinetic art of the 1960s, and to the work of Carlos Cruz-Diez in particular.

When he ceased to operate within spaces expressly designed to house art works (his first alternative being the baroque church of Santa Teresa la Antigua, an eighteenth-century temple which was converted during

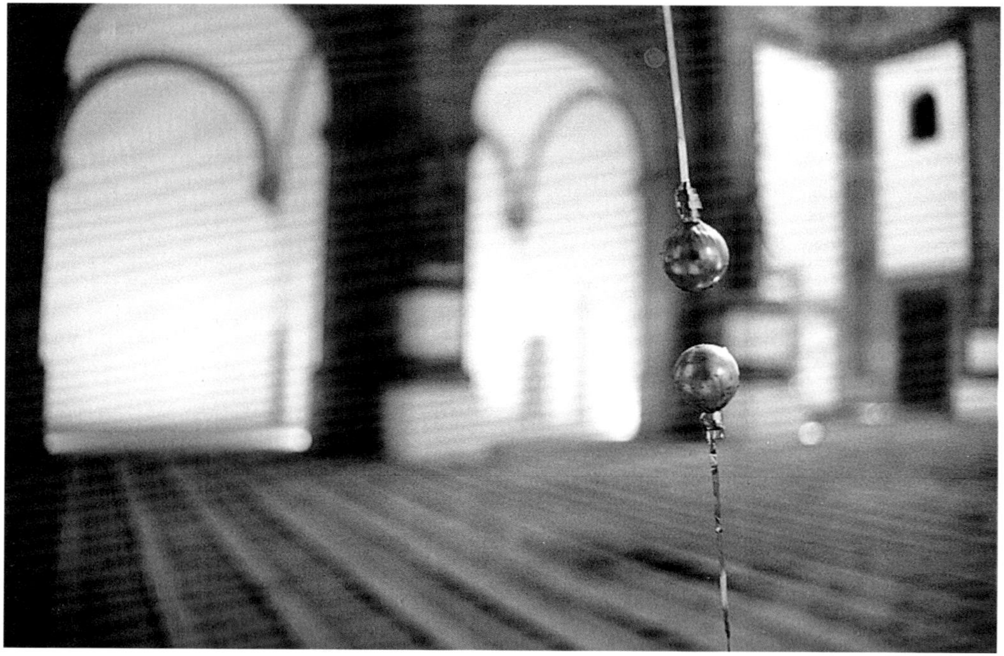

Templo de San Agustín, México D.F., México, 2002

pero que mantiene sus características arquitectónicas originales) y luego en la nave de la iglesia de San Agustín, ambos en la ciudad de México— los propósitos de Luciano Matus se aclararon; la obra adquirió una nueva dimensión y sus intenciones se hicieron evidentes: se trata de alterar la percepción de un edificio determinado con recursos mínimos que remiten tanto al cinetismo como a ciertas formas del *arte povera*, y funciona como mero diseño arquitectónico y extensión en el espacio tridimensional del plano maestro arquitectónico. Lo que en el museo se comprendía como una forma inestable de escultura, dejó de ser *obra de arte* —en el sentido más tradicional, de objeto de contemplación pasiva— para inducir al espectador a otro tipo de actividad, como seguir con la mirada el hilo vibrante que resalta ciertas líneas de fuerza, que continúa o desmiente las intenciones del arquitecto. Las inmensas proporciones de la nave de San Agustín, en particular, que podrían parecer un reto para un trabajo tan delicado y, cabe decirlo, "aéreo", permitieron a Matus materializar su percepción del espacio y de la arquitectura. Logró establecer y exponer la tensión entre el objeto *minimal* y el espacio barroco: los finos cables de níquel y los imanes sostenidos en el vacío por su propio magnetismo —estos intersticios en la continuidad— descubren una fuerza oculta e insinúan posibilidades irresueltas, al saturar las oquedades, al revelar el *horror vacui*.

the 1990s into a contemporary art space known as Ex Teresa Arte Actual, while preserving the original architectural features; his second, the nave of San Agustín, another church in Mexico City), the bid of Luciano Matus became clearer; the work acquired a fresh dimension, and its intentions seemed transparent: to alter the perception of a building by means of the most austere input, with reference both to kinetic art and to certain facets of *arte povera*. This intervention functions purely as architectural design, an extension into three-dimensional space of the architect's master plan. That which in the museum could be taken for an unstable form of sculpture, ceased being a *work of art*—in the most traditional sense, i.e., an object of passive contemplation—in order to entice the spectator into another kind of activity, such as following with her gaze the vibrant thread which highlights particular force-fields, prolonging or refuting the architect's intentions. The gigantic proportions of the nave of San Agustín especially, which might seem at first sight to pose a hefty challenge to such a delicate and indeed "aerial" interposition, allowed Matus to materialise his perception of space and architecture. He succeeded in establishing and exposing the tension between the *minimal* object and the baroque space: the wispy nickel cables and the magnets upheld in space by their own magnetism—marking the gaps in continuity—laid bare a hidden force and suggested unre-

Reconocimiento del espacio, la intervención de Luciano Matus en San Agustín, pudo haber sido el término de un programa en el que trabajó durante más de dos años, pero no fue así. Por sus dimensiones, la nave "imposible" para el arte contemporáneo. Ni Jannis Kounellis, quien instaló en la nave central apilamientos de piedras volcánicas y cruces metálicas hechas con rieles de ferrocarril, ni Thomas Glassford, al presentar su inmensa *Fuente* cuyas aguas recorrían la nave y las capillas laterales, lograron "llenar el espacio": no obstante la escala —y la calidad— de sus instalaciones, se veían fuera de proporción en la inmensa "gruta" ruinosa de cien metros de largo por veinte de ancho y treinta y cinco de altura[1]. Paradójicamente, al trabajar "en el éter", Luciano Matus logró "rediseñar" aquellos 70.000 metros cúbicos de aire denso, iluminado durante el día por claraboyas que alguna vez fueron vitrales.

En vez de ser una conclusión, entonces, *Reconocimiento del espacio* se convirtió en el punto de partida de un itinerario errático por varios países de América Latina, cuyas etapas fueron sugeridas por los proyectos de restauración de edificios coloniales emprendidos desde hace dos décadas por la Agencia Española de Cooperación

[1]Jannis Kounellis fue invitado por la Universidad Nacional Autónoma de México (UNAM) a inaugurar el antiguo templo de San Agustín transformado en el Museo Universitario de Ciencias y Artes Móvil (MUCA Móvil), en el año 2000. A finales del 2001, Thomas Glassford realizó ahí su *Fuente,* como parte del proyecto *Wasser/Agua,* una colaboración del Instituto Goethe y de la UNAM.

solved possibilities, by saturating the cavities to reveal the *horror vacui.*

Reconocimiento del espacio, the intervention carried out by Luciano Matus in San Agustín, might well have heralded the conclusion to a programme on which he had worked for more than two years, but things didn't turn out that way. The nave of this church is so vast that it constitutes an "impossible" space for contemporary art. Neither Jannis Kounellis, who crammed the central aisle with volcanic stones and metal crosses made of railway lines, nor Thomas Glassford, who constructed a colossal *Fountain* with water spilling through the nave and into the side chapels, managed to "fill the space." Despite the towering scale—and the quality—of their installations, they still seemed dwarfed by the great derelict "grotto," 100 metres long and 20 metres wide, with a height of 35 metres.[1] Paradoxically, it was by working "in the ether" that Luciano Matus was able to "redesign" those 70,000 cubic metres of dense air, illuminated in the daytime by skylights that had once been stained-glass windows.

And so, rather than mark a conclusion, *Reconocimiento del espacio* became the starting point of an erratic itin-

[1]Jannis Kounellis was invited by the Universidad Nacional Autónoma de México (UNAM) to inaugurate the former church of San Agustín, converted into the Museo Universitario de Ciencias y Artes Móvil (MUCA Móvil), in the year 2000. At the end of 2001, Thomas Glassford made his *Fuente* there, in the framework of the *Wasser/Agua* project, a collaboration between the Goethe Institute and the UNAM.

Internacional (AECI), la cual financió el proceso sudamericano de Luciano Matus. Las intenciones de la AECI eran claras desde el inicio: se trataba de conceder a edificios coloniales americanos, influidos por los modelos arquitectónicos ibéricos, una nueva visibilidad, inscribiéndolos en un sistema del arte contemporáneo. El hecho de que Luciano Matus sea arquitecto de formación, sin duda facilitaría la interacción con urbanistas y restauradores reticentes a estas intervenciones en sus dominios profesionales y en sus territorios de exclusividad. En ese sentido, el proyecto de Luciano Matus (llamado entonces, por efecto de continuidad, *Reconocimiento del espacio II*) tenía antecedentes —las prácticas artísticas contemporáneas requieren de espacios menos premeditados que los museos y, desde hace muchos años, artistas contemporáneos han optado por "instalarse" en edificios abandonados, de manera efímera o permanente, como en el Castello di Rivoli, cerca de Turín, en Italia, que alberga una de las más importantes colecciones de *arte povera*—. En México, esta práctica ahora común fue instaurada por iniciativa de artistas neoconceptuales que requerían espacios "de libertad" fuera de las instituciones dedicadas a la valoración del arte. Quizás una de las primeras operaciones de este tipo fue la "Noche de los Poetas", evento organizado en el convento de Tepoztlán, Morelos, en 1984, por la entonces directora del Museo de Arte Carrillo Gil, Silvia Pandolfi, y en el que participaron varios colectivos artísticos y artistas de *performance* como Marcos

erary through several Latin American countries, a journey whose ports of call corresponded to the various projects for the restoration of colonial buildings launched twenty years ago by the Agencia Española de Cooperación Internacional (AECI), which also financed the transport and expenses of Luciano Matus. AECI's intentions were clear from the beginning: it was seeking to endow American colonial buildings, stamped as they are by Iberian models, with a renewed visibility, reinscribing them into the system of contemporary art. The fact that Luciano Matus had trained as an architect was an advantage: it would foreseeably smooth the path of interaction with the planners and restorers who tend to baulk at such encroachments on their professional domains, their exclusive fiefs. In this regard, there were several precedents to Matus's project (which was originally christened *Reconocimiento del espacio II*, for the sake of continuity). Contemporary artistic practice requires environments that are not as premeditated as museums, and for many years now, artists have opted to "install themselves" in abandoned buildings for the long or the short term, premises such as the Castello di Rivoli, near Turin, home to one of the most outstanding collections of *arte povera*. In Mexico, this now familiar option was pioneered by a range of neo-conceptual artists who aspired to lay claim to "free" spaces, outside the perimeters of institutions devoted to the promotion of art. One of the first operations of this nature was no doubt the "Poets' Night" of

Kurtycz. Sin embargo, este evento fue borrado de la memoria por la exposición que, en 1991, organizaron Gabriel Orozco, Guillermo Santamarina y Flavia González, en el antiguo convento del Desierto de los Leones, como un homenaje colectivo a Joseph Beuys. Aunque erráticas, y sin visos de continuidad, este tipo de interacción entre prácticas contemporáneas y programas de rehabilitación de espacios abandonados tuvieron en el pasado el apoyo directo del Instituto Nacional de Antropología e Historia[2].

Luciano Matus tenía su viaje en mente aquella vez que nos encontramos en la boda de Manuel Rocha —su cómplice en la intervención del templo de San Agustín— y llegó a sentarse junto a Patricia Sloane para explicarnos su proyecto e invitarnos a acompañarlo en su recorrido latinoamericano. Esta "invitación al viaje" tenía algo de inverosímil, un proyecto desmesurado cuyas puntas no alcancé entonces a aprehender. La idea, por supuesto, era seductora. La simple idea de recorrer las "míticas" misiones jesuitas del Paraguay, por ejemplo, me ilusionó inmediatamente. Se trababa entonces de llevar esta entrometida "función del arte" a otros lados y, de paso, servirse de la "invitación al viaje", para tejer una red de relaciones entre artistas, críticos y operadores culturales a través del continente,

[2]Es el caso, en particular, de un efímero Festival de Tepoztlán, que se llevó a cabo entre 1993 y 1995, y permitió a artistas como Silvia Gruner o Gerardo Suter desarrollar importantes proyectos *in situ*.

1984, organized at the Convento de Tepoztlán, in the state of Morelos, by the then director of the Museo de Arte Carrillo Gil, Silvia Pandolfi; an event which attracted several artists' collectives as well as performance artists such as Marcos Kurtycz. However, this achievement was overshadowed by the exhibition curated in 1991 by Gabriel Orozco, Guillermo Santamarina and Flavia González at the former Convento del Desierto de los Leones, a plural homage to Joseph Beuys. Such experiments, sporadic one-offs though they were, represented novel alliances between contemporary practices and programmes for the rehabilitation of derelict historic buildings, and benefited from the direct support of the Instituto Nacional de Antropología e Historia.[2]

The day we ran into each other at Manuel Rocha's wedding—Manuel who had been Luciano's accomplice for the intervention at San Agustín—Matus was already thinking about his prospective journey. He came to sit next to Patricia Sloane, in order to explain the project, and angle for our company on the voyage through Latin America. This "invitation to a voyage" felt thoroughly improbable, outlining an inordinate, excessive plan whose scope I was unable to apprehend at first. The idea was obviously a seductive one. The

[2]This is especially true of the short-lived Festival de Tepoztlán, which took place from 1993 to 1995, and provided the opportunity for artists such as Silvia Gruner and Gerardo Suter to develop major projects *in situ*.

como una expansión virtual de las redes de hilos de níquel que Luciano Matus iría tejiendo entre edificios.

Emprendimos, pues, el viaje, siguiendo el hilo conductor.

notion of visiting the legendary Jesuit missions of Paraguay, for instance, thrilled me immediately. The challenge would be, then, to carry the intrusive "function of art" into new contexts, and in the process, to make the most of this "invitation to a voyage" by weaving a fabric of relationships between artists, critics and other cultural agents up and down the continent, like a virtual expansion of the networks of nickel threads which Luciano Matus would be weaving from building to building.

And so we set out on our journey, following the guiding thread.

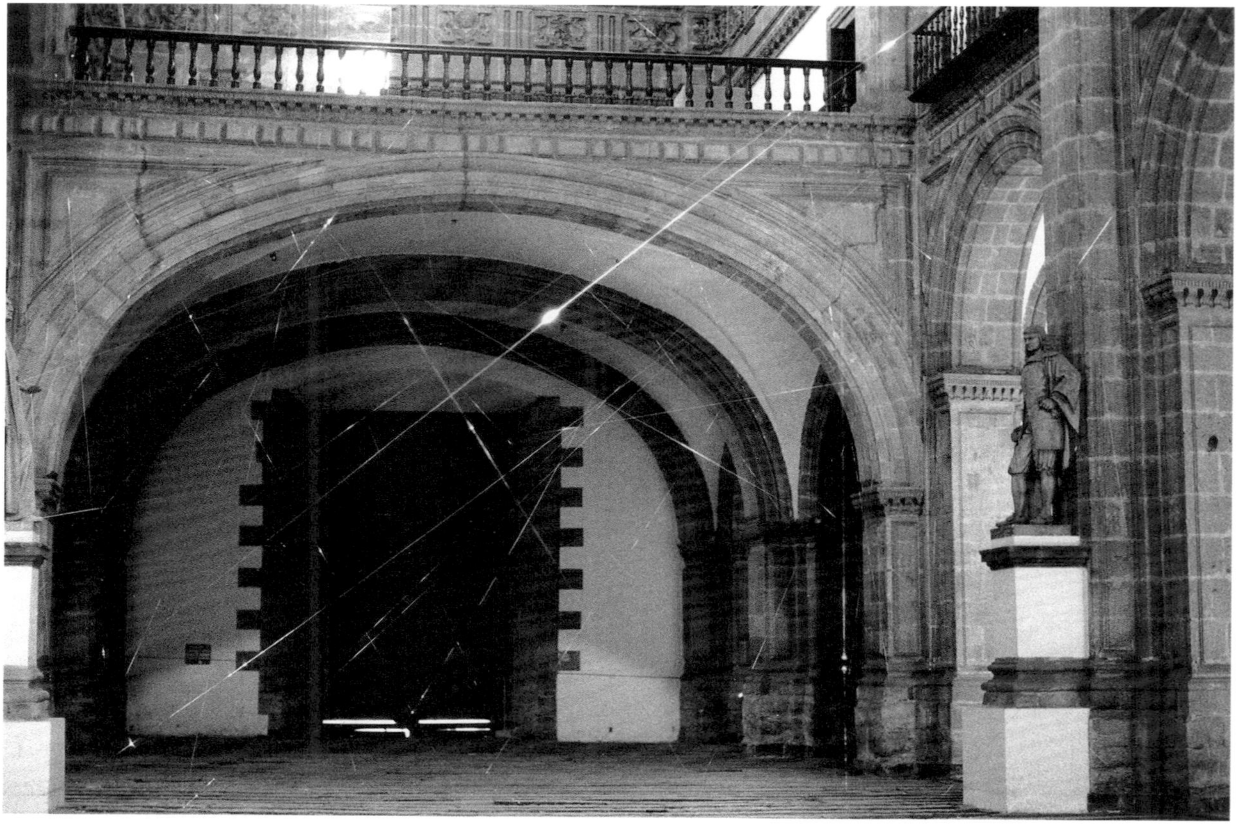

San Agustín, México D.F., México, 2002

"Lo más lleno posible de espacio..."

CUAUHTÉMOC MEDINA

> *Subject 2. History is composed of thoughts—therefore one can ask the question,* what is the structure of History? *What is its electromagnetic configuration? How does it change its structure?*
>
> *Programme Thought,* Takis y Sinclair Beiles, 1964[1].

Hacia el final de *Rayuela* (1966) —si acaso de *Rayuela* puede hablarse de un "final"— Julio Cortázar creó una escena que formula el desquiciamiento y/o la apoteosis de la escultura moderna. Aunque pocos de los lectores lo notan, el héroe de la novela, Horacio Oliveira, el amante de la Maga, no obstante sus muchas meditaciones literarias y filosóficas, es un escultor. Mientras se hacía cargo de la morgue del manicomio donde había encontrado empleo de vuelta a Buenos Aires y tras dejar París, Oliveira había tomado la "costumbre de andar siempre con piolines en los bolsillos, de juntar hilos de colores y meterlos entre las páginas de los libros, de fabricar toda clase de figuras con esas cosas y goma de tragacantos". Esta "manía" era de hecho, nos informa Cortázar, una fijación en un tipo muy específico de material artístico:

[1] *Signals*, vol. I, n.º 3-4, Londres, octubre-noviembre 1964. Reproducido en Guy Brett, *Force Fields, Phases of the Kinetic*, Londres, Hayward Gallery, 2000, p. 253.

"As Full as Possible of Empty Space..."

CUAUHTÉMOC MEDINA

> *Subject 2. History is composed of thoughts—therefore one can ask the question,* what is the structure of History? *What is its electromagnetic configuration? How does it change its structure?*
>
> *Programme Thought,* Takis and Sinclair Beiles, 1964.[1]

Towards the end of *Hopscotch* (1966)—if one can actually talk about an "end" to this book—Julio Cortázar creates a scene that speaks of the insanity and/or apotheosis of modern sculpture. Though few readers may notice, since he is so given to literary and philosophical meditations, the novel's hero and Maga's lover, Horacio Oliveira, is in fact a sculptor. As supervisor of the morgue in the insane asylum where he had found employment after returning to Buenos Aires from Paris, Oliveira had made a habit "of always carrying string in his pockets, of collecting pieces of coloured string and putting them in-between the pages of books, of making all kinds of figures with these things and gum tragacanth." Cortázar tells us that this "mania" was actually a fixation about a very specific type of art material:

[1] *Signals*, vol. I, nos. 3-4, London, October-November 1964; reprinted in Guy Brett, *Force Fields, Phases of the Kinetic*, London, Hayward Gallery, 2000, p. 253.

Los hilos le parecían a Oliveira el único material justificable para sus inventos, y sólo de cuando en cuando, si lo encontraba en la calle, se animaba a usar un pedazo de alambre o algún fleje[2].

Un buen día, el enfermero se transformó en paciente. Horacio Oliveira, preso de miedo, se aísla en un cuarto del manicomio tendiendo a su alrededor una red de hilos, en parte sustraídos de los dementes, a fin de impedir el paso de su amigo (y supuesto atacante) Traveler. Atando metros y metros de cuerda del "picaporte a la silla inclinada, del picaporte a un cenicero del vermut Martini puesto en el borde del lavatorio, y del picaporte a un cajón del ropero, lleno de libros y papeles, sostenido apenas por el borde"[3], Oliveira tejió una madeja suficientemente densa para guarecerse entre la cama y la ventana, cubriendo el piso una barrera de palanganas llenas de agua. Era como si, finalmente, Horacio se hubiera decidido a materializar la telaraña de su vida, segando contacto con el prójimo, y a un paso de lanzarse al vacío por la ventana para caer directo sobre el "cielo" de la rayuela en el patio. No obstante, ese aprisionarse a sí mismo no era ceguera: Julio Cortázar señala que a Oliveira "le gustaba que todo lo que hacía estuviera lo más lleno posible de espacio libre, y que el aire

[2]Julio Cortázar, *Rayuela,* editado por Andrés Amorós, Cátedra, Madrid, 1989, p. 487 (Capítulo 56).
[3]*Ibid.,* p. 493.

Oliveira felt the pieces of string were the only justifiable material for his inventions, and only once in a while did he get the urge to use a piece of wire or metal if he found it in the street.[2]

Then, one day, the caretaker becomes a patient. Horacio Oliveira has a panic attack and locks himself into a room, weaving a net of strings around him, some of them stolen from the lunatics, in order to stop Traveler (his friend whom he believes is his attacker) from reaching him. He attaches yards and yards of string "from the door handle to a chair tilted against it, from the door handle to an ashtray with a Martini vermouth logo on the rim of the washbasin, and from the door handle to a drawer full of books and papers barely holding in place."[3] Oliveira weaves a skein thick enough to create a shelter for himself between the bed and the window, covering the floor with pails filled with water. It is as if Oliveira has finally decided to represent his tangled life, cutting himself off from everyone, only one step away from throwing himself out the window straight into "heaven", the last square of the hopscotch game drawn on the courtyard's flagstones. However, his self-imprisonment is not blindness: Julio Cortázar tells us that Oliveira "liked

[2]Julio Cortazar, *Rayuela,* Andrés Amorós (ed), Cátedra, Madrid, 1989, p. 487 (chapter 56).
[3]*Ibid.,* p. 493.

entrara y saliera, y sobre todo que saliera"[4]. Aunque los cuerpos debían quedar bloqueados por la red, ésta construía un espacio fluido, sinuoso, ingrávido y horadado. Era una barrera hecha de espacio.

Esa red, como suele suceder en *Rayuela*, es una alusión por demás precisa. De hecho, podría decirse que la telaraña de Oliveira parodia (y desarrolla) las ambiciones de toda una rama de la escultura moderna, aquella que buscaba atrapar el espacio y conformarlo sin añadirle materia alguna. Esa búsqueda de transparencia, análoga por lo demás a la inspiración ingenieril de la arquitectura modernista, fue lo que los hermanos Naum Gabo y Antoine Pevsner perseguían en 1920 en su *Manifiesto realista* al proclamar su renuncia "a la masa como elemento escultórico"[5]. De hecho, Pevsner y Gabo, quienes salen de la Unión Soviética pocos años después, tuvieron un papel decisivo en trasladar a Occidente los descubrimientos formales del constructivismo ruso en la forma de un vocabulario escultórico que sustituía cualquier forma de tallado o modelado por el trazado de estructuras espaciales de hilo, metal o plexiglás. En cualquier caso, lo mismo en sus ramas productivistas o meramente especulativas, la tradición constructivista entendió la escultura como una especie de trazado estructural.

[4] *Ibid.* p. 487.

[5] Naum Gabo y Antoine Pevsner, "The Realistic Manifesto, 1920", en John E. Bowlt (ed.), *Russian Art of the Avant-Garde: Theory and Criticism*, Thames and Hudson, Londres, 1988, p. 213.

everything he made to be as full as possible of empty space so air could flow in and out of it, but above all flow out."[4] Though the net was designed to block people, it created a fluid, sinuous, weightless space full of holes. It was an obstacle made of space.

This net also very precisely alludes to something else, as is often the case in *Hopscotch*. In fact, we could say that Oliveira's spider's web parodies (and develops) the ambitions of an entire current in modern sculpture—one that sought to capture and mould space without adding anything tangible to it. This quest for transparency—similar in many ways to modernist architecture's reliance on engineering—was what the brothers Naum Gabo and Antoine Pevsner had embarked upon when they wrote their *Realistic Manifesto* in 1920 rejecting "mass as a sculptural element."[5] Indeed, Pevsner and Gabo, after leaving the Soviet Union a few years later, played a decisive role in bringing Russian Constructivism's formal innovations to the attention of the West in the shape of a sculptural vocabulary that used string, Perspex or wood to design spatial structures instead of employing such techniques as carving or modelling. In any case, whether it involved mere speculation or the making of an actual

[4] *Ibid.* p. 487.

[5] Naum Gabo and Antoine Pevsner, "The Realistic Manifesto, 1920" in John E. Bowlt (ed.), *Russian Art of the Avant-Garde: Theory and Criticism*, Thames and Hudson, London, 1988, p. 213.

object, the Constructivist tradition saw sculpture as a sort of structural outlining.

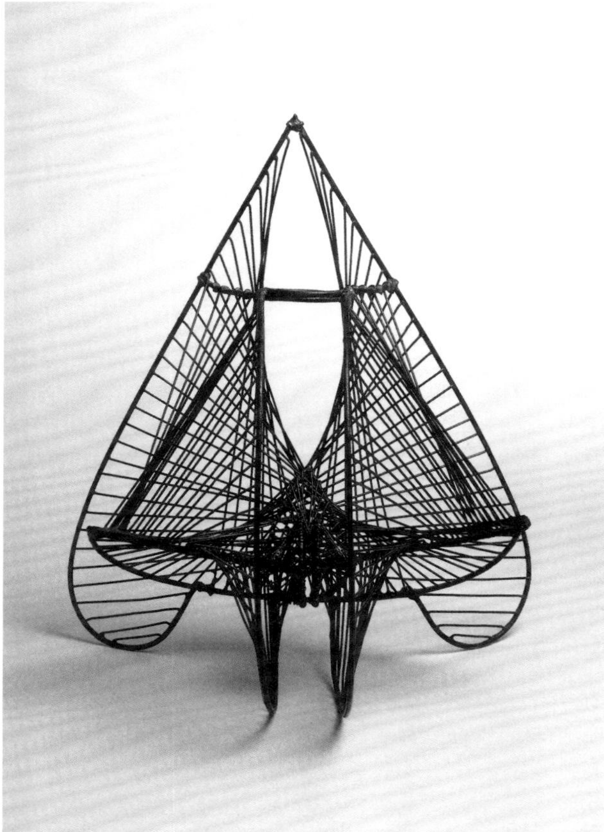

Antoine Pevsner, *Maqueta para la construcción* Mundo, *1946 (Foto: Philippe Migeat)*

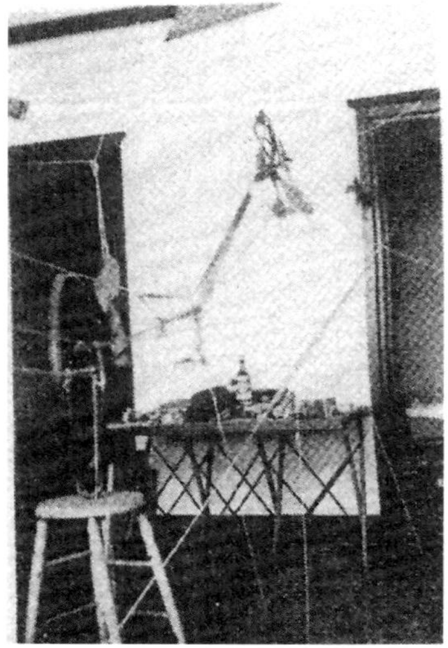

Escultura de viaje,
Marcel Duchamp, 1917

Going against the grain of this model—and all of its rationalist and architectural implications—are the sculptures/environments produced by Marcel Duchamp between 1918 and 1942. Instead of regarding the space captured between lengths of string as a structure, Duchamp uses the net itself as a kind of interference that penetrates and disturbs the space in which we move. In 1917, Duchamp made a *Sculpture for Travelling* that was a tangled assemblage of coloured rubber

Es a contrapelo de ese modelo, con todas sus implicaciones racionalistas y arquitectónicas, que conviene pensar las esculturas/ambientes que Marcel Duchamp produjo en 1918 y 1942. En lugar de concebir el espacio atrapado entre hilos como estructura, Duchamp utiliza la red como una interferencia, que penetra y perturba nuestro territorio de circulación. En 1917, Duchamp produjo una *Escultura de viaje* que consistía en una maraña de tiras de hule de colores tensada por medio de hilos de las paredes y el techo. Hecha en Nueva York a partir de gorras de baño multicolores, que Duchamp había cortado y pegado entre sí, el artista la llevó consigo en su viaje a Buenos Aires en 1918, donde la desechó una vez que el material se desintegró[6]. Las fotografías con que Duchamp documentó la pieza nos la muestran colgando del techo a las paredes y el piso, creando así una pequeña red que cruzaba entre varios de sus *ready-mades*, y cumpliendo una función de estorbo análoga a su *Trampa* (*Trébuchet*) (1917), el *ready-made* consistente en un perchero que Duchamp atornilló al suelo de su estudio a fin de hacer tropezar a sus visitas[7].

Además de explorar con medio siglo de adelanto las posibilidades de una escultura antiformal "suave", en la

[6]Arturo Schwarz, *The Complete Works of Marcel Duchamp*, tercera edición revisada y aumentada, Delano Greenidge Editions, Nueva York, 1997, vol. II, p. 659, cat. 355.
[7]*Ibid.*, vol. II, p. 655.

strips, drawn taut and attached to the ceiling and walls with string.

Duchamp made the piece in New York out of different-coloured bathing caps cut into strips and glued together, and brought it with him on a trip to Buenos Aires in 1918, where he threw it away once it had fallen to pieces.[6] In photographs that Duchamp took to document the piece, it can be seen hanging from the walls to the ceiling and down to the floor, thus creating a small web that screened several of his ready-mades and functioned as an obstacle in the same way as his *Trébuchet* (1917)— the ready-made of a clothes rack he screwed to the floor of his studio to make visitors trip.[7]

With *Sculpture for Travelling*—in addition to exploring fifty years before anyone else did the possibilities of a "soft" version of anti-formal sculpture, Duchamp carried out one of his first experiments in what we would now call "installation:" a sculptural intervention in a given architectural space, rather than the creation of a autonomous sculptural object. Almost twenty-five years later, Duchamp would expand on his intuitive notion of decoration/sabotage with spectacular results. In October 1942 in New York, André Breton and Marcel Duchamp organized a show to raise funds

[6]Arturo Schwarz, *The Complete Works of Marcel Duchamp*, third revised and expanded edition, Delano Greenidge Editions, New York, 1997, vol. II, p. 659, cat. 355.
[7]*Ibid.*, vol. II, p. 655.

Escultura de viaje Duchamp llevó a cabo uno de sus primeros ensayos de lo que hoy llamaríamos "instalación": la intervención escultórica de un espacio arquitectónico ya dado, en lugar de la creación de un objeto escultórico autónomo. Casi un cuarto de siglo más tarde, Duchamp extendería espectacularmente esa intuición de un sabotaje/decoración.

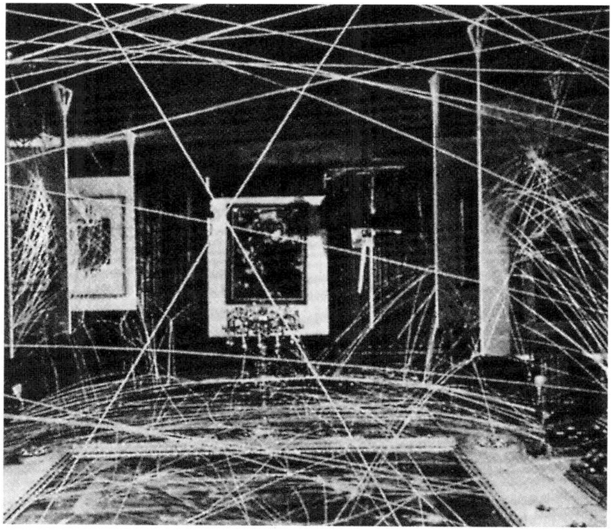

Ficelles, *Marcel Duchamp, 1942*

En octubre de 1942, André Breton y Marcel Duchamp organizaron en Nueva York una muestra en beneficio de

for prisoners of war and children in Nazi-occupied France. *First Papers of Surrealism*[8] was the first and most memorable collective exhibition of Surrealists exiled in the Americas, since it not only featured them, but also members of the European avant-garde in general who had sought asylum in New York during WWII. However, since *First Papers* was a fundraiser and, what is more, took place in a rather lacklustre space, Duchamp faced the twofold challenge of creating a total environment—like the one he achieved in the 1938 Surrealist exhibition in Paris—and making the installation as cheaply as possible. His solution to the problem was in fact to expand on the *Sculpture for Travelling's* spider's-web effect. Duchamp bought some sixteen miles of string and wrapped it in-between the panels on which were hung works by such artists as Mondrian, Klee or Tinguely, sketching out a sort of spider's web-drawing-obstacle connected to the ceiling and lights.[9] Though he did not actually use much more than one kilometre of string, Duchamp created a cramped visual labyrinth—the avant-garde's most noteworthy critique of modern museography's quest for transparency and accessibility. The piece known as *Sixteen Miles of String* rejected the utopia of the white

[8] For a detailed analysis of the exhibition and his installation, see Lewis Kachur, *Displaying the Marvelous, Marcel Duchamp, Salvador Dalí, and Surrealist Exhibition Installations*, MIT Press, Cambridge, Massachusetts, 2001, pp. 166–197.

[9] Schwarz, *op. cit.*, vol. II, p. 767, cat, 488.

los prisioneros de guerra y niños franceses que vivían bajo la ocupación nazi. *First Papers of Surrealism*[8] fue no sólo la primera y más memorable manifestación colectiva del surrealismo exiliado en las Américas sino, en general, de la vanguardia europea que encontró asilo en Nueva York durante la Segunda Guerra Mundial. No obstante, como *First Papers...* era una exhibición de beneficencia, montada además en un espacio un tanto desangelado, planteaba a Duchamp el doble reto de crear un ambiente total del tipo logrado en la exhibición surrealista parisina de 1938, pero economizando lo más posible en la instalación. La solución al problema fue, de hecho, expandir el efecto de telaraña de la *Escultura de viaje*. Duchamp adquirió alrededor de dieciséis millas de cuerda y las enredó por entre las mamparas que sostenían cuadros de artistas como Mondrian, Klee o Tinguely, trazando una especie de telaraña-dibujo-obstáculo que corría entre el techo y las lámparas[9]. Si bien sólo utilizó un poco más de un kilómetro de cordel, Duchamp obtuvo un laberinto visual apretado, la más notable crítica que la vanguardia hizo a la búsqueda de transparencia y accesibilidad de la museografía moderna. Las llamadas *Dieciséis millas* de cuerda negaban la utopía del cubo blanco de la contemplación clínica moderna, para

[8]Un análisis detallado de la exhibición y su instalación puede consultarse en Lewis Kachur, *Displaying the Marvelous, Marcel Duchamp, Salvador Dalí, and Surrealist Exhibition Installations*, MIT Press, Cambridge, Massachusetts, 2001, pp. 166-197.

[9]Schwarz, *op. cit.*, vol. II, p. 767, cat. 488.

cube—as a space of modern, clinical contemplation—in favour of a hazy territory where works remained visible but at the same time appeared distant and inaccessible. Thus, as Lewis Kachur has noted, Duchamp uses string in the same way he uses glass: to "block the viewer physically yet allow optical penetration."[10] Proving Duchamp's intention of creating an all-encompassing experience by permanently disturbing the space, is the fact that he instructed a group of children to use the environment as a playing field, ignoring the spectators who not only had to negotiate the string labyrinth, but also dodge the balls being thrown back and forth.[11]

It goes without saying that in writing *Hopscotch*, Cortázar transferred the methodology of Duchamp's *Sixteen Miles* to Horacio Oliveira's madness.[12] By this time Fluxus artist Ben Vautier had decided to interpret the "score" of Takehisa Kosugi's Anima I—"Roll up a Long Cord"[13]—by wrapping string around someone sitting on a chair or a stool until they could no longer move.[14] Putting

[10]Kachur, Op. cit., p. 183.

[11]Schwarz, *Op.* cit., vol. II, p. 767.

[12]In fact, as Amorós states, Cortázar himself explained the reference in *Último Round*, cf. Cortázar, *Rayuela*, p. 487.

[13]Takehisa Kosugi, *Events*, Fluxus Edition, New York, 1964.

[14]We should note the interpretation of *De anima* that Vautier jots down, probably from memory, in his version of the score: *"L'exécutant se roule par terre tout en s'enroulant dans 700 mètres de corde, se momifiant ainsi lui-même."* Refer to the text on Ben Vautier's website http://www.ben-vautier.com/fluxus/fluxus_tout.html (consulted on 15/12/2003).

crear un territorio velado, donde las obras permanecían visibles pero al mismo tiempo distanciadas e inaccesibles.

Como ha observado Lewis Kachur, en esto el hilo era similar al vidrio duchampiano: "bloqueaba físicamente al espectador, pero permitía la penetración óptica"[10]. Que la intención de Duchamp era crear una experiencia unificada mediante una constante perturbación lo prueba el hecho de que, durante la exhibición, el artista hizo que un grupo de niños utilizara la ambientación como campo de juegos, sin prestar importancia a los espectadores, quienes debían no sólo sortear el laberinto de cuerdas sino las bolas lanzadas por los jóvenes[11].

Sobra decir que al escribir *Rayuela,* Cortázar transfirió a la locura de Horacio Oliveira la metodología de las *Dieciséis millas...* de Duchamp[12]. Ya para entonces, Ben Vautier, el artista Fluxus, había decidido interpretar la "partitura" de *Anima I* de Takehisa Kosugi, "Enrolla un gran cordel"[13], enredando con hilo a una persona sentada en una silla o banco hasta el punto en que quedara inmovilizada[14]. En su natal Niza, cuando ponía en práctica su

[10]Kachur, *op. cit.*, p. 183.

[11]Schwarz, *op. cit.*, vol. II, p. 767.

[12]De hecho, como señala Amorós, Cortázar mismo explicitó la referencia en *Último Round.* Cf. Cortázar, *Rayuela,* p. 487.

[13]Takehisa Kosugi, *Events,* Fluxus edition, Nueva York, 1964.

[14]Es notable la interpretación de *De anima* que Vautier registra, probablemente de memoria, en su versión de la partitura: *"L´exécutant se roule par terre tout en s´enroulant dans 700 mètres de corde, se momifiant ainsi lui-même".* Véase el texto en el sitio de Ben Vautier en internet http://www.ben-vautier.com/fluxus/fluxux_tout.html (Fecha de consulta: enero de 2003).

his "Street Theatre" into practice in his native city of Nice, Vautier performed Kosugi's piece at the expense of tourists or idlers who thus remained bound to park benches. A cross between the myths of Ariadne and Arachne[15] employing Lilliputian method for trapping any giants who, like Gulliver, dared trespass on their territory.

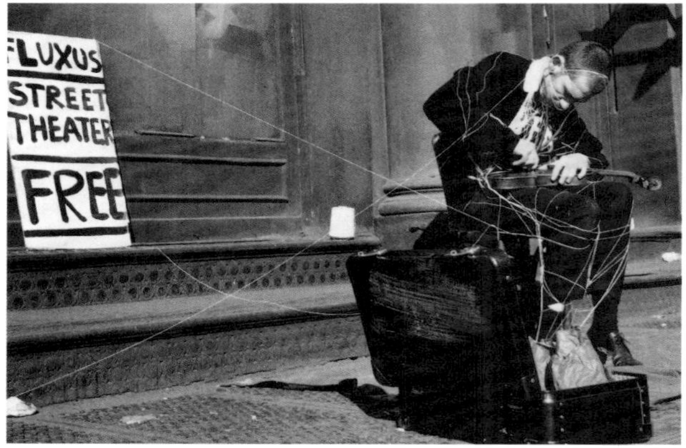

Anima I, *Ben Vautier, 1964*

Vautier eventually expanded on this action which reached its maximum expression in his script for *Audience Variation no. 1,* where the performers had to

[15]Kachur suggests that since Duchamp's string does not follow any particular course, it should not be associated with the labyrinth of the Minotaur, but with the myth of Arachne. Kachur, *op. cit.*, p. 193.

"Teatro callejero", Vautier ejecutaba la pieza de Kosugi a expensas de los turistas y ociosos que quedaban así atados a las bancas de los parques. Cruce de los mitos de Ariadna y Aracne[15] con la técnica con que los liliputienses atrapaban a los gigantes que, como Gulliver, invadían de cuando en cuando su territorio. Eventualmente, Vautier expandió el acto hasta el paroxismo en su guión para la *Variación para audiencia n.º 1*, donde los ejecutantes debían inmovilizar contra sus butacas a todos los miembros del público, lanzando ovillos de hilo de uno al otro extremo de un teatro[16].

Esa doble genealogía del hilo como medio de análisis estructural, y como obstáculo, se me hizo presente durante el otoño del año 2002 al ingresar en la instalación *Reconocimiento del espacio* de Luciano Matus y Manuel Rocha en el antiguo templo de San Agustín de la ciudad de México. Matus había cruzado la nave mayor, despojada de mobiliario y desnuda de pisos debido a un largo proceso de restauración, con líneas rutilantes de metal, hilos que trazaban cortes imaginarios bajo las bóvedas del antiguo templo. En un primer momento, uno tenía la impresión de entrar en un dibu-

[15]Kachur arguye que la falta de dirección del hilo de Duchamp sugiere no asociar la obra con el laberinto del Minotauro, sino con el mito de Aracne hilando el tiempo de la vida. Kachur, *op. cit.*, p. 193.

[16]Ben Vautier, "Audience Variation n.º 1" en *Fluxus Performance Workbook*, editado por Ken Friedman, Owen Smith y Lauren Sawchin, como suplemento a *Performance Research*, vol. 7 n.º 3, "On fluxus", Routledge, Londres, 2002, p. 108 (edición en línea: http://www.performance-research.net/documents/fluxux_workbook_screen.pdf) (Fecha de consulta: diciembre de 2003).

immobilize the entire audience in their seats by throwing balls of string from one end of the theatre to the other.[16]

This twofold genealogy of string, as an obstacle and as a means of structural analysis occurred to me in the autumn of 2002 when I saw Luciano Matus's and Manuel Rocha's installation *Reconnaissance of Space*, at the former Church of San Agustín in Mexico City. Matus had cross-hatched the main nave (bereft of furniture and with its floor removed due to a long process of restoration) with shimmering lines of metal, a thread-like wire that outlined imaginary boundaries beneath the old church's vaults. One's first impression was that of entering a Jacques Villon drawing or a Rayonist composition: the architecture riddled with beams of light, as though an engineer's diagram had come to life below the vaults. These cuts, vectors and tensions not only forced viewers to deal with the countless forces that architecture exerted on their minds and bodies by pointing them in several directions at once; surreptitiously, it made them examine and absorb the historical content of the architecture. In other words, it drove one to contemplate this building on a deeper level, as a territory crisscrossed by the memory of projects and desires.

[16]Ben Vautier, "Audience Variation no. 1" in *Fluxus Performance Workbook*, Ken Friedman, Owen Smith and Lauren Sawchin (eds.), a supplement to *Performance Research*, vol. 7, no. 3, "On fluxus", Routledge, London, 2002, p. 108 (online edition: http://www.performance-research.net/documents/fluxus_workbook_screen.pdf (consulted on 15/12/2003).

jo de Jacques Villon o una composición rayonista: la arquitectura perforada por haces de luz, como si bajo las cúpulas se hubiera materializado el análisis de un ingeniero. Esos cortes, vectores y tensiones no sólo forzaban al espectador a hacerse cargo de la multitud de direcciones y fuerzas que la arquitectura ejercía sobre su mente y cuerpo. Subrepticiamente, lo obligaban a revisar y consumir el contenido histórico de esa arquitectura. En otras palabras, ahondaba la contemplación de ese edificio como un territorio cruzado de la memoria de proyectos y deseos.

Ciertamente, más que un obstáculo de circulación, la red de Luciano Matus era una incitación a la contemplación: invitaba a los visitantes a recorrer el espacio de un modo intensificado, sopesando simultáneamente la instalación y su contexto. Los cables estaban atados a una diversidad de elementos arquitectónicos: balaustradas, anclajes donde antiguamente colgaban lámparas, instalaciones eléctricas, ventanas, y se ensartaban en el vetusto entresuelo por medio de armellas. Matus había derivado su tejido de una lectura cuidadosísima del recinto, marcando sus líneas constructivas generales y aprovechando todo punto de anclaje que la historia del edificio podía proporcionar. Que los hilos rutilaran revelaba su constitución metálica: eran delgadas serpentinas de níquel que estaban dispuestas de forma que dejaran claros donde el público se detenía a contemplar el entorno de esa iglesia desacralizada como si se tratara de una escenografía. El

Indeed, Luciano Matus's network was more about fostering contemplation than about obstructing movement: it encouraged visitors to reconnoitre the space in a more intense manner, examining both the installation and its context. The wires were attached to a wide range of architectural elements—railings, moorings from which lamps had once hung, electric cable ducts, windows—and secured to the floor's ancient wooden substructure with eyebolts. Matus had based his network on a very thorough reading of the space, pointing out the construction's main outlines and taking advantage of every anchoring point that the building's history could provide. The fact that the wire shone in the light showed that it was made of metal—lengths of slender nickel wire arranged in such a way as to leave openings where viewers could stop to behold the interior of this deconsecrated church as if it were a film set. The space crisscrossed by Matus's installation seemed magnetized by the gaze. The wires' angles, in fact, evoked the viewer's gaze: it was as if one were seeing the looking of others, as if the architecture were inhabited by a crowd's gazes made tangible.

The piece's title was, moreover, explicit: it was not about merely occupying the building, but rather about inviting viewers to re-encounter it, i.e. reacquaint themselves with it. Drawn by the tinkling of the metal wires, spectators perused the abandoned church step by step. They became aware not only of its

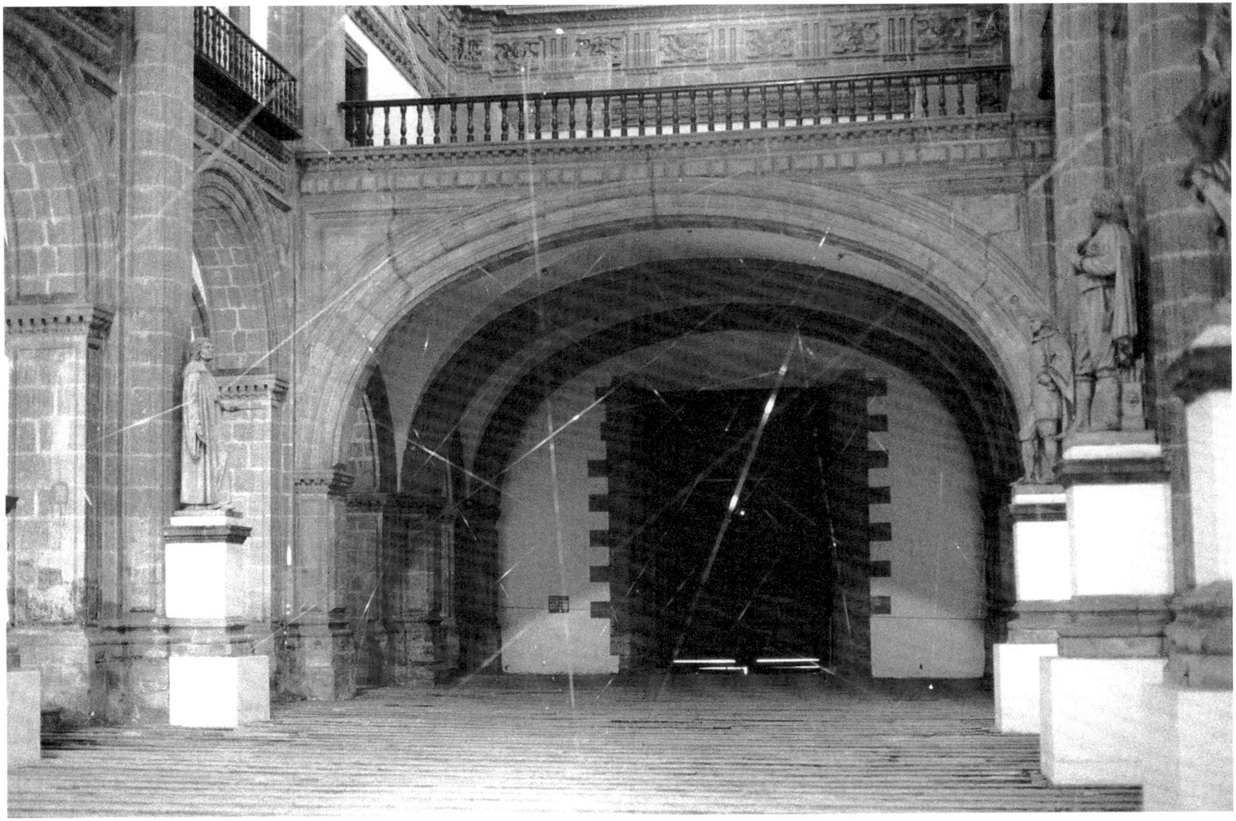

San Agustín, México D.F., México, 2002

espacio cruzado por la instalación de Matus estaba como imantado de contemplación. El cableado, de hecho, evocaba en sus ángulos la mirada del espectador: parecía como si uno mirara la mirada de los otros, como si la arquitectura estuviera habitada por la mirada materializada de una multitud.

El título de la obra era por demás explícito: no se trataba de una mera ocupación del edificio sino de la invitación a su *re-conocimiento*. Atraído por el tintinear de los hilos metálicos, el público revisaba palmo a palmo la iglesia abandonada. Tomaba conciencia no sólo de su condición de arquitectura, sino del drama que el juego de sus limpios muros y blancas estatuas despliegan.

La antigua iglesia de San Agustín en la ciudad de México es quizás el edificio que encarna con mayor fidelidad el proyecto liberal de arrebatar a la Iglesia católica el control simbólico sobre el espacio público, empresa a la que dedicaron buena parte de sus energías los liberales mexicanos a partir de la radical laicización que promovieron las Leyes de Reforma a mediados del siglo diecinueve. Promulgadas al calor de la guerra civil que enfrentó al gobierno liberal de Benito Juárez y los conservadores clericales entre 1858 y 1861, las *Leyes* de julio de 1861 fueron el intento más radical de asegurar el carácter laico del estado mexicano, al nacionalizar sin compensación los bienes de la Iglesia, suprimir los monasterios masculinos, y proponer la venta de los templos que el estado consideraba "super-

condition as architecture, but of the drama unfolding between its unadorned walls and white statues. The former church of San Agustín in Mexico City is perhaps the building that most accurately embodies the liberal project of wresting symbolic control over public space from the hands of the Catholic Church—a task to which Mexican liberals devoted a great deal of energy, after the radical secularization launched by the Reform Laws in the mid-nineteenth century. Enacted at the height of the civil war (1858–1861) that pitted Benito Juárez's liberal administration against Church conservatives, the Reform Laws of July 1861 were the most radical attempt to ensure the Mexican state's secular character in that they suppressed the monasteries, nationalized Church property without compensation and entitled the State to sell churches that it considered "superfluous."[17] In their project of forcibly transforming the corporate country that the Spanish colony in America had created into a modern republic made up of citizens/property owners, the liberals were trying to do more than simply usher in modern capitalism with their confiscation of Church property—they also meant to transform the urban order of things that had endured since colonial times by turning churches into public spaces assigned to

[17]Jan Bazant, *Los bienes de la Iglesia en México* (1856-1875). *Aspectos económicos y sociales de la Revolución Liberal*, Mexico City, El Colegio de México, 1971. pp. 182, 2333–2334.

fluos"[17]. En el proyecto de hacer transitar por la fuerza el país corporativo que había creado la colonia española en América a una república moderna constituida de ciudadanos/propietarios, los liberales no sólo intentaron crear un capitalismo moderno al liberar las propiedades eclesiásticas, sino que buscaron cambiar el orden urbano heredado de la colonia, al destinar las iglesias a una diversidad de funciones civiles. Es sintomático que tras vencer la invasión de los ejércitos franceses y derrocar al efímero imperio de Maximiliano de Habsburgo (1862-1867), una de las primeras acciones del presidente Juárez fue disponer la instauración de la Biblioteca Nacional en la antigua iglesia de San Agustín, con los más de cien mil libros obtenidos, en gran parte, de la confiscación de las bibliotecas de los monasterios suprimidos[18].

Pasaron quince años antes de que la biblioteca se abriera finalmente al público en 1884, lapso en el que el edificio fue sometido a una radical transformación tanto en su interior como su exterior a fin de señalar que en lugar de celebrar los misterios católicos habría de convertirse en un albergue de la ilustración. La iglesia barroca fue desvestida de imágenes, altares, confe-

[17]Jan Bazant: *Los bienes de la Iglesia en México* (1856-1875). *Aspectos económicos y sociales de la Revolución Liberal,* El Colegio de México, México, 1971. p. 182, 2333-2334.

[18]Luis González: *La República restaurada. Vida social,* en Daniel Cosío Villegas, *Historia Moderna de México,* Editorial Hermes, México, 1956, pp. 739-740.

various uses. It is significant that after Juárez had driven back the invasion of the French army and overthrown Maximilian of Hapsburg's short-lived empire (1862–1867), one of his first actions as president was to turn the church of San Agustín into the National Library, filling it with a collection of over 100,000 books, most of which had been obtained from the libraries of suppressed monasteries.[18]

Fifteen years went by before the library was finally opened to the public in 1884, and during this time the building's interior and exterior were radically altered in order to indicate that the former house of Catholic worship had been converted into a breeding ground for knowledge. The baroque church was stripped of statues, altars, confessional boxes, prie-dieux and grilles in order to make space for desks and bookshelves, while the monastery was practically demolished to leave room for new buildings and wider streets.[19] Even more significantly, the liberals carried out a veritable programme of icon-substitution by installing statues of scientists, philosophers and intellectuals where Virgins,

[18]Luis González: La República restaurada. *Vida social,* en: Daniel Cosío Villegas, *Historia Moderna de México.* Mexico City, Editorial Hermes, 1956, pp. 739–740.

[19]Concerning the demolition of the San Agustín monastery, see Guillermo Tovar y de Teresa, *La Ciudad de los palacios: crónica de un patrimonio perdido,* introduction by Enrique Krauze and José Iturriaga. Mexico City, Vuelta, 1990, pp. 65–71 (volume II). We should note how books such as Tovar y de Teresa's recounting the demolition of colonial buildings often have a melancholy and somewhat nostalgic tone to them.

sionarios, reclinatorios y rejas, a fin de acomodar pupitres y libreros, en tanto el claustro fue prácticamente derruido para abrir espacio a calles y nuevos edificios[19]. Significativamente, tanto en la reja que circunda el edificio, como en los corredores de la nave principal, los liberales llevaron a cabo una verdadera sustitución iconográfica. En lugar de las vírgenes, cristos y santos, se colocaron una multitud de estatuas de científicos, filósofos y sabios. Durante un siglo, los estudiosos mexicanos leyeron bajo la gélida mirada de Aristóteles, Platón, Newton, Leibniz o Kant. Estudiaban, pues, en un virtual panteón positivo.

Irónicamente, la biblioteca bien pudiera ser la expresión del deseo reprimido de los positivistas mexicanos, quienes a diferencia de otros países, como Brasil o Chile, no intentaron trasladar a la práctica la idea de sustituir el culto religioso por una "religión de la humanidad" basado en el culto ceremonial de los pensadores y científicos como había propuesto Auguste Comte[20]. Si bien con el triunfo de los liberales en 1867, un discípulo de Comte, Gabino Barreda, tuvo a su cargo reorganizar la enseñanza bajo la convicción de que, en México,

[19]Sobre la destrucción del convento de San Agustín véase Guillermo Tovar y de Teresa, *La ciudad de los palacios: crónica de un patrimomio perdido*. Introducción de Enrique Krauze y José Iturriaga, Vuelta, México, 1990, 2 tomos, tomo II, pp. 65-71. No está de más señalar el carácter melancólico, un tanto nostálgico por el mundo colonial, que suelen tener los recuentos de la destrucción de edificios coloniales como el libro de Tovar y de Teresa.

[20]Leopoldo Zea, *El positivismo y la circunstancia mexicana*, Fondo de Cultura Económica, México, 1985,. pp. 71 y ss.

Christs and saints had once stood, along the railing that surrounds the building as well as in the main nave's lateral corridors. For a hundred years, Mexican scholars pored over their books beneath the icy gaze of Aristotle, Plato, Newton, Leibniz or Kant. In other words, they studied in a virtual mausoleum to positivism.

Ironically, the Library could very well depict the repressed desire of Mexican positivists who, unlike their counterparts in other countries such as Chile and Brazil, did not attempt to put into practice the idea of replacing religious worship with a "religion of humanity" founded on the ceremonial cult of thinkers and scientists, as Auguste Comte had proposed.[20] Following the liberal victory of 1867, Gabino Barreda was put in charge of reorganizing education under the firm belief that the liberals' coming to power in Mexico heralded the dawn of humanity's positivist stage[21]; however, even though he was a disciple of Comte's, Barreda ended up adapting positivist concepts and turning them into a doctrine aimed at fostering order. Hence, in Mexico, positivism became the ideology of a state which, though secular, was not militantly anti-Catholic and which understood science as a common cultural ground rather than as a new body

[20]Leopoldo Zea, *El positivismo y la circunstancia mexicana*, Mexico City, Fondo de Cultura Económica, 1985. p. 71 and following.

[21]*Ibid.* p. 58.

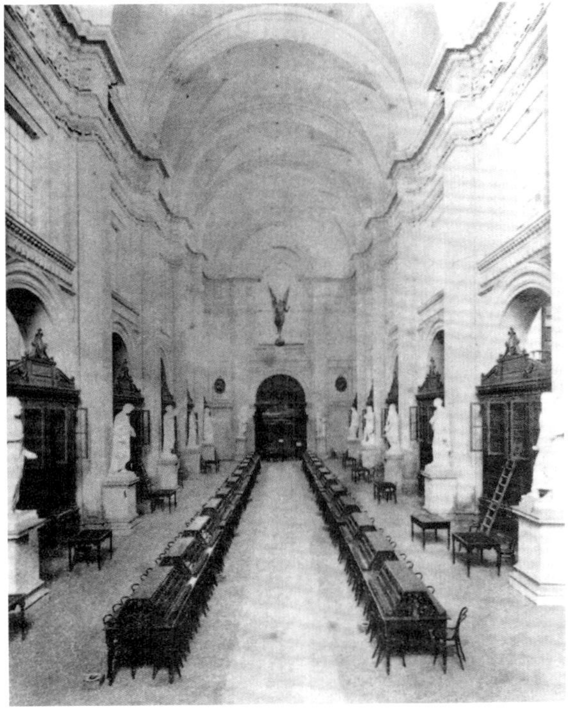

Biblioteca de San Agustín, México D.F., México

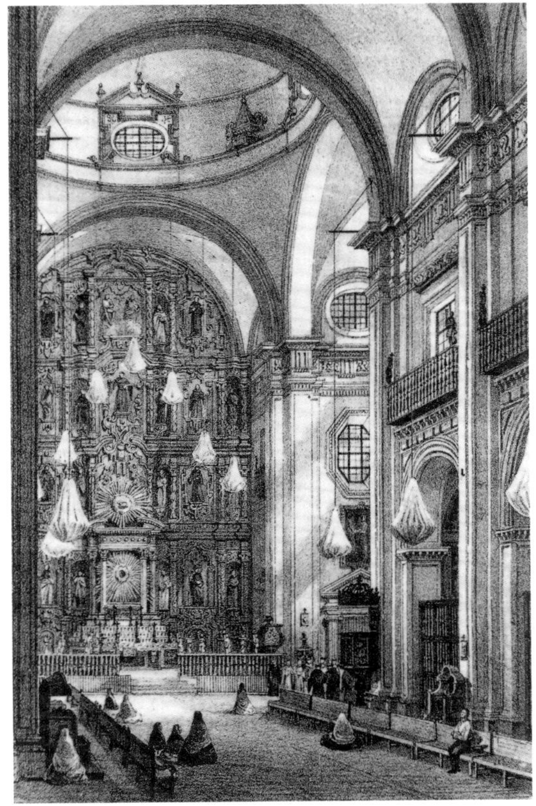

Galería de San Agustín, México D.F., México

el triunfo liberal era de hecho el inicio de la etapa positiva de la humanidad[21]. Barreda adaptó las ideas positivistas a fin de convertirlas en una doctrina a favor del orden. En consecuencia el positivismo en México se convirtió en la ideología de un estado laico pero no militantemente anticatólico, que entendía a la ciencia como una base cultural común y no como un nuevo cuerpo doctrinario[22]. San Agustín, con su panteón científico y filosófico, es pues el templo de un culto inexistente.

Al invitarnos a ver las estatuas de los sabios y el espacio desacralizado de un templo que, hoy por hoy, es también una biblioteca abandonada, Luciano Matus proponía efectivamente un re-conocimiento: volver sobre esta estructura que rectifica nuestro juicio sobre sus dimensiones y comportamiento, y que nos obliga a meditar sobre sus diversas fases como utopías caducas. Revisitar, pues, un sitio doblemente desacralizado y resacralizado. Si bien las intervenciones de Matus sólo *indican* un lugar, en vez de describirlo o denotarlo, tienen la función de trazar una interrogación por su sen-

[21]*Ibid.*, p. 58.

[22]*Ibid.*, p. 112. Esto determinó que el positivismo fuera una especie de liberalismo conservador, que de hecho era compatible con un catolicismo privado. Véase Alfonso de María y Campos, "Los científicos: actitudes de un grupo de intelectuales porfirianos frente al positivismo y la religión", en Roederic A. Camp *et al.*, *Los intelectuales y el poder en México. Intellectuals and Power in Mexico. Memorias de la VI Conferencia de Historiadores Mexicanos y Estadounidenses*, El Colegio de México-UCLA Latin American Center Publications, México-Los Ángeles, 1991, pp. 121-140.

of doctrine.[22] Thus, with its pantheon of scientists and philosophers, San Agustín became the house of a non-existent form of worship.

By inviting us to look at the sculptures of intellectuals and the deconsecrated space of a church that is now also an abandoned library, Luciano Matus was in fact proposing a re encounter: he was asking us to turn our attention back to the structure in a way that alters our opinion of its dimensions and behaviour, and forces us to meditate on its various phases as obsolete utopias. We were to revisit a space that had been deconsecrated and re-consecrated twice over. Indeed, while Matus's interventions merely *point* to a place instead of describing or defining it, their purpose is to sketch out a question about its meaning. Taking on the value of light cast onto architecture, they raise certain questions concerning a building's accumulated symbolic aspects.

Like Duchamp's *Sixteen Miles of String*, the works in the series that Matus began with *Reconnaissance of Space* are often made of one unbroken length of wire, though it is the force of magnetism which sustains

[22]*Ibid.*, p. 112. This rendered positivism into a kind of conservative liberalism, not incompatible with a private Catholicism. See Alfonso de María y Campos, "Los científicos: actitudes de un grupo de intelectuales porfirianos frente al positivismo y la religión" in Roederic A. Camp *et al.*, *Los intelectuales y el poder en México. Intellectuals and Power in Mexico. Memorias de la VI Conferencia de Historiadores Mexicanos y Estadounidenses.* Papers Presented at the VI Conference of Mexican and United States Historians. Mexico City / Los Angeles, El Colegio de México / UCLA Latin American Center Publications, 1991. pp. 121–140.

tido. Asumiendo el valor de la luz irrumpiendo en la arquitectura, acarrean consigo un cierto cuestionamiento de los aspectos simbólicos acumulados por un recinto.

Como las *Dieciséis millas* de Duchamp, las obras que Matus inició con *Reconocimiento del espacio* suelen estar hechas de un hilo continuo, si bien se trata de una continuidad sostenida por efecto magnético. Una vez que Matus engarzó todo el alambre a través del antiguo templo de San Agustín, practicó veintidós cortes, en los cuales colocó pares de esferas magnéticas que, al atraerse, tensan el cable sin tocarse. Ese acompasamiento entre cable y fuerza invisible es un procedimiento que caracteriza sus intervenciones, no sólo a nivel técnico, sino desde el punto de vista de su posible interpretación. Pues el arte de Matus es la creación de un virtual campo de energía dentro y fuera del objeto arquitectónico.

Matus lleva un cierto tiempo experimentando con intervenciones escultóricas que confían su tensión a la fuerza de atracción magnética. El artista ata al cable esferas de imán película PVC autoadherible, ese plástico transparente que se utiliza para envolver alimentos. El resultado es similar a los dos polos de un clásico arco voltaico: dos puntas en esfera atravesadas por un campo de fuerza. Más allá del análisis arquitectónico que sus recorridos metálicos proponen al espectador, el magnetismo inviste a sus instalaciones de la apariencia del milagro.

this continuity. Once Matus had threaded all the wire through the former church of San Agustín, he made twenty-two cuts at the tips of which he placed pairs of magnetized balls, that draw the wire taut by attracting each other without touching. This coupling of wire and invisible force is a process that characterizes Matus's interventions, not only on a technical level but also from the point of view of their possible interpretation. Indeed, Matus's art practice concerns the creation of a virtual energy-field both inside and outside the architectural object.

Matus has experimented for some time with sculptural interventions whose tension derives from magnetic attraction. The artist attaches the wire to magnetized metal spheres with transparent PVC cling-film; the result bears similarities to a classic electric arc: two rounded tips with a force-field spanning the gap. We have already seen how Matus's metallic lines of sight encourage viewers to analyze the architecture, but it is the added element of magnetism that lends his installations the appearance of a miracle.

Like the Greek artist Takis who made "telemagnetic" "thought sculptures"[23] in the early 1960s, Matus invests magnetic force with the power of metaphor—using things to refer to the workings of the mind. As

[23]The expression is William Burroughs's (in "Takis," Brett, *Force Fields*, p. 254). Also refer to the "Programme Thought" from 1961 written by Takis and Sinclair Beiles, quoted at the beginning of this essay (*Ibid.*, p. 253).

Como el griego Takis, quien fabricaba "esculturas-pensamiento"[23] "telemagnéticas" a principios de los años sesenta, Matus atribuye a la fuerza magnética un valor metafórico: referir en las cosas a la configuración del pensamiento. Como señala Guy Brett, el uso del magnetismo por artistas como Takis involucra una hermosa paradoja: "hace la materia presente por su ausencia, mostrando que la materia *es* energía"[24].

También Luciano Matus concibe la brecha entre los dos magnetos como la presentación de la operación espiritual. El vacío ocupado por la energía de dos imanes es pura "potencia": la distancia entre vida y muerte, el territorio de la decisión o del deseo, o el momento de una disyuntiva[25]. Cuando un imán choca con el otro, esa "posibilidad" se vuelve mera "referencia": el cierre de posibilidades. En cambio mientras las esferas flotan trémulas una ante la otra, siguen expresando la ausencia que genera la atracción.

Punteado de interrupciones, el espacio que describen las instalaciones de Matus es meramente provisional: una zona de reverberación, lo mismo poética que histórica. Por ello resultaba lógico que, para esa primera instalación mexicana, Matus se asociara con el músico y

[23]La expresión es de William Burroughs: "Takis", (Brett, *Force Fields*, p. 254). Véase también el "Programme Thought" de 1961 escrito por Takis y Siclair Beiles, citado como epígrafe en este artículo (*Ibid.*, p. 253).

[24]Guy Brett, *Force Fields, Phases of the Kinetic*, Hayward Gallery, Londres, 2000, p. 31.

[25]Conversación con Luciano Matus, 9 de diciembre de 2002.

Guy Brett points out, the use of magnetism by artists such as Takis involves a beautiful paradox: "It makes matter present by its absence, showing that matter *is* energy."[24]

Luciano Matus also posits the gap between the two magnets as a depiction of the workings of spirituality. The empty space filled by the two magnets' energy is pure "potency": it is the distance between life and death, the domain of decisions or desires, the moment when a choice must be made.[25] Should the magnets come into contact, this "possibility" becomes a mere "reference"—the annulment of possibilities. However, as long as the balls float and quiver face to face, they continue to express the absence that thin attraction creates.

Punctuated with interruptions, the space these installations describe is provisional: an echo chamber for poetics as well as history. This is why it seemed natural for Matus, in planning this first installation in Mexico, to collaborate with artist and composer Manuel Rocha in order to establish a dialogue between sculptural and aural components. Rocha likewise chose to focus on the redundancy of a reencounter: with hand-claps and other kinds of noise, he mapped the reverberations of San Agustín's architectural struc-

[24]Guy Brett, *Force Fields, Phases of the Kinetic*, London, Hayward Gallery, 2000. p. 30.

[25]Conversation with Luciano Matus, December 9, 2002.

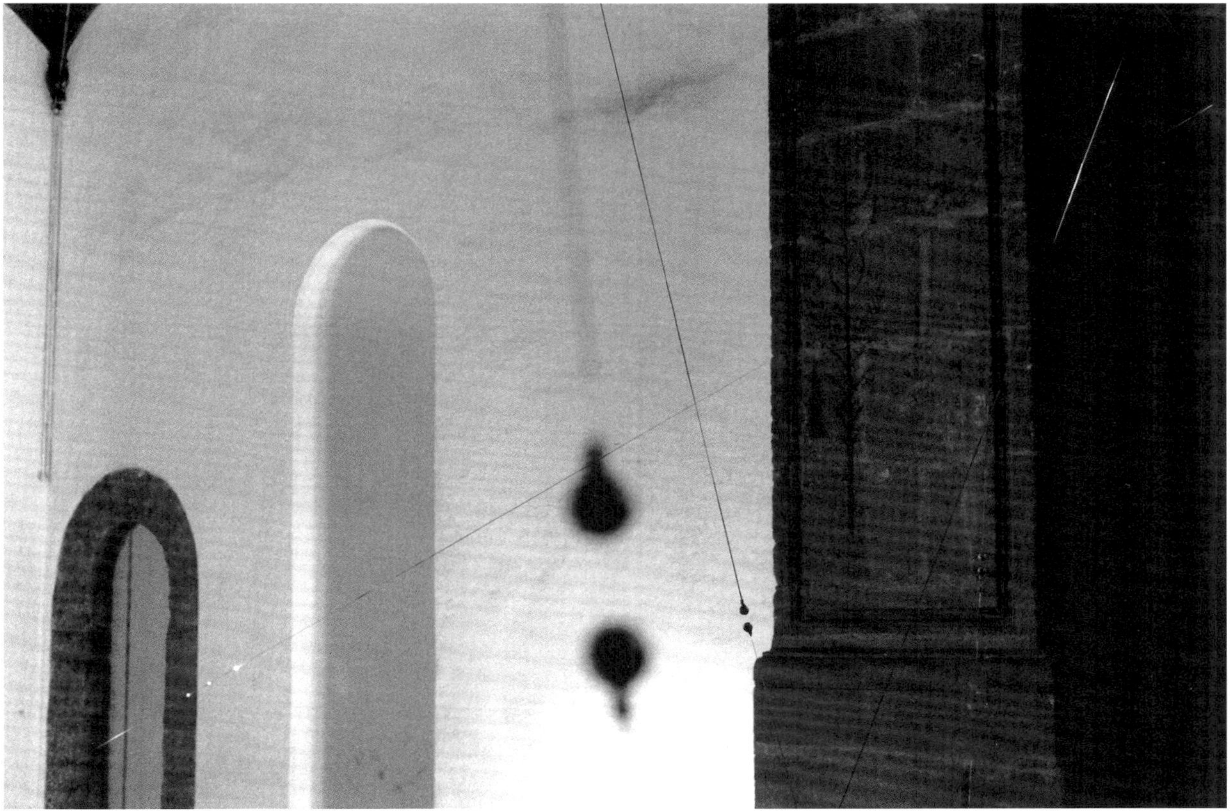

Templo de San Agustín, México D.F., México, 2002

artista Manuel Rocha, para activar un diálogo entre intervención estructural y sonora. Rocha también optó por la redundancia de un re-conocimiento: mediante aplausos y otros ruidos exploró las reverberaciones de la arquitectura de la iglesia de San Agustín, que luego sintetizó para obtener frecuencias que se reproducen *in situ* para provocar nuevas resonancias. El resultado era una vibración densa y acumulativa, que sugería meditación y reverencia, como si los muros mismos exudaran un mantra.

La forma en que la metodología de Matus se ajustó a ese territorio histórico vino de hecho a volverse una parte fundamental de su práctica. Como desandando los pasos de la *Escultura de viaje* duchampiana, a lo largo del año 2003, Matus tomó el principio de la intervención de San Agustín y lo exportó a diversas localizaciones de Latinoamérica. Su madeja metálica sostenida por imanes trazó una serie de puntos suspensivos en una diversidad de edificaciones históricas, la mayor parte de ellas de origen colonial, pero también en zonas arqueológicas como Pisaq, en Cusco. Característicamente, las instalaciones de Matus fueron poco a poco convirtiéndose en un medio performático más que en una técnica de producción: los hilos de níquel sostenidos de esferas magnéticas ocupaban por unas cuantas horas un recinto, a veces sin más público que el artista y sus acompañantes, queriéndose fundir en la memoria del lugar, más que definirse por determinado rol formal o estructural. Bastaba al artista con rodear un monolito con un cinturón de hilo para señalar la ocupación de un territorio (ver pp. 152-153 de este libro).

ture, and later synthesized them as frequencies played back on site to create new resonances. The result was a dense, cumulative vibration that suggested meditation and reverence, as if the very walls were emitting a mantra.

The way in which Matus's methodology adapted itself to this historical territory soon became a fundamental aspect of his practice. Over 2003, as if he were retracing the steps of Duchamp's *Sculpture for Travelling,* Matus took the principle at work in his intervention at San Agustín and exported it to various locations in Latin America. His magnet-borne web of wire drew a series of ellipses across a wide range of historic buildings—most of them from the colonial period—but also in archaeological sites such as Pisaq in Cusco. Characteristically, Matus's installations, rather than becoming a method of production, gradually turned into a kind of performance: the nickel cables and ball-magnets occupied a given space for a few hours—its audience sometimes consisting only of the artist and his travelling companions—in a bid to merge with the memory of the space, rather than to define themselves according to a determined formal or structural role. In the artist's mind, surrounding a monolith with a metal belt sufficed to signal the occupation of a territory (see pages 152-153 in this book).

Such a shift would seem to place emphasis on the notion that this network can also carry out the task of

Este corrimiento pareciera poner énfasis en la noción de que esta red también puede metafóricamente llevar a cabo una tarea de captura. Como si por entre sus aberturas, pudiera atrapar el aura de un sitio, Luciano Matus conserva los hilos una vez que deshace sus instalaciones, transformando en reliquia el espacio que aquéllos llegaron a abarcar. Sus hilos han pasado, pues, a cumplir la función de ser un filtro. Una vez cerradas las posibilidades que describieron durante el breve período de su interrogación material, alambres e imanes dejan de ser una medida del espacio para convertirse nuevamente en masa. Como las estrellas enanas blancas, las marañas de Matus se colapsan en su propio campo gravitacional, acumuladas por el artista como una forma de registro. Pero aun entonces no son un objeto escultórico concebido como masa moldeada o tallada: el objeto (o el atado) es tan sólo el producto de la pérdida de tensión, es decir, del paso de la presencia a la memoria.

En la escultura de Matus, el volumen es el residuo de una implosión. Tensos como ideas, sus cables cruzan el espacio de siglos, utopías y sueños políticos, como queriendo abarcar las diversas configuraciones de la historia encerrada por ruinas y monumentos. Ecos, iluminaciones o reflejos de diversos contextos, no hay que concebirlos como una reescritura del pasado, sino como una imagen que se suma al ya de por sí laberíntico entretejido de las ideas y el tiempo. Pues como todo pensamiento, estas redes son a la vez estructuras y obstáculo.

capturing things metaphorically. As if he could imprison the aura of a place within his web's openings, Luciano Matus recovers the wire after striking his installations, transforming the space it once spanned into a relic. Thus, his networks have come to function as a filter. Once the possibilities they describe during their fleeting existence as a tangible question mark no longer exist, wires and magnets cease to be a measure of space and once again become mass. Like white dwarfs, Matus's tangled wires collapse into their own field of gravity, and the artist preserves them as a kind of record. But even then they do not constitute a sculptural object in the sense of a carved or modelled mass: the object (or bundle) is simply the product of a loss of tension, i.e. of the transition from presence to memory. In Matus's sculptures, volume is the residue of an implosion. As tense as ideas, his wires span centuries, utopias and political dreams, as though seeking to encompass the various configurations of a history locked into ruins and monuments. Whether they echo, reflect or shed light upon different contexts, they should not be thought of as rewriting the past but rather as yet one more image in the already labyrinthine, intertwined web of ideas and time. Indeed, like any form of thinking, these networks are at once structures and obstacles.

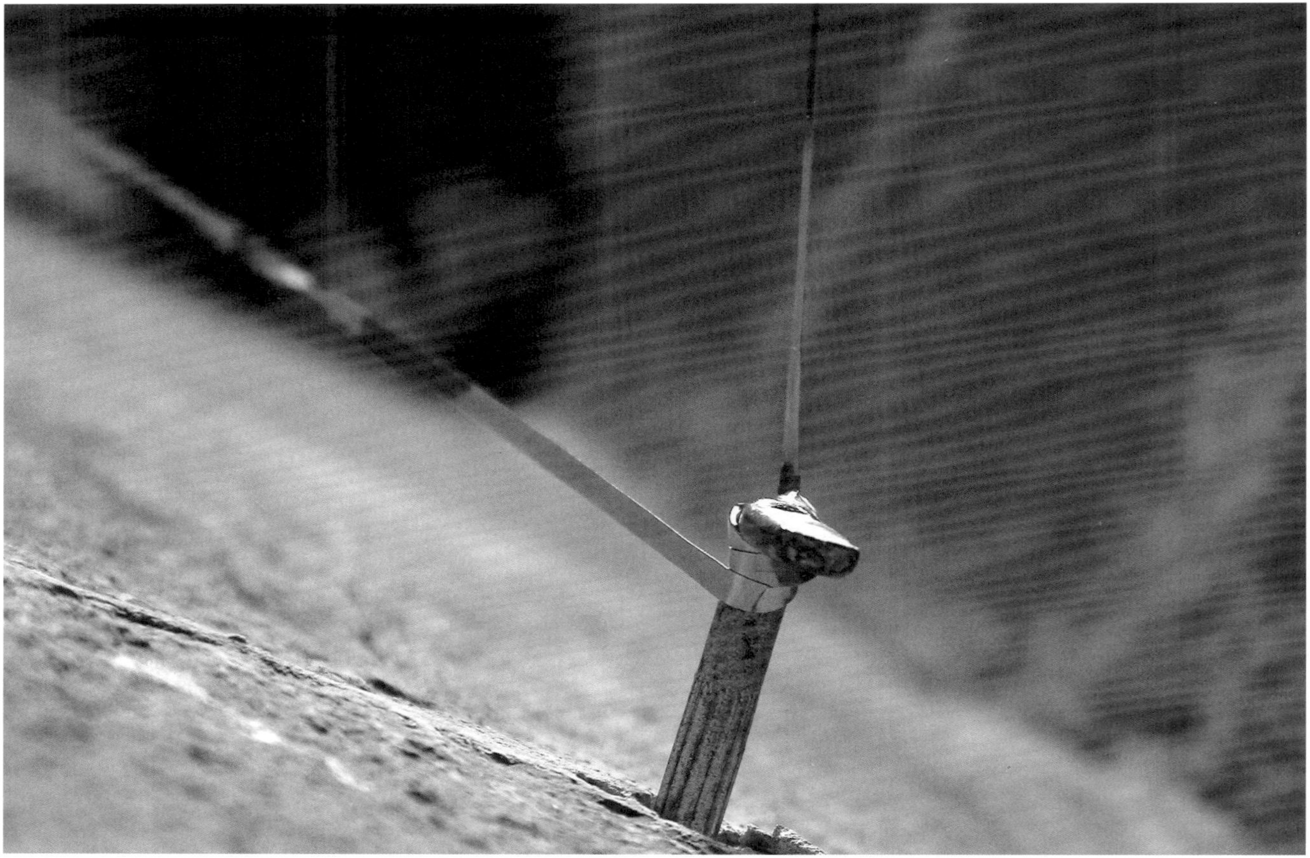

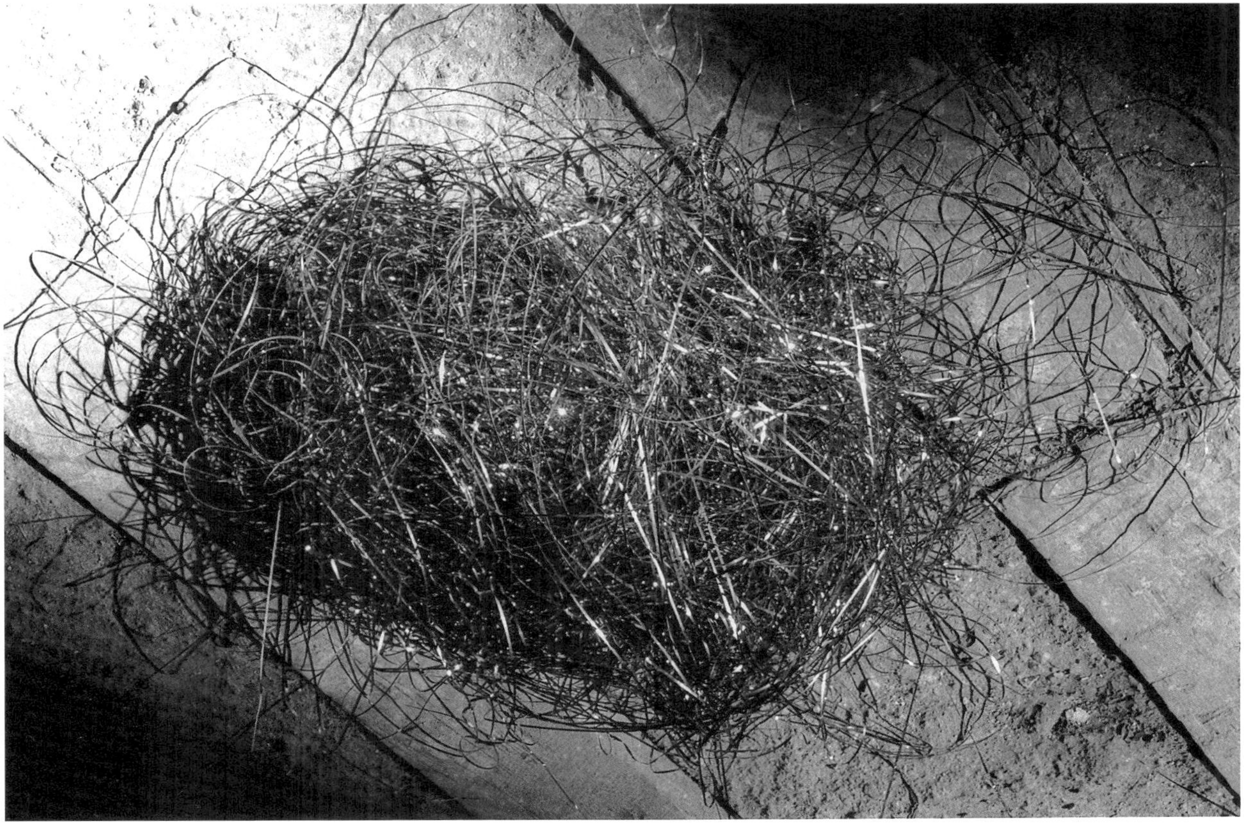

Templo de San Agustín, México D.F., México, 2002

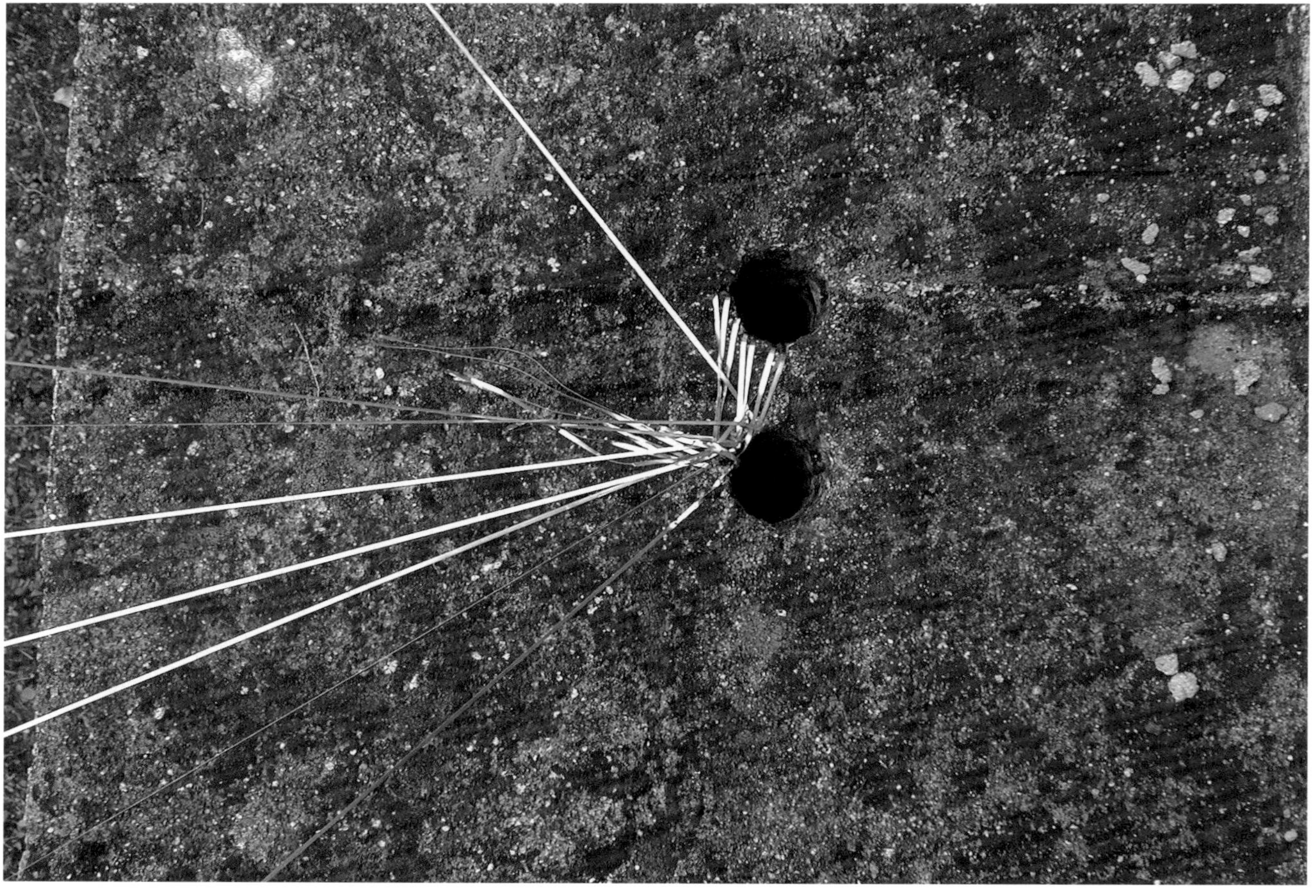

Convento de Capuchinas, Antigua, Guatemala, 2003

Antigua, Guatemala

Olivier Debroise

Viernes, 13 de junio de 2003—. Llovía sobre la ciudad de México cuando el vuelo 385 de Mexicana despegó rumbo a Guatemala, y una borrasca de lluvia recorre la ciudad de Guatemala a la misma velocidad que el avión cuando aterrizamos. No sé muy bien por qué estoy aquí, de vuelta, ocho años más tarde, bajo la misma lluvia, con dirección al mismo lugar; cómo acabé embarcándome en esta aventura con Luciano Matus. Por un lado, estoy contento de dejar la ciudad de México por unos días; por el otro, no estoy seguro de qué hago aquí.

En la boda de Manuel Rocha, Luciano se sentó entre Patricia Sloane y yo, y nos explicó su proyecto. No puedo recordar en qué momento me pidió que lo acompañara a Guatemala. Sí sé que solicitó apoyo, pero pensé que quería, como suelen hacer los artistas, que escribiera un texto distante, desde "la crítica", sobre su obra. No percibí, sin embargo, que si bien esto era cierto, implicaba más que una simple observación: en este caso, había que "seguir el hilo" y seguir a Luciano en su peregrinación. Ahora, estoy en la puerta del aeropuerto de la ciudad de Guatemala, esperando que alguien venga por mí, y no veo a nadie. No sé dónde encontrar a Luciano, olvidé el número de teléfono de Rosina Cazali. Apenas son las cuatro de la tarde: me dispongo a abordar un

Antigua, Guatemala

Olivier Debroise

Friday, 13 June, 2003—. It was raining over Mexico City as Mexicana Flight 385 took off, and squalls of rain were buffetting Guatemala City at the same speed as the plane when we landed. I'm not quite sure why I am here, back after an absence of eight years, under the same pouring rain, headed for the same destination; not quite sure how I ended up embarking on this adventure in the company of Luciano Matus. On the one hand, I'm glad to be out of Mexico City for a while; on the other, I've no idea of what I'm doing in this place.

At Manuel Rocha's wedding, Luciano sat down between Patricia Sloane and myself, and held forth about his project. I don't remember at what point he asked me to come with him to Guatemala. I remember him appealing for support, but I interpreted this as the customary artist's request for a text written from afar, from the seat of "criticism," about his work. I didn't immediately realise that more than observation was being asked of me, and that in this instance, it would be necessary to "follow the thread" by following the artist throughout his peregrinations. So here I am at the entrance to the Guatemala City airport, waiting for someone to collect me, and there seems to be no one in sight. I don't know where to find Luciano, and I left Rosina Cazali's telephone number at home. It's almost

taxi rumbo a Antigua, Guatemala: ahí, sin duda, caminando por las calles de la ciudad, encontraré a Luciano. Como no hay casi nadie en la banqueta, ya que todos los pasajeros del vuelo ya se fueron, Carmen Castiella, la consejera cultural de la Embajada de España en Guatemala, se me acerca, y me llama por mi nombre.

Como antes, tal vez peor que antes, la salida de la ciudad de Guatemala por la Calzada Roosevelt es caótica —un poco más caótica que la salida a Puebla por la Calzada Zaragoza en la ciudad de México. Recuerdo aquella primera visita, en 1976, en un autobús sin vidrios que me llevó de la frontera mexicana hasta San José de Costa Rica: tienen razón los guatemaltecos, los costarricenses y los colombianos cuando afirman con rencor que el primer mundo empieza en el río Suchiate...

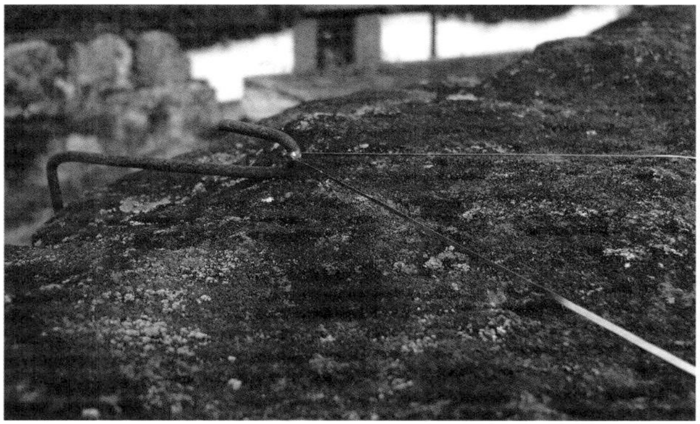

Convento de Capuchinas, Guatemala, 2003

four o'clock in the afternoon: I'd better take a taxi to the old city of Antigua, Guatemala, and there, if I wander the streets long enough, I'm bound to run into Luciano. But then, when there's nobody left on the pavement and all the other passengers have driven away, Carmen Castiella, Cultural Councillor at the Spanish Embassy in Guatemala, comes up and calls me by name.

Like last time, or possibly worse than last time, the way out of Guatemala City by Calzada Roosevelt is chaos, more chaotic even than the Puebla road out of Mexico City, Calzada Zaragoza. I remember my first trip in 1976, in a bus with smashed windows, that took me from the Mexican border to San José de Costa Rica: the Guatemalans, Costa Ricans and Colombians know what they're talking about when they bitterly affirm that the "First World" begins at the Suchiate River...

The rain begins to dry up as we reach the valley of Antigua, and the sun shines between clouds racing over the emerald hillsides. At the hotel, Posada de Don Rodrigo, I find a welcome message from Luciano, saying that he is running late with the mounting—the show opens tomorrow Saturday, at five p.m.—and that he'll catch up with me at dinner time. I drop my suitcase off and go out for a walk.

Antigua has not changed very much in these eight years, except for being even more packed with tourists and "seasonal residents," almost all of them North American, a handful of Europeans. I begin to notice that there are far more cafés, many boasting Internet con-

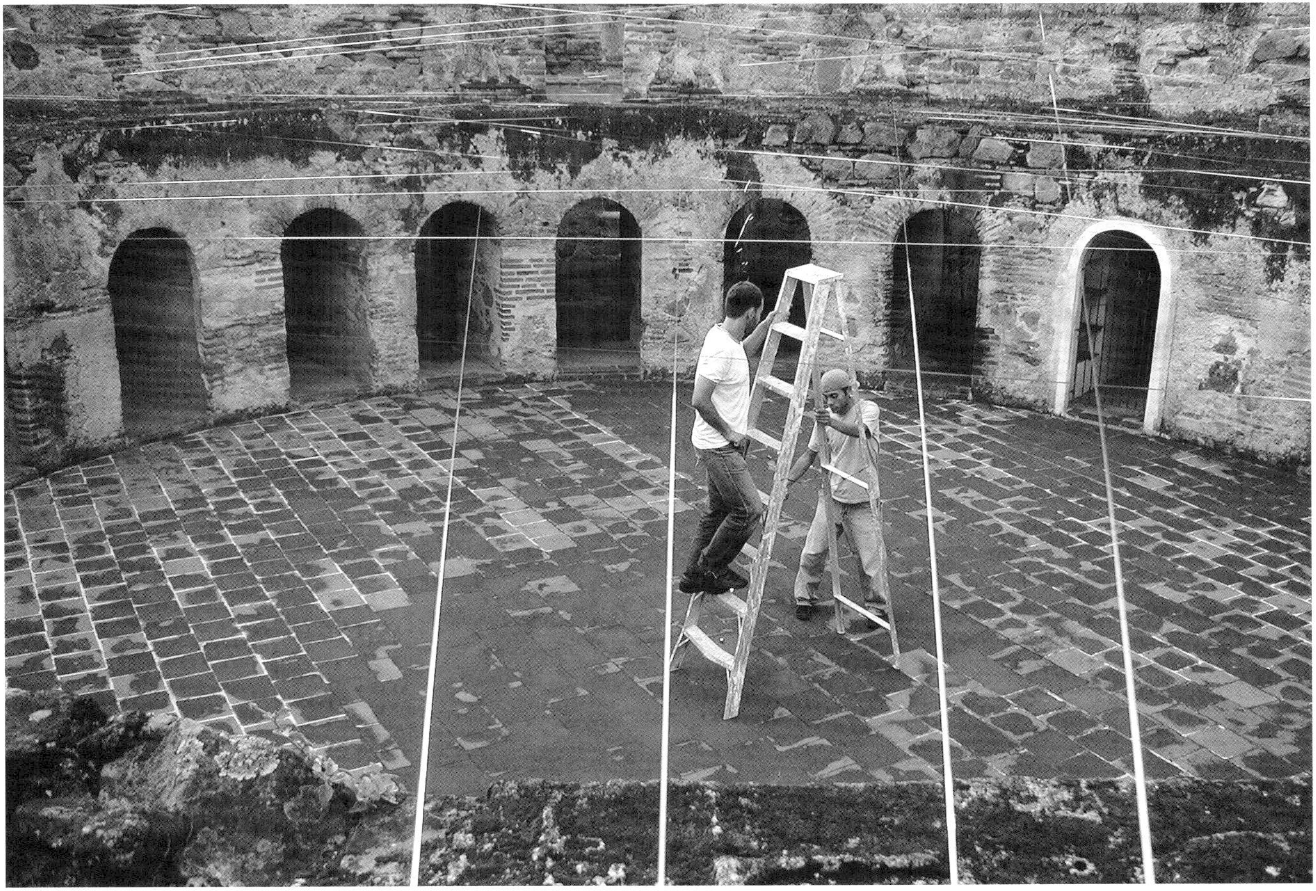

Convento de Capuchinas, Antigua, Guatemala, 2003

Deja de llover cuando llegamos al valle de Antigua, y el sol atraviesa las nubes que corren entre los cerros de profundo verde. En la Posada de Don Rodrigo, Luciano me dejó una nota de bienvenida en la que dice estar retrasado en el montaje —la inauguración será mañana, sábado, a las cinco de la tarde—, y que nos veremos para cenar. Dejo la maleta, y salgo a dar un paseo.

Antigua no ha cambiado mucho en estos nueve años, sólo que está más llena que nunca de turistas y “residentes temporales”, casi todos estadounidenses y algunos europeos. Desde luego, hay más cafés, equipados ahora con Internet, más posadas y casas de huéspedes, más discotecas, y casi desaparecieron las guardias militares que, en 1995, protegían a esos extranjeros de la guerrilla y hacían de Antigua una especie de enclave paradisíaco en medio de una guerra civil que sólo había salido del anonimato un par de años antes, cuando Rigoberta Menchú recibió el Premio Nobel de la Paz.

Viví algo más de tres semanas en Antigua, Guatemala, en la primavera de 1995, y ahora reencuentro mis pasos, la dificultad para caminar en las estrechas banquetas y las piedras redondas de las calles de Antigua. A partir de la plaza, me reubico: sé hacia dónde ir, tomar a la derecha siguiendo la fachada de la catedral, y dirigirme al este, hacia la cruz de Santo Domingo. Iré al convento de Capuchinas, a reconocer la terraza en la que Pablo Vargas Lugo instaló una inverosímil cancha de tenis suspendida en el aire.

nections, more hostels and guest houses, more discos, and far fewer of those military guards who back in 1995 were visible everywhere, to protect the foreigners from the guerrillas, making Antigua into a kind of delightful haven encircled by a ruthless civil war which had only hit the headlines a couple of years earlier, when Rigoberta Menchú was awarded the Nobel Peace Prize.

I spent over three weeks living in Antigua, Guatemala during that spring of 1995, and now I retread my footsteps, rediscovering the awkwardness of negotiating the narrow sidewalks and bumpy cobblestones of these streets. In the main plaza, I get my bearings: I know which way to go, right, following the flank of the Cathedral, and keep on in an eastward direction towards the cross of Santo Domingo. I'm going to the Capuchin convent, to revisit the roof terrace where Pablo Vargas Lugo installed an outlandish tennis court, suspended in mid-air.

In 1995, I was in charge of the Mexican section of a project with the title “3angular,” planned and produced in Sweden by Jan Åman, the director of the Färgfabriken, an alternative art space in Stockholm of which this was the inaugural project.[1] Among the

[1] *3angular. 9 artists 3 countries 9 weeks 3 exhibitions*, produced by Jan Åman Productions in association with Curare, Espacio Crítico para las Artes, Mexico. The event took place in the Antiguo Convento de Capuchinas in La Antigua Guatemala; the Antiguo Convento de la Merced in Mexico City, and the Färgfabriken in Stockholm, Sweden, between March and May 1995. The

En 1995, estuvo a mi cuidado de la sección mexicana de un proyecto que se llamó "3angular" y fue concebido y producido desde Suecia por Jan Åman, director de la Färgfabriken, un espacio de arte alternativo en Estocolmo que se inauguró con este proyecto[1]. Entre los muchos espacios disponibles en una ciudad marcada por los sismos que la arrasaron en los siglos diecisiete y dieciocho, dejando muros inclinados sobre escombros de cúpulas monumentales, Jan Åman, Fredrik Wretman y yo elegimos el antiguo convento de Capuchinas no sólo porque tenía ya una marcada vocación de centro cultural, sino también porque su estructura laberíntica, los ríos ocultos, las celdas, los patios y las terrazas nos permitían aislar las instalaciones de artistas que poco tenían que ver entre sí y se expresaban desde posturas políticas y geográficas divergentes. La sola idea de juntar artistas de Suecia y Guatemala sonaba aquí sin sentido, por decir lo menos. Sólo respondía, de hecho, al interés de un artista y un diplomático que habían estudiado juntos en la infancia, y al reencontrarse muchos años después, imaginaron ese "puente cultural" y se lo

[1]*3angular. 9 artist 3 countries 9 weeks 3 exhibitions*, producido por Jan Åman Productions en colaboración con Curare, Espacio Crítico para las Artes, México, se llevó a cabo en el antiguo convento de Capuchinas en Antigua, Guatemala; el antiguo convento de la Merced en la Ciudad de México y la Färgfabriken en Estocolmo, Suecia, entre marzo y mayo de 1995. Los artistas invitados fueron Lotta Antonsson, Joakim Gemicke y Fredrik Wretman, de Suecia; Ramón Banus, Luis González Palma y Ronaldo Ixquiac Xicara, de Guatemala; Silvia Gruner, Rubén Ortiz Torres y Pablo Vargas Lugo, de México.

wealth of possible spaces available in a city scarred by the many earthquakes that had shaken it during the seventeenth and eighteenth centuries, leaving great stretches of wall tilted over the rubble of monumental cupolas, Jan Åman, Fredrik Wretman and I selected the former Capuchin convent, not merely because it was so perfectly cut out to be a cultural centre; in addition, its labyrinthine structure, underground streams, cells, courtyards and terraces lent themselves to the effective insulation of works by artists who had little in common with one another, expressing themselves from the standpoint of widely disparate political and geographical positions. The very notion of bringing Swedish and Guatemalan artists together sounded like a far-fetched idea, to say the least. In fact it arose out of the fortuitous re-encounter of an artist and a diplomat who had been at school together, who in the joy of reunion dreamed up this "cultural bridge," and entrusted it to Åman; it was he who invited the Mexican contingent in hopes of "padding out" the Latin American side. Indeed, there was not much to choose from where Guatemalan contemporary art was concerned. Culturally speaking, this country was still stuck in the "banana republic" category (and I say this tongue in

invited artists were Lotta Antonsson, Joakim Gemicke and Fredrik Wretman, from Sweden; Ramón Banus, Luis González Palma and Rolando Ixquiac Xicara, from Guatemala; Silvia Gruner, Rubén Ortiz Torres and Pablo Vargas Lugo, from Mexico.

encargaron a Åman, quien invitó a una delegación mexicana para "espesar" la opción latinoamericana. En realidad, no había mucha tela de dónde cortar en términos de arte contemporáneo en Guatemala —país que aún se definía culturalmente en términos de "república bananera" (dicho sea irónicamente, y sólo para denotar el tipo de arte que compraban los clientes extranjeros, como reiteradamente lo ha subrayado Moisés Barrios)—. La única excepción era Luis González Palma, quien en ese momento desarrollaba sus primeras instalaciones, evolucionando de una fotografía construida llena de reminiscencias del "realismo mágico" literario, muy a la manera de Gerardo Suter, a instalaciones fotográficas más violentas y políticas, en una línea abierta por Christian Boltanski o el chileno Alfredo Jaar.

Lo que en un principio fue una especie de ritual, se convirtió en un encuentro: camino del insólito sótano-cámara de eco redondo en el que Luis González Palma instaló, en 1995, una cruel evocación de los desaparecidos indígenas de la guerra civil guatemalteca —el holocausto aún no confesado—, veo a Luciano Matus sentado en el piso de losa verdosa de musgo del Patio de las Monjas, al pie de una escalera.

Ahora que lo pienso, me parece evidente: el Patio de las Monjas, un redondel sin techo, circundado por diminutas celdas trapezoidales, es en sí un espacio creador de tensiones, a pesar de las cursis "restauraciones" de algunas de las celdas, con camastro, crucifijo y maniquí velado y sin rostro.

cheek, solely as a way of encapsulating the kind of art that catered to the foreign clientele, as Moisés Barrios has repeatedly made clear). The lone exception was Luis González Palma, who was developing his first installations at the time; evolving from a constructed photography full of rather literary, "magical realist" allusions, in the style of Gerardo Suter, towards more violent, politically articulate photographic installations, following a path opened up by the likes of Christian Boltanski or the Chilean artist Alfredo Jaar.

What was, at first, a kind of ritual revisitation, turned into an encounter. As I made my way towards the weird cellar/chamber of echoes in which González Palma had installed his cruel evocation of the numberless indigenous victims of the Guatemalan civil war—a holocaust that was still unrecognised—I saw someone sitting at the foot of a staircase, on the mossy green flagstones of the "Nuns' Courtyard": it was Luciano Matus.

Thinking back, it seems so obvious: the "Nuns' Courtyard" is a roofless circle bordered by tiny trapezoidal cells, a space already bristling with tensions—this despite the corny "restoration" of some of the cells, complete with cot, crucifix and veiled, faceless dummy.

While Luciano completes his intervention (all that remains is to place a magnet on the floor, like a big silvery nail between two stones, which will hold a vertical "guiding thread" as the central axis of the spider's web that has already "roofed over" the patio), I climb

Convento de Capuchinas, Antigua, Guatemala, 2003

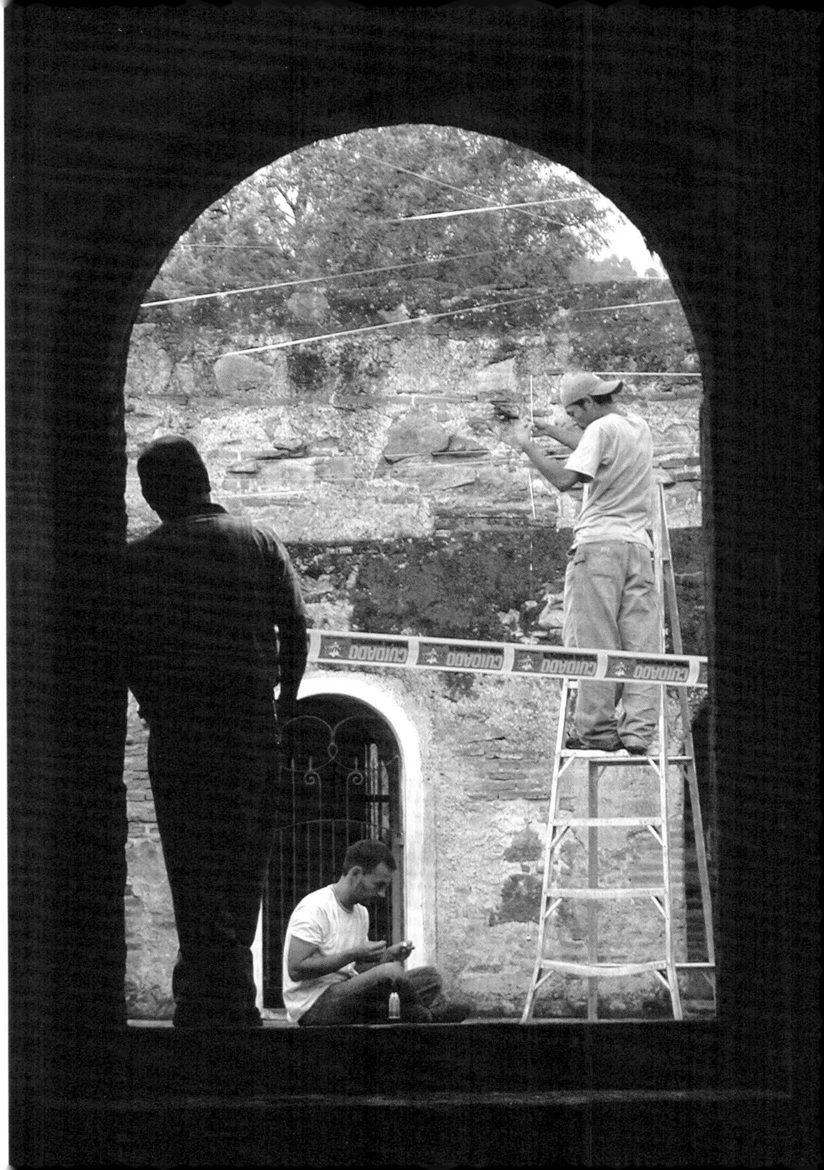

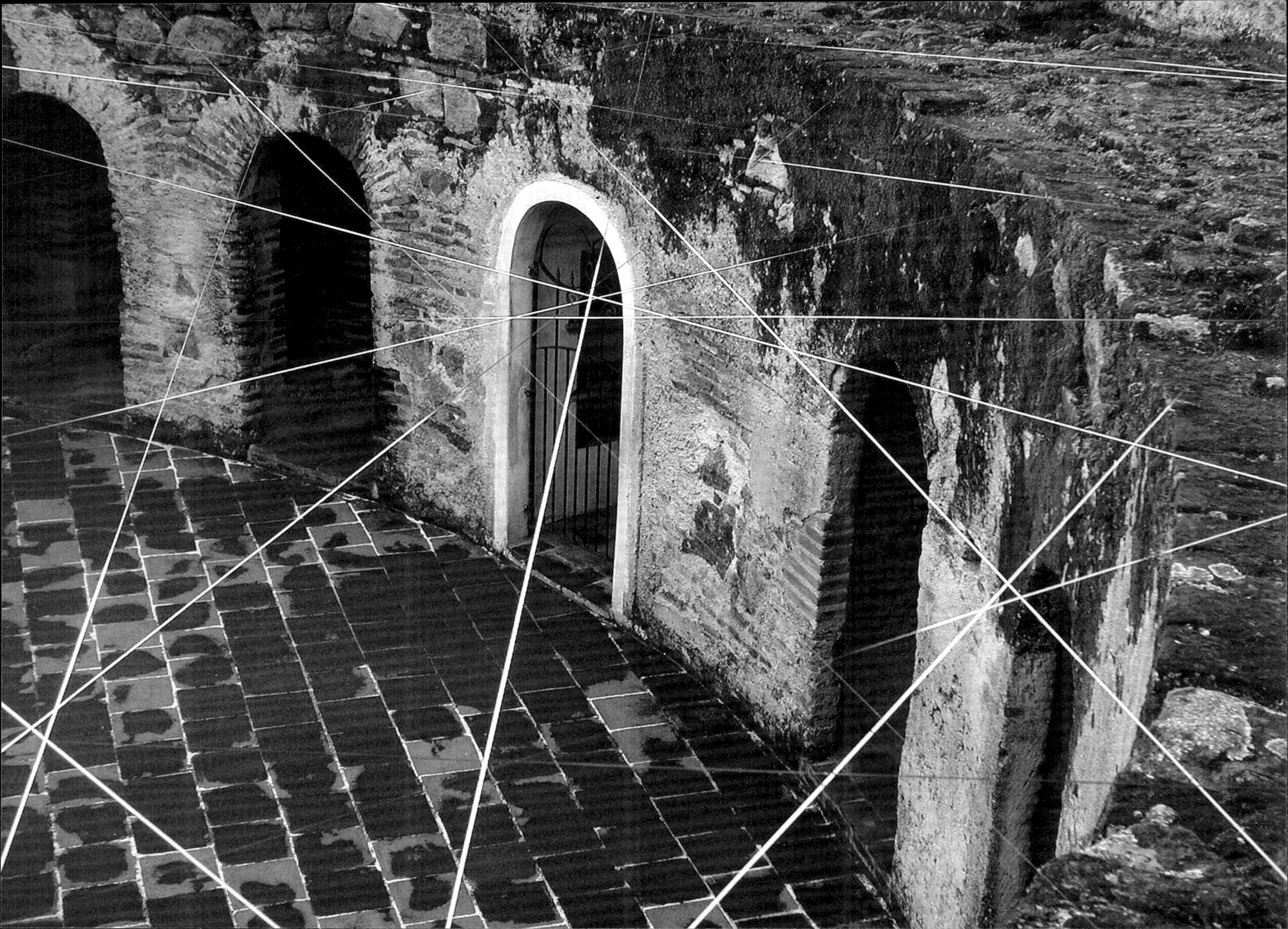

Mientras Luciano completa la intervención —sólo le falta colocar un imán en el piso, como gran clavo plateado entre dos piedras, que detendrá un "hilo conductor" vertical como eje de la telaraña que ahora "techa" el patio—, subo a las terrazas. Ahí, a unos metros apenas del hueco en que trabaja Luciano, está la azotea rodeada por los muros que alguna vez dieron forma a recámaras, en la que Pablo Vargas Lugo colocó su *Tennis Modello*, la *mise en abîme* de la cancha de tenis de una aristocrática casa vecina, apenas visible desde ciertos ángulos, que parecía estirarse de manera incongruente a través de una ventana tapiada hacia la mitad. Una de las primeras, y como siempre enigmáticas, intervenciones en espacios públicos de Vargas Lugo, *Tennis Modello* resaltaba la especificidad arquitectónica del convento de Capuchinas (ver, ahora, el espacio "vacío" detenido en mi memoria con el tenis instalado reafirma la presencia virtual de la obra de Vargas Lugo...). Su manera de abordar el problema espacial, sin embargo, fue diametralmente opuesta a las soluciones de Luciano Matus, y pueden, tal vez, servir para medir la distancia entre una y otra obra. Si bien ambos trabajan sobre el paisaje, deformándolo y alterándolo sistemáticamente, para recrearlo en la memoria, Vargas Lugo, tanto en *Tennis Modello* como en sus intervenciones más recientes, "inunda" el espacio —tal fue el caso, por ejemplo, de *Pirámide Panorama*, la utópica ciudad de pirámides de la Colección Júmex, o *Vague Statistique* en la Sala de Arte Público Siqueiros, a mediados del 2003—. Matus,

up to the terraces. There, barely a few yards away from the sunken circus in which Luciano is working, lies the terrace hemmed in by walls that once formed rooms, where Pablo Vargas Lugo set up his *Tennis Modello*, the *mise en abîme* of the tennis court belonging to the aristocratic mansion next door, barely visible from certain angles, and seeming incongruously to stretch through a half-bricked-up window. *Tennis Modello*, one of the first of Vargas Lugo's ever enigmatic interventions in public space, highlighted the architectural specificity of the Convent (and now, looking at this "empty" space which remains furnished in my memory with the tennis court, Vargas Lugo's work reaffirms its virtual presence...). His manner of tackling the spatial issue, however, was diametrically opposed to that of Luciano Matus, and perhaps the comparison may serve to measure the distance between their two procedures in general. While both artists concern themselves with landscape, systematically deforming and modifying it in order to recreate it in memory, Vargas Lugo, in *Tennis Modello* as in more recent pieces, tends to "inundate" space; this was also his tactic in Pirámide Panorama, the utopian pyramid city he built for the Júmex Collection, or in *Vague Statistique* at the Sala de Arte Público Siqueiros, halfway through 2003. Matus, by contrast, slices and lops spaces—bringing to visibility a set of latent structures which manifest themselves out of exhaustion.

Convento de Capuchinas, Antigua, Guatemala, 2003

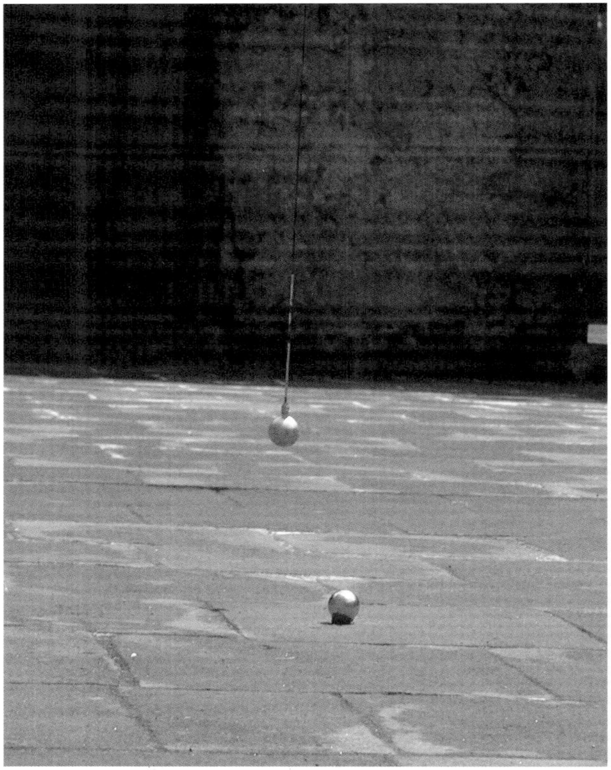

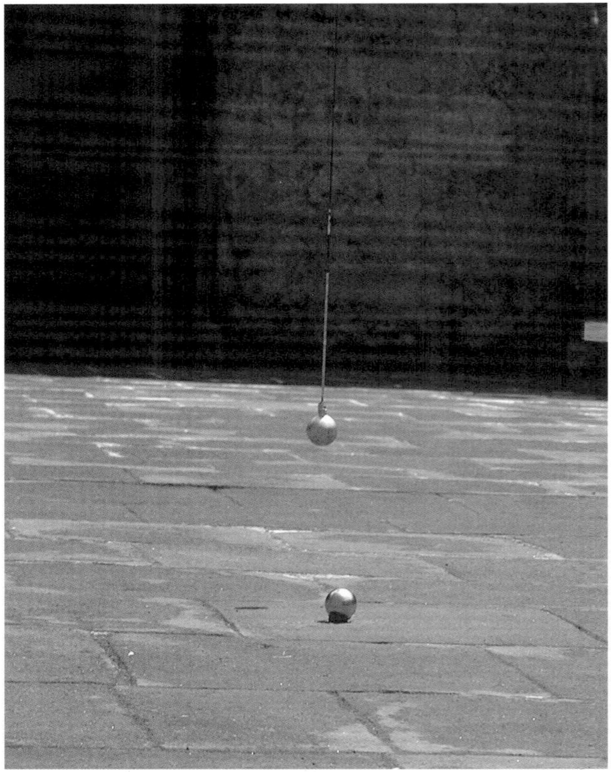

Convento de Capuchinas, Antigua, Guatemala, 2003

por el contrario, cercena el espacio, y torna visibles estructuras latentes que se manifiestan por agotamiento.

Sábado 14 de junio. Antigua, Guatemala—. Para la realización de su proyecto (el tendido de cables), Luciano trabajó con los alumnos de la Escuela-Taller de la AECI, jóvenes de quince a veinte años, algunos de ellos con problemas de inserción social, que se especializan en la rehabilitación de antiguas técnicas artesanales —talla en madera, albañilería tradicional, etc.— y colaboran así con los proyectos de restauración de edificios coloniales. Muy disciplinados, siguen a Luciano a los tres edificios que eligió para sus intervenciones: el antiguo convento de Capuchinas, las ruinas de la iglesia de la Recolección —aquel caos de monumentales piedras cercadas por altos muros que, en 1995, Silvia Gruner también había escogido como escenario para una primera serie de "collares" de bolas de jabón de colores pastel encontrados en el mercado local—[2] y la iglesia de la Compañía de Jesús, es decir, el coro, también destruido por un sismo, adyacente al edificio restaurado del convento jesuita, que alberga el Centro Iberoamericano de Formación de la AECI.

Producido e inducido desde el inicio por la AECI, *Reconocimiento del Espacio II* fue programado para integrarse a edificios coloniales rehabilitados como cen-

[2]Esta serie, titulada *Collares*, no formaba parte del proyecto "3angular", sino que fue motivado tanto por las ruinas del lugar como por el hallazgo de las bolas de jabón, y se expuso en 1997.

Saturday, 14 June. Antigua, Guatemala—. In order to carry out the physical installation (the criss-cross of cables), Luciano's collaborators are students from the AECI Vocational School, a team of fifteen- to twenty-year-olds, some of them with social or behavioural problems, who are learning ancient craft techniques such as wood carving, traditional masonry, etc., with a view to working on the restoration of colonial monuments. Conscientious and disciplined, they will assist Luciano on the three sites he has chosen to intervene: the Former Capuchin Convent, the derelict ruins of the Church of the Recolección—a chaos of massive ashlars enclosed by high walls, which back in 1995, Silvia Gruner had also picked as the setting for an early series of "necklaces" made from the pastel-coloured balls of soap she found in the local market—[2] and the Church of the Company of Jesus, or more accurately the quake-damaged choir, adjacent to the restored Jesuit monastery in which the AECI Ibero-American Training Centre is housed.

Impelled and produced by AECI throughout, *Reconocimiento del Espacio II* was originally designed to interact with colonial buildings that were being renovated to provide cultural centres. Luciano tells me that in Madrid, when he went over AECI's restoration projects in order to decide which he was interested in, the list

[2]This series, titled *Collares*, was not part of "3angular," though it was inspired both by the ruins of that place and by the discovery of the soap balls; it was exhibited in 1997.

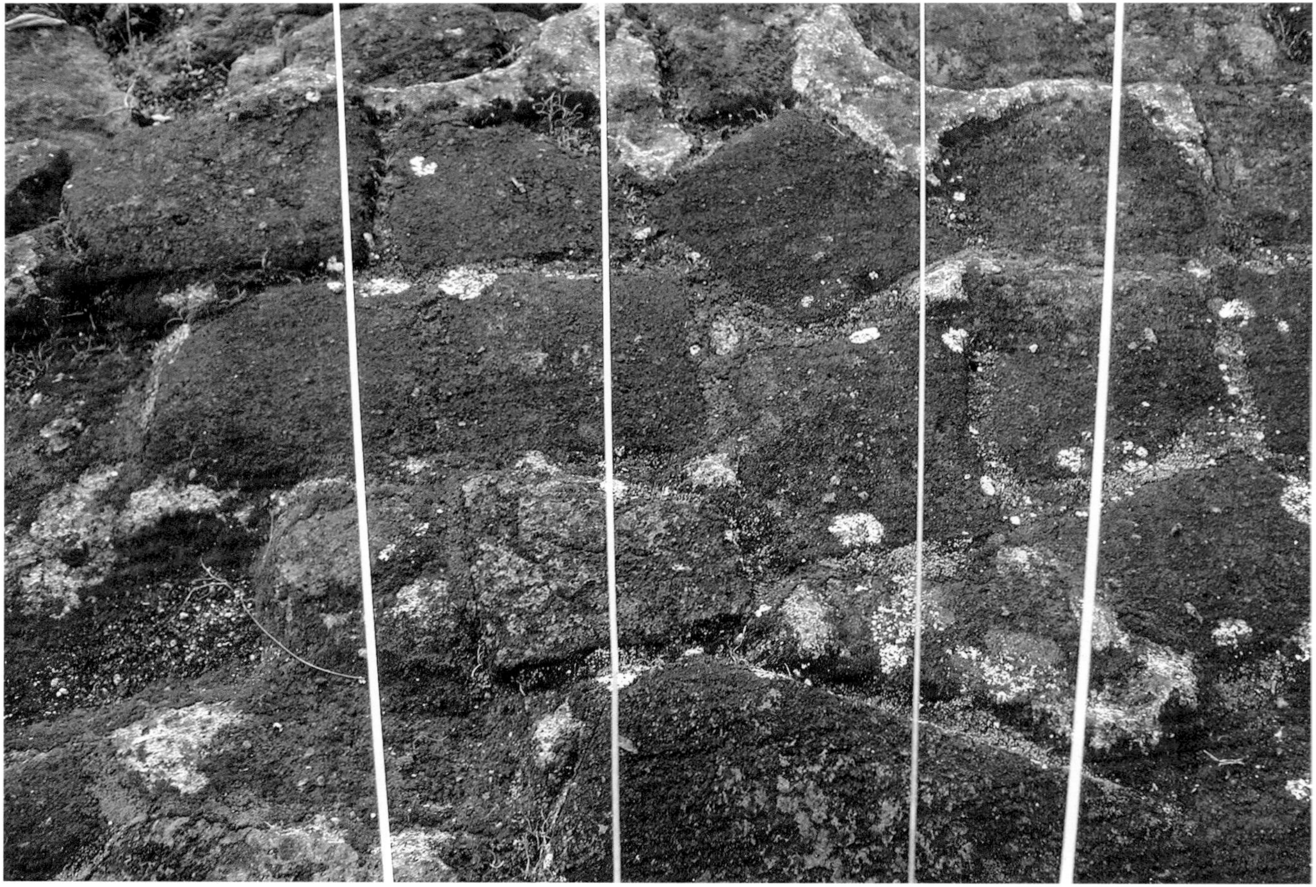

Convento de Capuchinas, Antigua, Guatemala, 2003

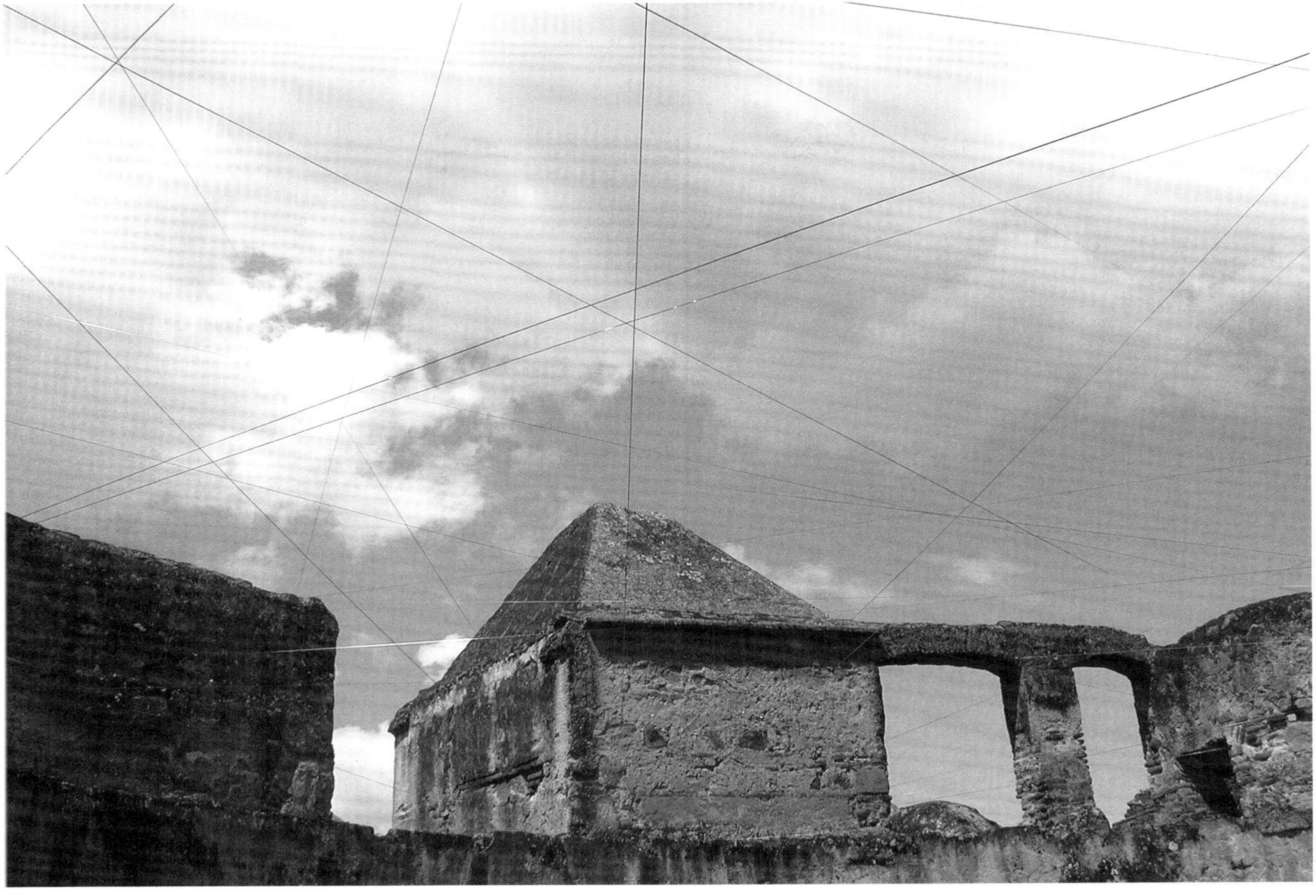

Convento de Capuchinas, Antigua, Guatemala, 2003

tros culturales. Luciano me explica cómo, en Madrid, revisó los proyectos de restauración de la AECI, para decidir en cuáles iba a trabajar: la lista inicial se fue reduciendo de nueve a seis, y luego a sólo cuatro, al considerarlos tanto por su interés histórico como por las cualidades arquitectónicas, la posición geográfica y el avance en la restauración.

Pero, cuando de restauraciones se trata... cada quién opina, y surgen las divergencias estéticas, éticas, políticas e ideológicas. Así hemos visto, en México, cómo disienten generaciones de restauradores una y otra vez sobre la muy fina línea que separa a una "consolidación" de una "restauración" y de una "reconstrucción", sin hablar de las divergencias en los usos de colores denotados como "coloniales", "virreinales", etc. Le Corbusier se equivocaba, ahora lo sabemos, cuando declaró, imbuido de optimismo modernista, que alguna vez "las catedrales góticas fueron blancas" —lo que indujo, entre otras cosas, la administración de cultura francesa de André Malraux en los sesenta a pulir y blanquear las fachadas ennegrecidas por el hollín urbano de las iglesias francesas, empezando por Notre-Dame de París—[3].

La "restauración" del convento de la Compañía, en pleno de centro de Antigua, ha causado cierto malestar

[3]Le Corbusier, *Quand les cathédrales étaient blanches. Voyage au pays des timides*, Plon, París, 1937. Sabemos ahora que las catedrales europeas nunca fueron blancas, sino policromadas; de hecho, como las pirámides prehispánicas de Mesoamérica.

shrank from nine sites to six, and then to only four, in the light of their historical significance, architectural features, geographical location and current level of restoration.

And talking of restoration... there are as many opinions as interlocutors, and one is venturing into a minefield of aesthetic, ethical, political and ideological disputes. How often have we witnessed, in Mexico, the arguments between different generations of restorers over the elusive line that separates a "consolidation" from a "restoration," and this in turn from a "reconstruction," not to mention the wrangling over such matters as the colours one might identify with the "colonial," the "vice-royal," and so forth. We now know that Le Corbusier was mistaken when he proclaimed, full of modernist optimism, that "Gothic cathedrals once were white"; but this assurance led, among other things, to André Malraux's 1960s cultural ministry insisting on sanding and whitewashing the soot-blackened façades of old French churches, beginning with Notre-Dame de Paris.[3]

The "restoration" of the Jesuit monastery, which is located in the heart of Antigua, has not been a success among the local inhabitants. What was a virtual ruin,

[3]Le Corbusier, *Quand les cathédrales étaient blanches. Voyage au pays des timides*, Plon, Paris, 1937. As we now know, European cathedrals were never white, but polychrome – just like, in fact, the pre-Hispanic pyramids of Mesoamerica.

entre la población de la ciudad. Un edificio muy deteriorado, tanto por los cataclismos como por el abandono, se levanta ahora, totalmente renovado, y coloreado: muros exteriores sangre de buey, patios y arcadas de amarillo orlado de azul, corredores de madera labrada con diseños estilizados... Aquí estamos más cerca de las invenciones neogóticas de un Viollet-le-Duc que de una consolidación fiel, basada en planos arquitectónicos e investigaciones históricas. Lo que se filtra en ello es una concepción ultramarina de "lo colonial", la misma idea turística de un *Colonial Town* que, desde los años veinte, marcó las reconstrucciones de Williamsburg, en el estado de Virginia en Estados Unidos, de Taxco y San Miguel Allende en México, y se expande ahora hacia el sur del continente: Antigua, Cartagena de Indias, Cusco...[4]

No es esto exactamente lo que buscaba Luciano Matus, y ahora queda en claro. La impecable geometría de los dos patios coloreados, que esconden instalaciones modernas, iluminadas y cableadas con redes de comunicación de alta velocidad, de algún modo le incomoda. Santo Domingo, en Oaxaca, aunque restaurado a fondo en la pasada década, conserva una pátina que es como la garantía de su autenticidad; San Agustín, en la ciudad de México, remodelada por última vez en la década de 1920, con sus pisos levantados y las estatuas laicas que

[4]Véase el comentario de Rosina Cazali, nota 3, p. 73 de este libro.

due to a mixture of cataclysms and neglect, now stands spruce, new, and garish: the outer walls painted dark red, the patios and arcades trimmed with blue, the wood of the corridors carved into stylized designs... The effect suggests the neo-gothic fantasies of Viollet-le Duc, rather than a faithful reconstruction based on plans and blue-prints and serious research. What transpires here is a metropolitan concept of "the colonial", the same theme-park caricature of the "Colonial Town" which has distorted, from the 1920s onward, everything from the reconstructions of Williamsburg in the state of Virginia, north of the border, to those of Taxco and San Miguel Allende in our own country, and is now spreading uncontrollably south, overrunning Antigua, Cartagena de Indias, Cusco...[4]

This is not really what Luciano Matus had in mind, and now he is sure of it. The ruler-straight geometry of the two bright patios with their ultra-modern amenities, tastefully lit and wired with high-speed communications networks, makes him feel obscurely uneasy. Santo Domingo, in Oaxaca, was restored from top to bottom ten years ago, and yet it retains a patina that conveys a sense of authenticity; San Agustín, in Mexico City, which was last overhauled during the 1920s, conserves its warped floors and the secular statues which replaced the saints, so as to allow a glimpse

[4]Cf the comment by Rosina Cazali, note 3, p. 73 of this book.

sustituyeron a los santos, aún permite avistar estratos culturales que forman parte de la historia del país. Las oficinas de la AECI en lo que fuera el convento de la Compañía, en Antigua, sin embargo, parecen haber sido levantadas hace unos años apenas —de hecho, fueron reconstruidos grandes fragmentos de muros, pisos enteros— como si el pasado no hubiera existido. Luciano sí va a dejar aquí un fino hilo tendido diagonalmente, casi una guía, para anunciar que el proyecto "se llevará a cabo en otro lado".

Luciano sí encontró, detrás de esa fachada hechiza, el coro de la iglesia desafecta, prácticamente intacto desde que la imponente cúpula cayó al suelo, y optó por ese lugar separado de los patios, incomunicado. Una "piedra" de tabique y mortero que parece haberse desprendido apenas ayer se vuelve el centro de la efímera construcción de cables que parecen indicar los puntos de ruptura y siguen la trayectoria de una estruendosa caída.

La intervención de la Compañía, de hecho, va a dar el tono: Luciano Matus no puede competir con los restauradores. Al fin y al cabo, él es un romántico; como lo fueron los pintores de *vedute* seguidores de Canaletto o Claude Lorrain, que salpicaban sus paisajes con ruinas tambaleantes, como el nostálgico Caspar David Friedrich, o como Viollet-le-Duc que inventó ruinas que no existían... Luciano subraya lo que fue —y lo que no fue— de la arquitectura. Él es un paisajista, un efímero diseñador del intersticio entre dos muros, dos piedras, dos columnas.

into the strata of a cultural cross-section that embodies parts of national history. The AECI offices in the Jesuit monastery of Antigua, on the other hand, look as though they were constructed yesterday (sure enough, major stretches of wall and entire storeys were built from scratch), as though the past had never existed. All that Luciano will do here is place a slender, diagonal cable, almost like a guiderope, to indicate that the project "will be accomplished elsewhere."

For behind this sham façade, he discovered the choir of the disaffected church, left almost untouched ever since the massive dome collapsed, and he settled for this site, which is separate and incomunicado with regard to the patios. A "boulder" of bricks and mortar, which appears to have come down very recently, is used as the centrepiece for the ephemeral tissue of cables which converge on points of rupture, drawing the trajectory of a momentous fall to earth.

This intervention in La Compañía is what strikes the keynote for the rest: Luciano Matus can never compete with the restorers. When all is said and done, he is a romantic—like the *vedute* painters who followed Canaletto and Claude Lorrain in studding their landscapes with tumbledown ruins, like the nostalgic Caspar David Friedrich, or Viollet-le-Duc, creator of ruins that were never whole... Luciano spotlights what happened—and what did not happen—to architecture. He is a landscape artist, an ephemeral designer of the gap between two walls, two stones, two columns.

Convento de Capuchinas, Antigua, Guatemala, 2003

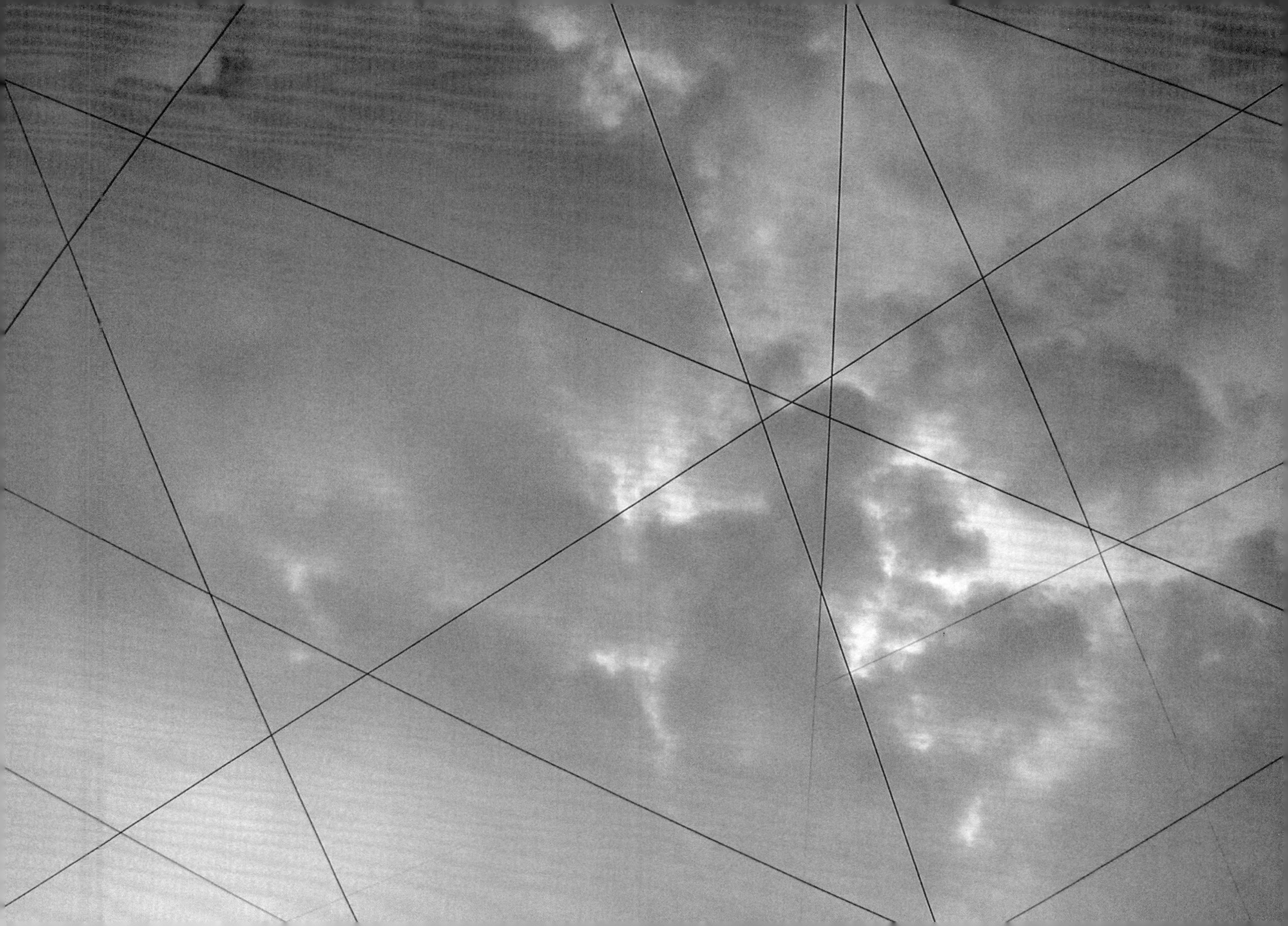

A las cinco de la tarde, empieza el ceremonial de inauguración. Recorremos los tres sitios intervenidos, empezando por La Recolección. La tarde es hermosa: el sol poniente irradia los hilos de níquel. La "inauguración" se convierte en un paseo romántico en La Recolección.

Lo iré notando a lo largo del viaje: cuando el público ingresa a un espacio intervenido por los cables sostenidos por la gravedad de los imanes de Luciano Matus, las conversaciones cesan. Luciano consigue el silencio que significa que la gente *mira* en vez de ver. ¿Acaso alcanza a recrear, en medio del caos, un estado de contemplación próximo a lo que deseaban los románticos del siglo diecinueve: el acercamiento a lo sublime?

Lo mismo sucede en La Recolección y en el Patio de las Monjas del antiguo convento de Capuchinas: los cincuenta y tantos invitados se quedan mudos, levantan la mirada, observan el imán en medio del redondel, que va y viene, atraído y repelido por el imán clavado entre las baldosas.

Pero eso no sucederá en la Compañía. Cuando llegamos al antiguo coro detrás de los talleres, los cables que, con paciencia, colocaron Luciano y sus asistentes durante una semana están enredados, caídos en el piso junto a la masa de tabique y mortero... Vandalismo o accidente, nunca lo sabremos. Unos adolescentes descienden de la torre de la iglesia; una familia con niños se escabulle por detrás de los muros. Cada quien le echa la culpa al otro... Luciano, con larga paciencia, intenta

At five o'clock, the inaugural ceremony gets under way. We walk around each of the three sites, beginning with La Recolección. It's a beautiful evening: the setting sun ignites the nickel threads. The *vernissage* transmutes into a romantic stroll through La Recolección.

I notice this throughout the journey: whenever viewers step into a space that has been intervened by Luciano Matus's cables, anchored by the gravity of his magnets, the chatter dies out. Luciano achieves a silence that implies the experience of *looking* rather than seeing. Is it because he manages to recreate, in the midst of chaos, a contemplative state akin to what the nineteenth-century romantics yearned for: the approximation to the sublime?

It happens in La Recolección and in the "Nuns' Courtyard" in the Antiguo Convento de Capuchinas: the fifty-odd guests fall quiet, look up, watch the magnet oscillating in the middle of the round space, to and fro, attracted and repulsed by the magnet rooted in the flagstones.

But it does not happen in La Compañía. When we get to the abandoned choir behind the workshops, we find that the cables—so painstakingly positioned by Luciano and his assistants over a week—have fallen into a tangled heap on the ground, next to the boulder of bricks and mortar... Vandalism or accident, we shall never know. A gang of teenagers rioting down from the church tower; a family with children exploring behind the walls... The blame ricochets in all directions.

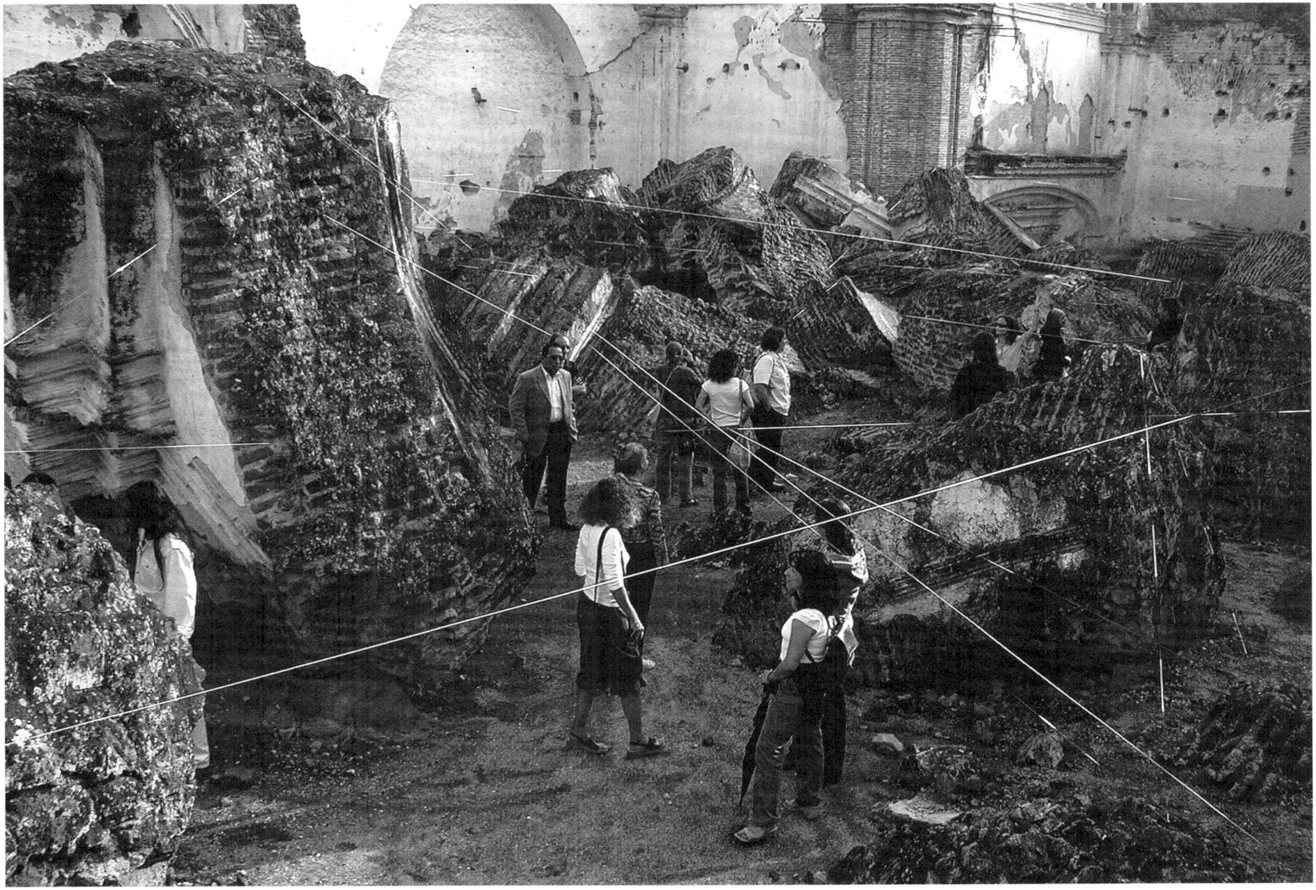

Iglesia de La Recolección, Antigua, Guatemala, 2003

una "restauración" de urgencia. Tardará una hora, quizá hora y media. Mientras, los invitados disfrutan del cóctel de inauguración, y sólo entonces, a la luz de proyectores de emergencia, Paulo Alvarado jugará con su violín.

Me encuentro con Gabriela Cámara y Clara Bargellini; están en Antigua en un programa conjunto del Instituto de Investigaciones Estéticas de la UNAM y estudiantes de historia del arte de Guatemala. Entre los cables de níquel que sobrevivieron el "accidente", una araña tejió su red. Los hilos de la telaraña brillan aún más que los cables de níquel.

Vamos, como en 1995, a casa de Pablo Swezey. Pablo ya no vive en San Pedro Las Huertas, sino en una casa fortaleza en la pendiente de un río, en el barrio de Santa Ana, que él mismo construyó con el paso de los años. Me siento con Rosina Cazali, a recordar el año 1995 y a pensar el 2004.

Luciano, stoic, attempts an emergency "restoration." It takes him an hour, maybe more. Meanwhile the guests make the most of the cocktail, and only then, in the glare of the floodlights, does Paulo Alvarado begin to play the violin.

I come across Gabriela Cámara and Clara Bargellini; they are here in Antigua on a joint program run by the Instituto de Investigaciones Estéticas, of the Mexican national university UNAM, and Guatemalan scholars of art history. Among the metal cables that survived the "accident," a spider has woven its web. The gossamer threads shine even more brightly than their nickel counterparts.

We repair—as we did in 1995—to Pablo Swezey's house. But Pablo no longer lives in San Pedro Las Huertas, he has moved to a fortress-home on the bank of a river, in the barrio of Santa Ana, which he built himself over the years. I sit down with Rosina Cazali, to remember '95 and plot 2004.

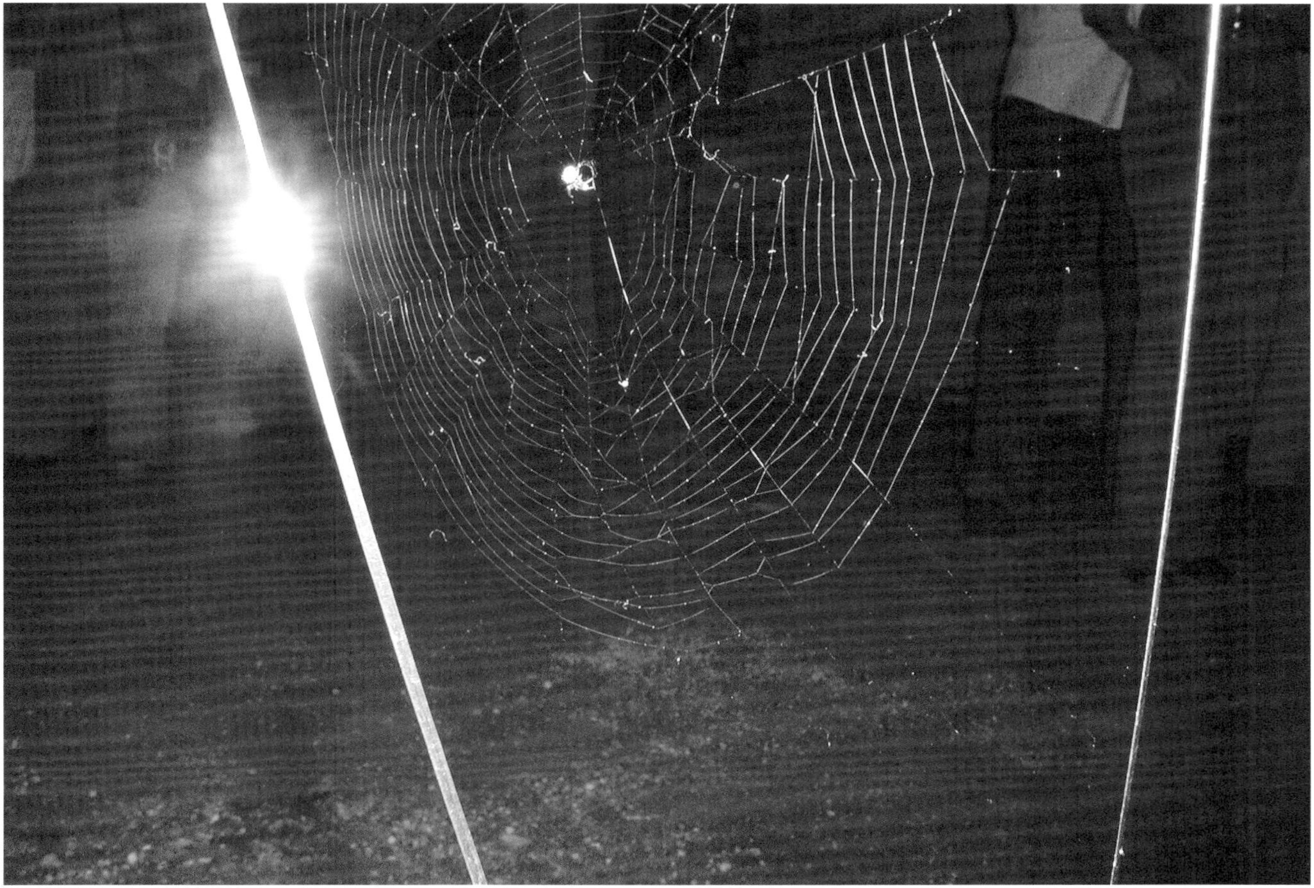

Compañía de Jesús, Antigua, Guatemala, 2003

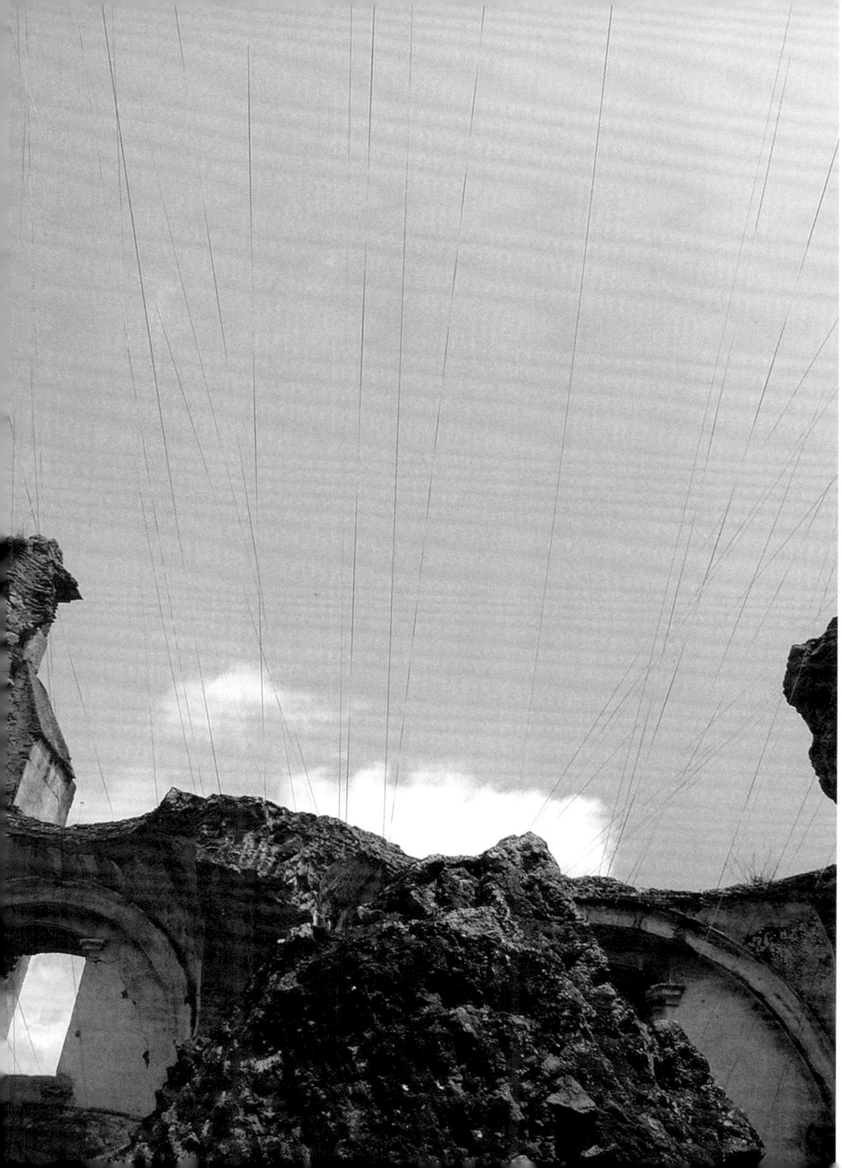

Compañía de Jesús, Antigua, Guatemala, 2003

Instancias del vacío y la posibilidad

ROSINA CAZALI

Gracias a un pequeño pincel, se recrea
el inmenso cuerpo del vacío.
Wang Wei

Reyes, que edificáis ruinas. Con esta sentencia se abren las puertas del edificio que Carlos V hizo construir en los jardines de la Alhambra en el año de 1526, después de un viaje de verano que el monarca realizó a Granada y quedó prendado por la magnificencia de los Palacios Nazaríes. Son palabras breves que sugieren una intromisión en un espacio autosuficiente y la ironía de una realidad inacabada. Pues, como una Torre de Babel, el edificio nunca fue concluido por el arquitecto y nunca habitado por el rey[1]. La historia de Carlos V y su palacio inconcluso despliega, además, uno de los muchos ejemplos de dominación cultural en el proceso de conquista sobre las tierras moras de la Península Ibérica e ilustra la importancia de las

[1]Originalmente se encargó el proyecto al arquitecto y pintor Pedro Machuca, que había estudiado en Italia con Miguel Ángel. Después de su muerte, acaecida en 1550, continúa el proyecto su hijo Luis. La rebelión de los moriscos, de cuyos tributos se obtenía principalmente la financiación de la obra, impidió terminar el edificio, quedando sin cubierta y sin terminar las habitaciones. En los años siguientes se retomaron en varias ocasiones las obras, pero se abandonaron por falta de fondos. En el año 1923 el arquitecto Leopoldo Torres Balbás inició su restauración, todavía no terminada.

Instances of Emptiness and Possibility

ROSINA CAZALI

Thanks to a tiny brush, the immense
body of the Void is recreated.
Wang Wei

You kings who build ruins. It is with this aphorism that the gates open onto the building that Charles V of Spain ordered built in the gardens of the Alhambra in 1526, after a summer voyage to Granada had left him stunned by the great beauty of Moorish palaces. The concise saying implies two things: an intrusion into a self-sufficient space, and the irony of an unfinished reality. Indeed, like a latterday Tower of Babel, the building was never completed by the architect and never occupied by the king.[1] The story of Charles V and his unfinished palace is, moreover, one of many examples of cultural domination in the process of conquering the Iberian Peninsula's Moorish lands, and illustrates the importance of personal, individual

[1]The project was first commissioned to architect and painter Pedro Machuca, who had studied in Italy with Michelangelo. After his death in 1550, his son Luis was put in charge. Construction on the building stopped after the Morisco uprisings, since it was mainly their taxes that had financed the work. The structure did not have a roof and work remained to be done on certain rooms. Over the following years, work began again on several occasions and was always interrupted due to a lack of funds. In 1923 architect Leopoldo Torres Balbás began to supervise its as yet unfinished restoration.

improntas personales ante los ojos occidentales. Construir un edificio, al igual que verlo, concretaron los deseos de posesión, los sueños de trascendencia o domesticación sobre todo aquello que consideraron incivilizado.

Sin embargo, para nuestros tiempos, la duda sobre la permanencia de esta sentencia es sólo una opción. Hay algo de provisional en la anécdota. Para comenzar de una manera predecible, estimula comparaciones generalizadoras entre la pretensión cortesana del pasado y el afán de las nuevas figuras de poder sobre los territorios aun considerados incivilizados. Esto tiene como consecuencia inmediata comparar las ambiciones y los contextos culturales, políticos o económicos de la actualidad con los del pasado y considerar un balance entre intenciones y logros. A veces loables, a veces no. Todo apunta a que los relatos de intervención en espacios arquitectónicos —concentrándonos en las realizadas en América Latina— no parecen prolongar aquel concepto lineal donde el dominio tendía a reducir las formas culturales preexistentes. En las nuevas cruzadas arquitectónicas, es un hecho, predomina la simultaneidad de intereses. Es así como se apaga aquel horizonte histórico plagado de culpas. Como las luces de un palco frente a un proyecto temporal, las *nuevas ruinas* adquieren una presencia inquietante. Abren, sí, un gran vacío que se ha dejado a merced del entusiasmo o la cólera, donde la complicidad afecta el cuadro general con que se aborda[2].

imprints in the eyes of the West. To construct a building—even to look at one—fulfilled desires for ownership, dreams of transcending or taming everything that was considered uncivilized.

Nowadays, however, to question permanence, in the terms of this aphorism, is only one of many options. The anecdote has something provisional about it. To begin predictably—it instigates broadly-based comparisons between the courtly pretensions of the past and the desire of contemporary powers to control territories still considered uncivilized. This in turn leads us to compare the ambitions and cultural, political and economic contexts of today with those of the past to draw up a balance sheet of goals versus achievements—the latter sometimes laudable, sometimes not. By and large, judging from the accounts of interventions in architectural spaces—focusing on those that have been carried out in Latin America—that linear concept whereby domination tended to suppress pre-existing forms of culture eventually peters out. The fact is that contemporary architectural crusades prefer to mobilise a convergence of interests. And so the sun has set over that historical horizon and all its guilt. Like the lights of a balcony overlooking a temporary project, the *new ruins* acquire a disturbing presence. However, they do open a vast empty space that has been left at the mercy of eagerness or rancour, where complicity affects the general frame of mind with which one approaches the topic.[2]

Semejante paradoja es resultado de un acercamiento a obras como la de Luciano Matus y las intervenciones que ha realizado en edificios restaurados por la Cooperación Internacional en América Latina y otros espacios patrimoniales rescatados o conservados en sus estados de deterioro. En Guatemala, las llamadas ruinas de La Recolección, las ruinas del antiguo convento de Capuchinas y las que siempre se han reconocido con el nombre de la Compañía de Jesús, fueron, durante muchos años, lugares abandonados que se recorrían en el mayor de los desparpajos y como los sitios ideales para los encuentros clandestinos[3]. Han pasado los años y después de innumerables procesos de inversión, restauración y conservación a los que han sido sometidos, la obra de Luciano Matus viene a otorgarles una lectura paralela; digamos un respiro. Esta posibilidad emana en el momento en que sus intervenciones son, como el silencio, presencias respetuosas que confieren dignidad a pesar de cualquier signo de tragedia.

Las obras de Luciano Matus podrían interpretarse de maneras extensas y abarcadoras, desde los aspectos puramente paisajísticos hasta los conceptuales. En prin-

[2]Véase Tzvetan Todorov, *Los abusos de la memoria,* Paidos Asterisco, Madrid, 2000.

[3]En la actualidad, el inmueble está ocupado por las oficinas del Centro Iberoamericano de Formación (CIF), de la Agencia Española de Cooperación Internacional. Los lugareños insisten en utilizar el nombre de Compañía de Jesús, como una forma velada de insistir en el pasado y de legitimizar su pertenencia original.

This paradox emerges from an examination of the works of artists such as Luciano Matus and the interventions he has carried out in buildings by the Agency for International Cooperation and other heritage sites in Latin America, some repaired, some left in their tumbledown state. In Guatemala, the ruins known as La Recolección, those of the former Capuchin Nuns' Convent and those that have always been called La Compañía de Jesús remained derelict for many years, good places for a casual stroll or a covert encounter.[3] After being subjected to an endless series of investment, restoration and conservation projects over the years, they have at last been granted a parallel reading—or, shall we say, a moment of respite—by Luciano Matus's work. This possibility arises in so far as his interventions are, like silence, respectful presences that confer dignity over and above any signs of tragedy.

Many aspects of Luciano Matus's work can be interpreted in an overall, inclusive manner—from those related purely to the landscape, to conceptual ones. No viewer fails to observe his repeated use of metal wire crisscrossing the public buildings or spaces in which he

[2]See Tzvetan Todorov, *Los abusos de la memoria,* Paidos Asterisco, Madrid, 2000.

[3]The building currently houses the offices of the Centro Iberoamericano de Formación (CIF) of the Agencia Española de Cooperación Internacional. Locals insist on using the name Compañía de Jesús as an indirect way of reaffirming the past and legitimating the building's original use as a Jesuit college.

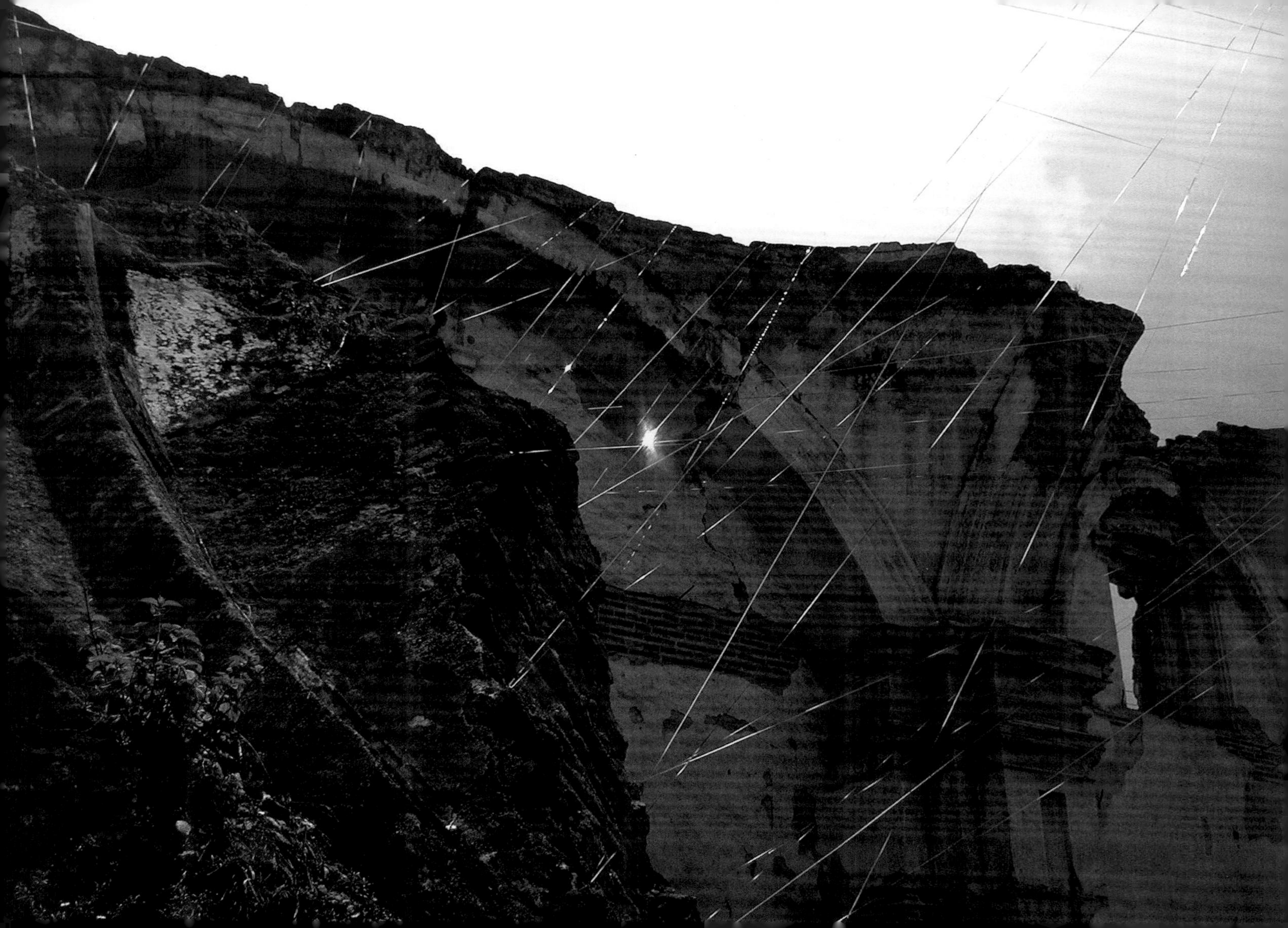

cipio, lo que no escapa al espectador es el uso reiterado de hilos metálicos que recorren los recintos o espacios públicos que interviene. Sin embargo, lo que sí se pasa por alto es que la colocación de estos cables no atiende a un orden preestablecido, y que la estructura arquitectónica del sitio no es un dictado formal, pues ha servido para reiterar la dinámica de los hilos tanto como para negarla. Y, en el mejor de los casos, su colocación es resultado de un diálogo entre el artista y el lugar, con su pasado y con su presente, con sus leyendas tejidas en torno a sus habitantes y sus calles, plazas, pasadizos o estados actuales. Ahora bien, la armonía que va estableciendo el recorrido de los cables y la conversación, en cierto sentido introspectiva, es interrumpida por cortes intencionales. En los nuevos extremos el artista coloca y contrapone imanes esféricos que quedan suspendidos en el espacio por su natural fuerza de atracción. En medio de ambos se instala un vacío que, para su obra, es clave y toma un papel activo: metafórico.

A partir de ese momento se antoja decir que, en la obra de Luciano Matus, la imagen del vacío adquiere un carácter simbólico, y otorga la opción de confrontar la retórica del dominio que emana de los edificios con posiciones más sabias. Como he dicho, no es fácil convencer al público de que existe algo más que los contenidos convencionales. Sólo en el esfuerzo de comprender la poética de su obra nos encontraremos con la posibilidad de interpretar ese vacío de maneras distintas. Una primera reflexión podría atender, precisamente, a los complejos e

installs his work. More seldom noticed is that the placement of these wires does not follow a predetermined order; that the site's architectural structure is not a formal imposition, for it can serve to reiterate as well as negate the wires' dynamics. In the best of cases, the final pattern is the result of a dialogue between the artist and the space, its past and present, the legends woven around its inhabitants and streets, squares and back alleys, its current state. But the harmony of the crisscrossing wires and the (largely introspective) conversation are interrupted by deliberate gaps. The artist attaches a spherical magnet to the cut ends of each wire—a weight and counterweight that remain suspended in space due to their natural force of attraction. In between them, an emptiness is created that holds the key to Matus's work since it plays an active role—that of a metaphor.

Here we are tempted to affirm that the image of emptiness acquires a symbolic character in Luciano Matus's work and allows us to confront the rhetoric of dominance emanating from these buildings with more enlightened stances. I have said before that it is not easy to persuade the public beyond anything beyond conventional content. It is only by striving to understand the poetics of the work that we may realize the possibility of interpreting this emptiness in different ways. One first reflection might precisely concern the fact that a country's or a society's history is constructed from an endless series of complex factors; this, along with the image of emptiness, makes

Compañía de Jesús, Antigua, Guatemala, 2003

infinitos factores que construyen la historia de un país o una sociedad, lo cual, sumado a la imagen del vacío, me hace pensar en mi país, Guatemala. Se dice que mucho de lo que vivimos hoy es resultado del vacío de poderes y de la ausencia de figuras creíbles. A mi generación —nacida en los sesenta— se le ha tachado de ser una estirpe vacía, inexistente o perdida. Este gran teatro de ausencias nos arrinconó y marcó como aquellos parias que no tomaron un papel activo durante el conflicto armado y —aún peor— no perfilaron un pensamiento propio.

Ante la figura del confinamiento —y es aquí donde me atrevo a subrayar la capacidad holística del arte—, obras como la de Luciano Matus confieren otras posibilidades para situarse frente a los espacios monumentales, los veredictos inflexibles y la historicidad totémica. Es como una metáfora de la importancia del vacío frente al conocimiento, tan amplia como la que Jorge Luis Borges plantea en "La biblioteca de Babel", la cual propone la existencia de una biblioteca compuesta por todos los libros escritos y por escribir. A partir de la combinación infinita de sus contenidos y signos se produce un cuestionamiento sobre los límites del principio y el fin del saber. Al final, es esta biblioteca la representación del universo, y la imagen literaria nos invita a cuestionar una forma única de aceptar las cosas o los hechos[4].

[4]Jorge Luis Borges, "La biblioteca de Babel", primera publicación en *El jardín de los senderos que se bifurcan*, Buenos Aires, 1942, luego compilado en *Ficciones* (1944).

me think of my own country, Guatemala. It is said that much of our current situation is the result of a vacuum in the power structure and the absence of credible figures. My generation—born in the 1960s—has been labelled as ineffectual, lost or nonexistent. Due to this great theatre of absences, we were cornered and branded as pariahs who did not take an active role during the armed conflict and, even worse, did not define an intellectual position of our own.

Before the figure of confinement—and it is here that I dare to emphasize art's holistic capacity—works like those of Luciano Matus suggest other ways of situating ourselves vis-à-vis monumental spaces, inflexible verdicts and totemic historicism. It is like a metaphor about the importance of emptiness in the face of knowledge—a metaphor as broad as the one Jorge Luis Borges employs in "The Library of Babel," proposing the existence of a library containing all the books ever written as well as all those that still remain to be written. The endless combinations between the library's contents and signs lead to a re-examination of the limits of knowledge—where it may begin and where it may end. In the end, this library is a representation of the Universe, and the literary image allows us to question whether there really is only one way of accepting facts and events.[4]

[4]Jorge Luis Borges, "La biblioteca de Babel," first published in *El jardín de los senderos que se bifurcan*, Buenos Aires, 1942, and then compiled in *Ficciones* (1944).

Compañía de Jesús, Antigua, Guatemala, 2003

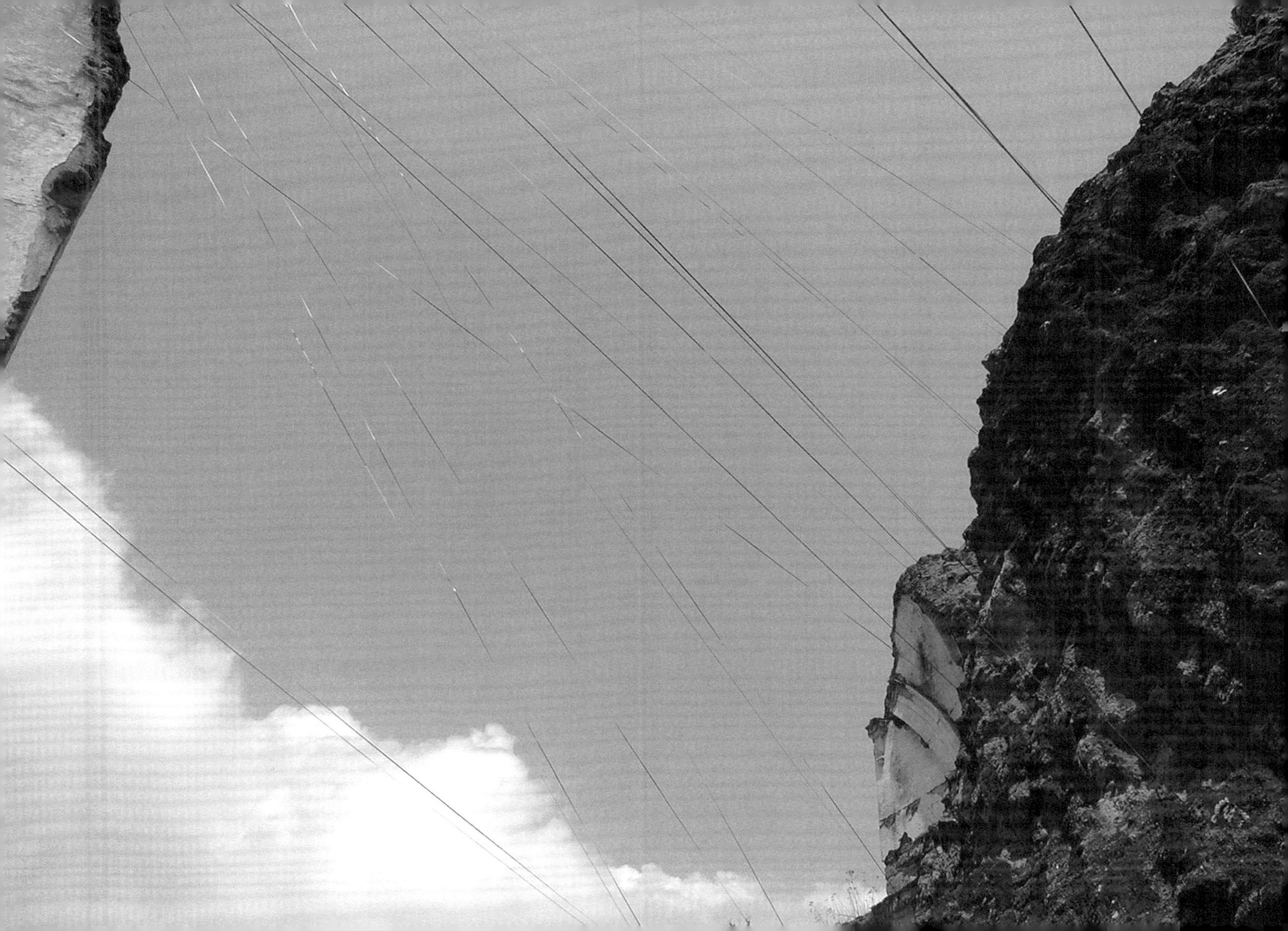

La inmaterialidad es, por supuesto, uno de los elementos fundamentales para considerar estas ideas. Si recordamos que en el arte el valor del vacío fue presentido por la revolución de los postulados de la física cuántica en la década de 1920, consideramos la importancia que tuvieron las experiencias de artistas que en décadas posteriores introdujeron a sus obras las reflexiones sobre los límites de la realidad y una percepción distinta de la misma. Fue entonces cuando cobraron importancia los conceptos de obra abierta, energía del vacío, desnudez del espacio, presencia del silencio y, por supuesto, los referentes lingüísticos que dotan al vacío de múltiples significados y respuestas. Lucio Fontana traspasó con un objeto cortante un lienzo. La intención del artista no era apuntar un gesto anárquico. El acto era precedido por reflexiones que se encaminaban hacia la experiencia de descubrir aquello que el cuadro había ocultado por tantos siglos. Ese lugar no practicado, oculto y silenciado que Fontana descubría revelaba la posibilidad de pasar de una reflexión sobre el arte hacia otra que implicara el espacio, de la representación pictórica hacia la exploración de un lugar oculto pero esencial y complementario. Cildo Meireles evocó el vacío de manera poética y paradójica en su obra titulada *Cruz del Sur,* la cual consistía en un pequeño cubo elaborado con dos maderas que, frotadas una con la otra, producían fuego. La única exigencia de la pieza de Meireles es que ésta debe ser colocada en un espacio completamente despejado de, por lo menos, doscientos

The issue of immateriality is of course fundamental in order to ponder these ideas. We should recall that the value of emptiness in art was foreshadowed by the revolution in quantum theory that took place in the 1920s, hence the importance of artistic experiments during subsequent decades which included reflections upon the limits of reality and the many perceptions of it. This is when such concepts as the open-ended work, the energy of the void, the bareness of space and the presence of silence came to the fore, as did linguistic references endowing emptiness with a host of meanings and connotations. Lucio Fontana cut a canvas with a sharp object. This was not an anarchic gesture; rather, it was preceded by considerations building up to the experience of uncovering what the picture had hidden for so many centuries. The masked, disabled, muffled space that Fontana discovered revealed the possibility of moving from a reflection on art to a reflection also inclusive of space, from considering the issue of representation in painting to exploring a hidden but fundamental and complementary place. Cildo Meireles evoked emptiness in poetic, paradoxical vein in his piece *Southern Cross,* consisting of a small cube made of two pieces of wood that sparked when rubbed together. Meireles's only specification was that the piece be shown in a totally empty space of at least 200 square meters. In the Tupi language—one of the most widespread throughout the Amazon—these types of wood represented mythical forms whose power the

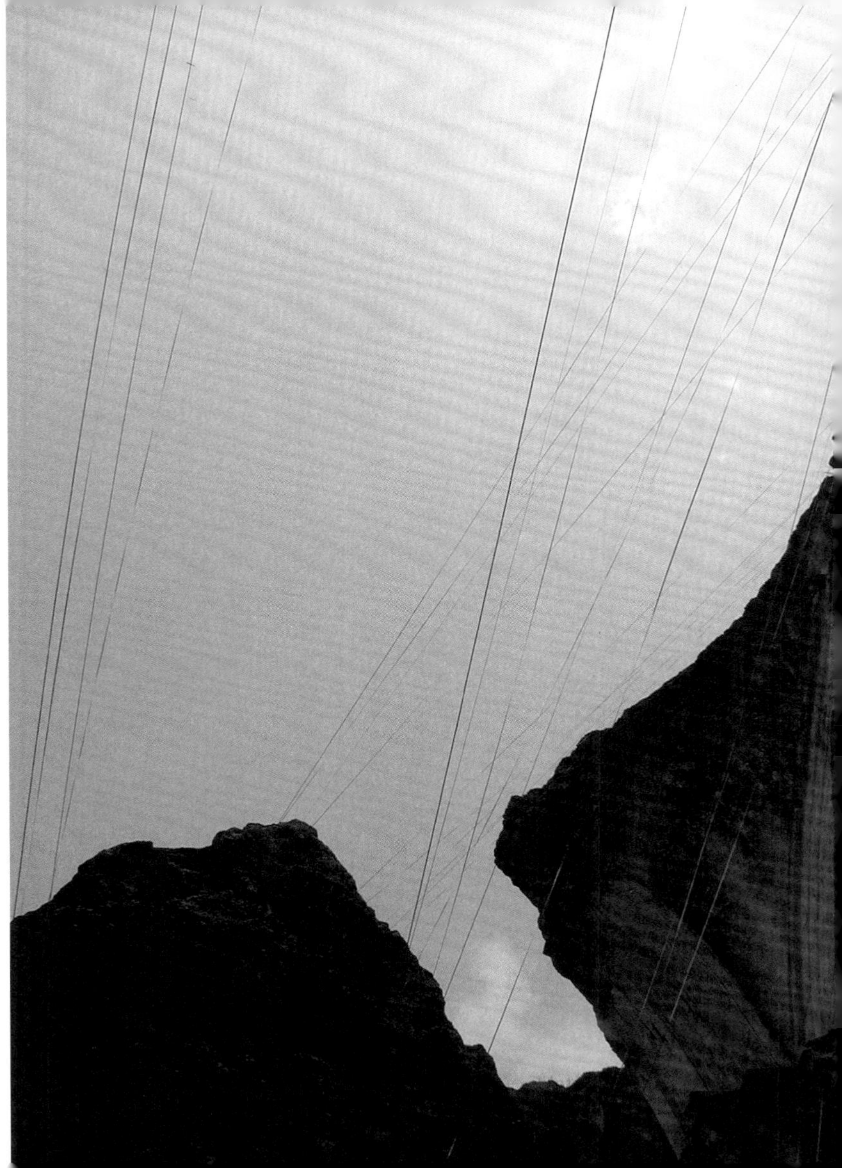

Compañía de Jesús, Antigua, Guatemala, 2003

metros cuadrados. En el lenguaje de los tupí —uno de los más expandidos en la Amazonia— estas maderas representan formas míticas que el artista potenció al contraponer un espacio así de vasto. El cubo frente a semejante vacío subrayaba y sobredimensionaba su contenido simbólico.

Cuando hablamos de intervenciones en el espacio arquitectónico, generalmente se esperan cambios visibles en las estructuras del inmueble o en el paisaje que lo contiene. Pero, en los trabajos de Luciano, donde el vacío adquiere importancia fundamental, la obra funciona a favor de la arquitectura. Sin duda, esta conjunción de espacios físicos confrontados al vacío recuerda el principio taoísta de Lao Tse:

Treinta rayos convergen en el círculo de la rueda;
Lo que la vuelve útil es el espacio central
[literalmente, de su no ser];
La arcilla se trabaja en forma de vasijas;
Es el vacío interior lo que las vuelve útiles.
Se abren puertas y ventanas en las paredes de una habitación;
Son los agujeros los que nos permiten utilizarla.
Por lo tanto, de la noexistencia proviene la utilidad;
Y de la existencia la posesión.

Es su elogio al vacío lo que incrementa su *utilidad*. Así, la utilidad de las obras de Luciano proviene de su aceptación. Además, aceptar esta posición proporciona la certeza de que el vacío no es algo inerte. Para princi-

artist unleashed by contrasting them with such a vast space. In the face of this emptiness, the cube's symbolic content was accentuated and vastly compounded. When we speak of interventions in architectural space, we generally expect to see visible changes in the structure of the building or landscape in which they operate. But in Matus's case, where emptiness acquires such fundamental importance, the piece works on behalf of the architecture. Indubitably, this conjunction of physical spaces faced with emptiness recalls the Taoist principles of Lao Tse:

Thirteen spokes converge in the wheel's circle;
What makes it useful is the central
[literally, "of its non-being"] space.
Clay is shaped into vessels;
It is the empty space within that makes them useful.
Doors and windows are opened in a room's walls;
These holes are what allow us to use it.
Thus, non-existence breeds usefulness;
And existence, ownership.

It is their eulogy to emptiness that increases their *usefulness*. Thus, the usefulness of Matus's works arises from this acceptance. Moreover, to acknowledge this position entails the certainty that emptiness is not something inert. To begin with, it transcends *horror vacui* as a dogma. Then, it accords with the revolution that took place in physics over the twentieth century in terms of

par, trasciende el *horror vacui* como dogma. Posteriormente, concuerda con la revolución teórica y práctica sufrida por las ciencias físicas en el siglo veinte, la cual ha mostrado que la separación entre materia y nomateria (vacío) no es un límite insalvable, que la relación entre ambos términos es profunda[5]. Como pasa con en el *jazz*, donde cada músico improvisa una melodía personal y única, necesita de las leyes de la armonía. En el *jazz* la condición de belleza germina en el conocimiento previo de sus reglas y su posterior fractura.

Por su unidad interna y su capacidad de variación, esta belleza aleatoria se inscribe en la obra de uno de los autores más emblemáticos del siglo veinte, Walter de Maria, y su pieza titulada *Campo de relámpagos*, ubicada en el desierto de Quemado en Nuevo México. Para realizarla De Maria colocó en el desierto cuatrocientas varillas de acero que crean un campo magnético y atraen los relámpagos a manera de pararrayos. Es una obra que se reconfigura una y otra vez dependiendo de las condiciones climáticas y en un sitio que fue contemplado desde los abismos del romanticismo como paisaje desposeído o analogía del vacío. Cuando un rayo es

[5]Tomado de la página titulada *La web del vacío*, elaborada por Albert Ribas y bajo el título *En los límites de la realidad: el vacío* (http://inicia.es/de/aribas). Con información originalmente publicada en Mundo Científico *La Recherche*, n.° 202, junio, 1999, pp. 41-45. Para profundizar el tema se recomienda la obra de Frei Betto titulada *La obra del artista. Una visión holística del universo*, Trotta, 2002.

both theory and practice—one that demonstrated that there is no absolute separation between matter and non-matter (emptiness, the void) and that the relationship between the two is profound.[5] Here the laws of harmony are a fundamental factor, as in the case of jazz, where each musician improvises a unique melody. Indeed, in jazz, the condition of beauty issues from a foreknowledge of harmonic rules and their subsequent violation.

Some of this random beauty is captured in the work of Walter de Maria—one of the twentieth century's most emblematic artists—thanks to its internal unity and its capacity for variation, and in one piece of his in particular entitled *Lightning Field*, located in the New Mexico desert. For this installation, De Maria covered a tract of land with 400 steel rods that create a magnetic field and attract lightning. This piece changes shape time and again depending on weather conditions, in a setting that has been considered lifeless and dispossessed, the epitome of emptiness, since the Romantic period. When lightning strikes one or several rods it provides a unique experience for each spectator, whether it fills the wasteland with an air of tranquillity or tragedy. Indeed, no two people ever perceive the flash of lightning in the exact same way—hence its usefulness and grandiosity.

[5]See *En los límites de la realidad: el vacío* on Albert Ribas's website *La Web del Vacío* (http://inicia.es/de/aribas). It contains information originally published in Mundo Científico / *La Recherche*, no. 202, June 1999, pp. 41–45. For a more detailed análisis, see Frei Betto, *La obra del artista. Una visión holística del universo*, Trotta, 2002.

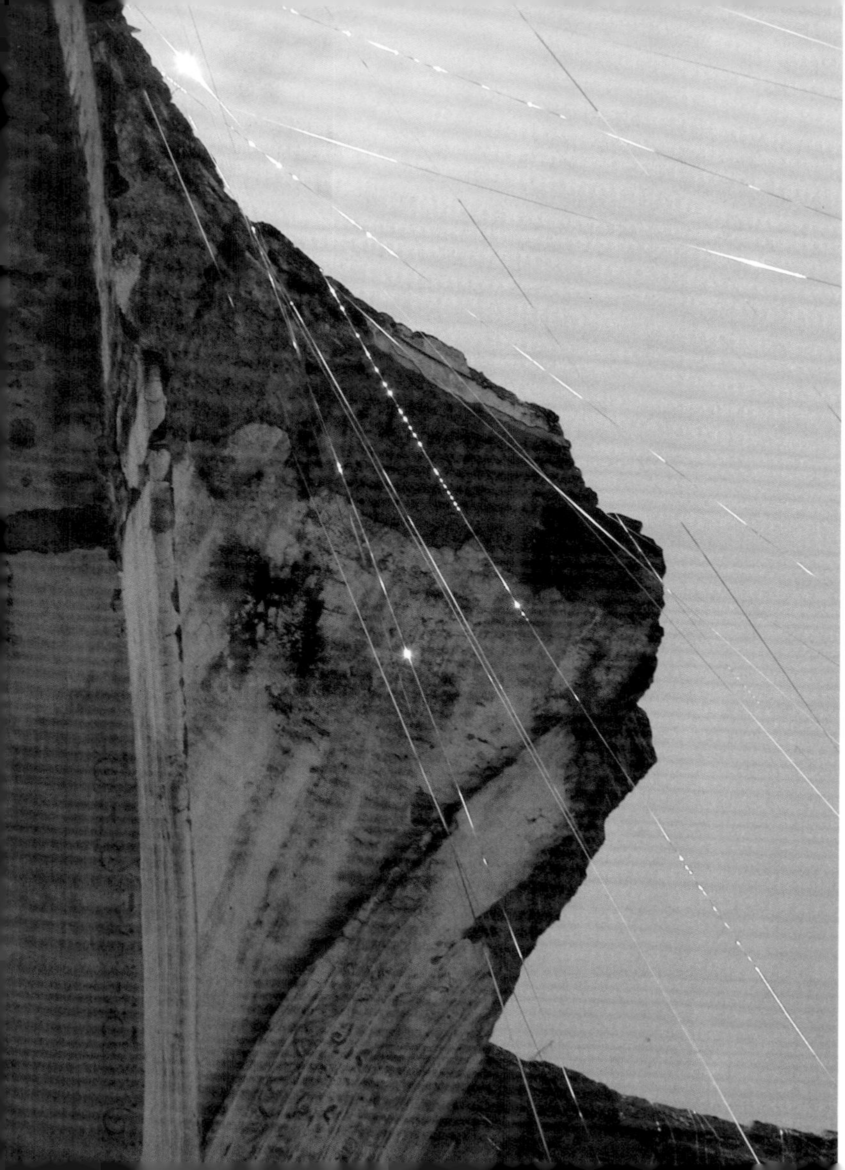

Compañía de Jesús, Antigua, Guatemala, 2003

atraído por una o múltiples varillas, aparece llenando el escenario de manera serena o trágica, pero proporcionando una experiencia particular a cada espectador. Un rayo es, así, una visión distinta para cada quien y nunca la misma para otro. He ahí su utilidad y su grandeza.

Durante una larga conversación con Luciano, en las calles de Madrid, al evocar la obra de De Maria, me confesó: "¡Esa es mi pieza favorita, de toda la vida!". En muchas conversaciones que tuvimos en Guatemala, en Cartagena y a través del ciberespacio, el *Campo de relámpagos* de De Maria o el propio vacío entre los imanes de sus piezas, sirvieron para detonar conversaciones sobre las relaciones humanas e intensificar reflexiones que se repartían entre los encuentros y los desencuentros de las personas. Curiosamente, en esos días comenzaba a leer un libro complicadísimo. Su autor, Georges Balandier, expresaba su fascinación por la teoría del caos y sus vínculos con las ciencias sociales. Con esfuerzos logré aproximarme a la aportación de una disciplina como la caología, la cual sitúa el orden oculto tras el desorden y lo aleatorio como un principio siempre en acción, entre la física hacia las ciencias de la vida y la sociedad[6].

Un día después, sin un plan determinado, y más bien en un estado melancólico —caótico—, visité la Plaza Mayor. Al recorrer las callejuelas contiguas, algo que se

[6]El título del libro es *El desorden. La teoría del caos y las ciencias sociales*, Gedisa, Barcelona, 1999.

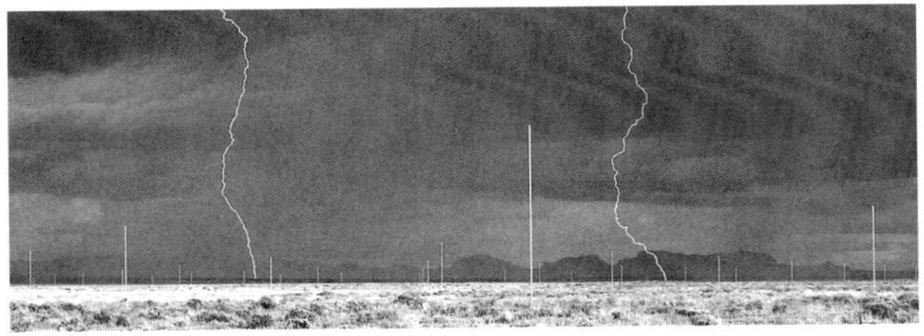

The Lightning Field, Walter de Maria, 1977

I brought up De Maria's piece in a long conversation I had with Luciano Matus in the streets of Madrid, and when I did he confessed, "That's my favourite piece, ever!" In many other exchanges we had in Guatemala, Cartagena and also in cyberspace, De Maria's *Lightning Field* or the empty gap between the magnets in Matus's own pieces led to the topic of human relationships and allowed us to deepen our mutual understanding of people's compatibilities and incompatibilities. Curiously enough, I had begun reading at that time an extremely complicated book. The author, Georges Balandier, expressed his fascination for chaos theory and its association with the humanities. It was with considerable effort that I managed to grasp the consequence of a discipline such as chaos theory, which unearths a hidden order within disorder and sees randomness as a perpetually-active principle relating physics (applied to the humanities) and society.[6]

[6]The book's title is *El desorden. La teoría del caos y las ciencias sociales*, Gedisa, Barcelona, 1999.

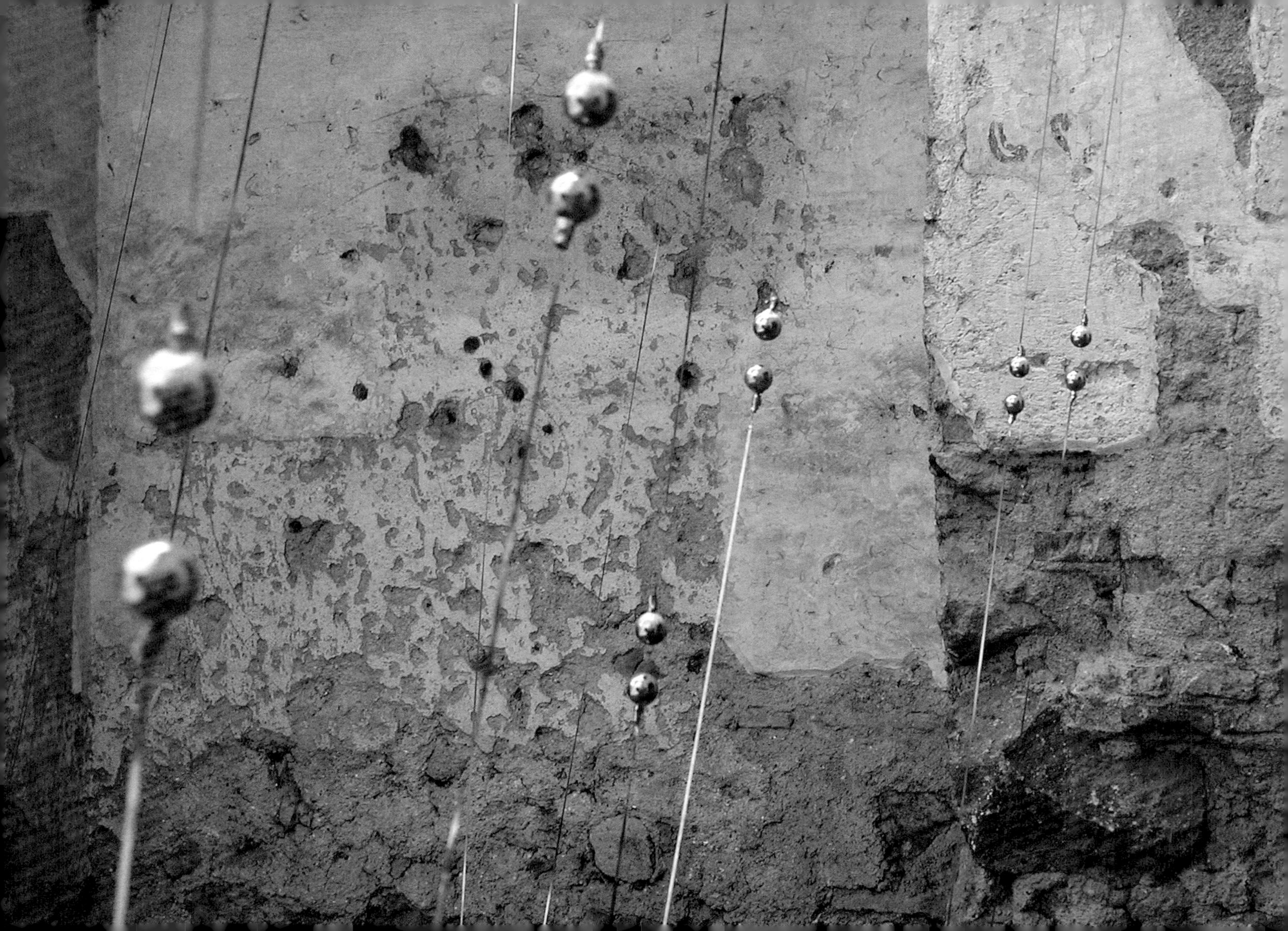

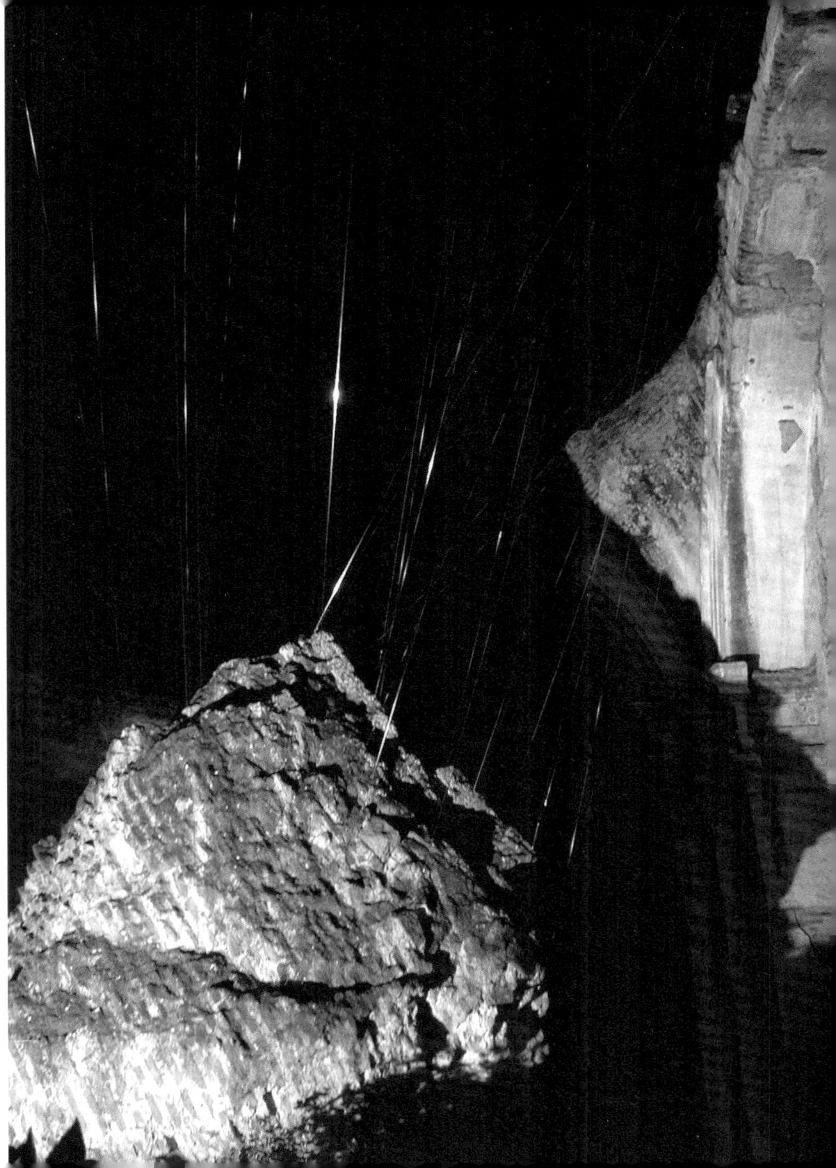

Compañía de Jesús, Antigua, Guatemala, 2003

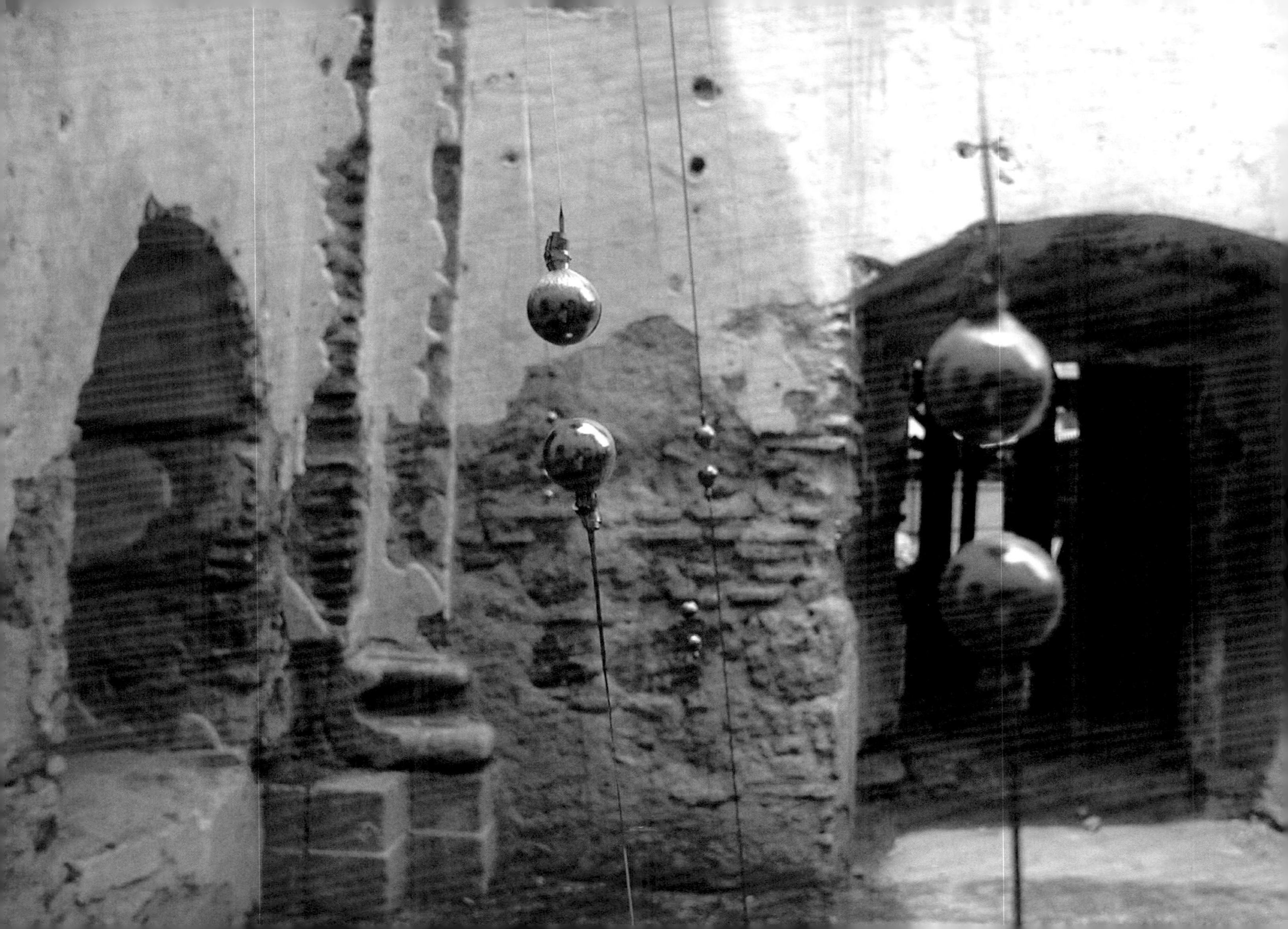

me ha hecho imprescindible, en mis últimas visitas a Madrid, me encontré de frente con la tienda de curiosidades de la que nunca puedo dar razón de cómo encontrarla. Entre y compré un caleidoscopio. A diferencia de los caleidoscopios comunes, éste tenía la singularidad de estar atravesado por un tubo de cristal en el que flotaba un líquido transparente y espeso, por donde se deslizaban partículas multicolores y multiformes. Exento del mecanismo tradicional, por el cual es necesario el impulso voluntario de girar los espejos, en su lento descenso las partículas tomaban vida propia, se reflejaban en los espejos del caleidoscopio para formar millones de imágenes danzantes, una detrás de otra y nunca iguales. Regalé el artefacto a Luciano. Vino a ilustrar nuestras reflexiones peregrinas y, con cierta dosis de perversión, a confirmar lo que Roland Barthes apunta en su ensayo sobre el discurso amoroso:

> *A todo lo largo de la vida amorosa las figuras surgen en la cabeza del sujeto amoroso sin ningún orden, puesto que dependen en cada caso de un azar [...] se agitan, se esquivan, se apaciguan, vuelven, se alejan, sin más orden que el vuelo de los mosquitos*[7].

De tal manera, ya no era difícil aceptar la importancia del desorden en la conformación de las sociedades y

[7]La cita fue extraída de la introducción del conocido ensayo de Roland Barthes, *Fragmentos de un discurso amoroso*, Siglo XXI, Buenos Aires, 1986. Barthes intenta poner en escena una enunciación, no un análisis *per se*.

One day later, with no clear plan in mind, and in a rather melancholy—not to say chaotic—mood, I went to the Plaza Mayor: a place to which I have felt inexorably drawn on my last trips to Madrid. Wandering the streets around it, I came upon the curio shop that I can never seem to find when I actually look for it. I went in and bought a kaleidoscope. Unlike normal kaleidoscopes, this one had a glass tube in the middle of it, containing a thick clear liquid with particles of various colours and shapes floating inside. Here, one did not even need to rotate the device manually to make it work, since the particles acquired a life of their own in their slow descent and were reflected by the kaleidoscope's mirrors to form millions of dancing images, one behind the other and never the same. I gave it to Luciano Matus. It seemed to illustrate our wayward thoughts and, in a somewhat perverse way, to confirm what Roland Barthes notes in his essay about the lovers' discourse:

> *Over one's amorous life, figures pop up in one's head without any order, since each one of them is random [...]; they flutter, elude each other, settle down, return, move away, in no more orderly a fashion than flying mosquitoes.*[7]

[7]The quote is from the introduction to Roland Barthes's well-known essay *Fragmentos de un discurso amoroso*, Siglo XXI, Buenos Aires, 1986. Barthes creates a context for the statement instead of analyzing it *per se*.

Compañía de Jesús, Antigua, Guatemala, 2003

de nuestras historias personales, donde la continua aparición y desaparición de partículas y antipartículas crea un vacío cuyas transiciones pueden tener profundas consecuencias en nuestros destinos. Por supuesto, las sociedades han elaborado patrones y reglas para normar las relaciones interpersonales y disipar los temores que produce la sola mención del desorden. En el plano de las ideas, la filosofía, en muchas de las teorías fenomenológicas, nos presenta una visión del mundo según la cual la verdad es ordenada por el espectador. La fenomenología nos habla de cómo conocemos el mundo, de cuáles son los recursos que empleamos a la hora de acercarnos a la realidad, de qué manera la ordenamos para que todos esos estímulos, en principio caóticos, tengan un sentido en nuestras vidas. Incluso, nos explica cómo nos relacionamos con el espacio y cómo desarrollamos nuestra propia definición de cuerpo en función de éste[8].

En verdad, supondría un absurdo exigir una definición final de una obra que encuentra en la nada su máxima expresión. Luciano me ha dicho en varias ocasiones, con una certeza invariable, que existen muchos agujeros en el horizonte que esperan a ser llenados. Es imprescindible presuponer —eso sí— que por mucho que se argumente a su favor, las obras de arte que elogian este espacio generalmente acaban por reproducir el sentimiento de horror al vacío que dio origen al arte

[8]Véase Javier Chavarría, *Artistas de lo inmaterial*, Nerea, 2002, p. 25.

In this light, it was no longer so difficult to accept the importance of disorder in the shaping of societies and our own personal histories, where the continual appearance and disappearance of particles and anti-particles creates an emptiness whose mutations can have profound repercussions upon our destinies. Of course, societies have evolved patterns and rules in order to regulate interpersonal relationships and dispel fears that the mere mention of disorder instils. In the realm of ideas, many of philosophy's phenomenological theories present us with a vision of the world in which truth is conferred by the viewer. Phenomenology addresses the ways in which we acquaint ourselves with the world, the resources we employ in order to deal with reality, and how we order it so that all these stimuli which at first glance seem chaotic may have meaning in our lives. It even explains how we relate to space and how we develop our own definition of the body as a function of it.[8]

It would surely be absurd to pursue a final definition of a work that finds its maximum expression in nothingness. Luciano Matus has often told me with absolute certainty that there are many holes in the horizon waiting to be filled. We cannot but presume that no matter how well-argued their defence, works of art that are paeans to empty space generally end up reproducing the feeling of *horror vacui* that gave birth

[8]Cf Javier Chavarría, *Artistas de lo inmaterial*, Nerea, 2002, p. 25.

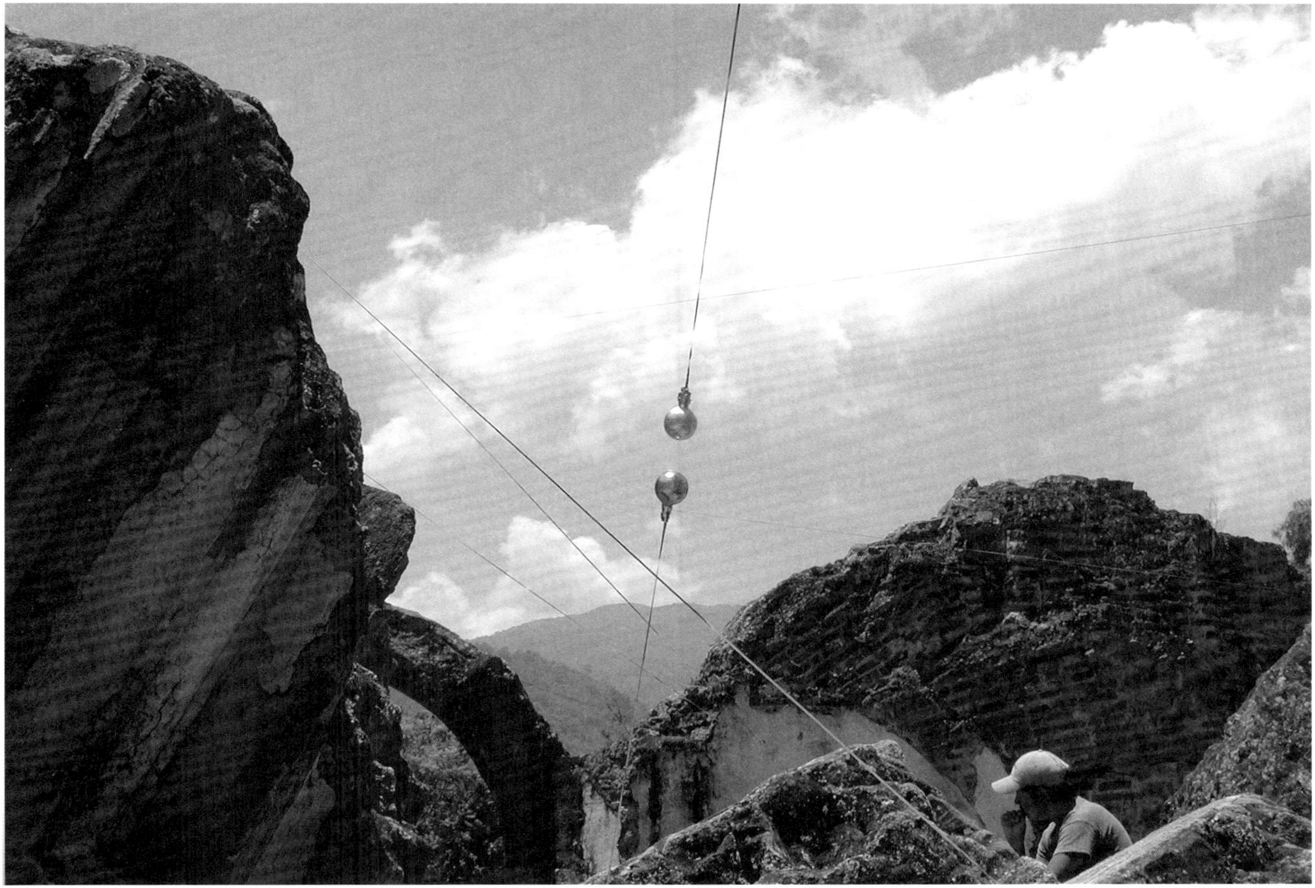

La Recolección, Antigua, Guatemala, 2003

barroco y que persiste como categoría en nuestras sociedades modernas. Como "una manera para expresar nuestras dudas y nuestras ambigüedades", expresó alguna vez Carlos Fuentes. Sin embargo, el vacío metafísico que plantea la obra de Luciano Matus —en lo cual estaría de acuerdo Marguerite Yourcenar a partir de sus reflexiones sobre Yukio Mishima— permite abrir incógnitas, tiende puentes robustos e hilos frágiles. Explora cicatrices de un silencio inquietante. Disemina líneas que persiguen vínculos e hipervínculos. Abre portales y caminos que invitan a ser cruzados y recorridos con nuestros peregrinajes aleatorios, a través de un universo codificado en cada espacio arquitectónico, en cada paisaje natural o espacio urbano. En suma, el vacío que se abre en la confrontación de estos imanes es una concesión a la sensualidad frente a toda historia —a cada ruina— que se dibuje unificada, inmóvil y eterna.

En un plano personal, este acompañamiento, estas conversaciones con Luciano y su obra, me han llevado a comprender que la utilidad de nuestras ideas se encuentra en despojarnos de la pretensión de encontrar respuestas a preguntas particulares. Sí, como sugirió Peter Handke, en el silencio del lugar es preciso que cada uno descubra cuál es su pregunta.

to Baroque art and that persists as a category in our modern societies—like "a way of expressing our doubts and our ambiguities," as Carlos Fuentes once stated. However, the metaphysical void posited by Luciano Matus—one that Marguerite Yourcenar would concur with, in line with her thoughts about Yukio Mishima—opens the way to unknowns, building strong bridges and delicate threads. It explores disturbingly silent scars. Lines radiate from it, striving to create links and hyperlinks. It opens gates and roads that we are tempted to cross and reconnoitre on our random pilgrimages through the universe codified in each architectural space, in each natural landscape or urban environment. In short, the void that is created by the confrontation of Matus's magnets is a concession to sensuality in the face of every history—every ruin—that presents itself as unitary, immutable and eternal.

On a personal level, this accompaniment, these conversations with Luciano Matus and his work have enabled me to understand that the usefulness of our ideas depends upon ridding ourselves of the ambition to come up with answers for particular questions. And yet, as Peter Handke has suggested, each person must find out what his or her question is in the silence of a space.

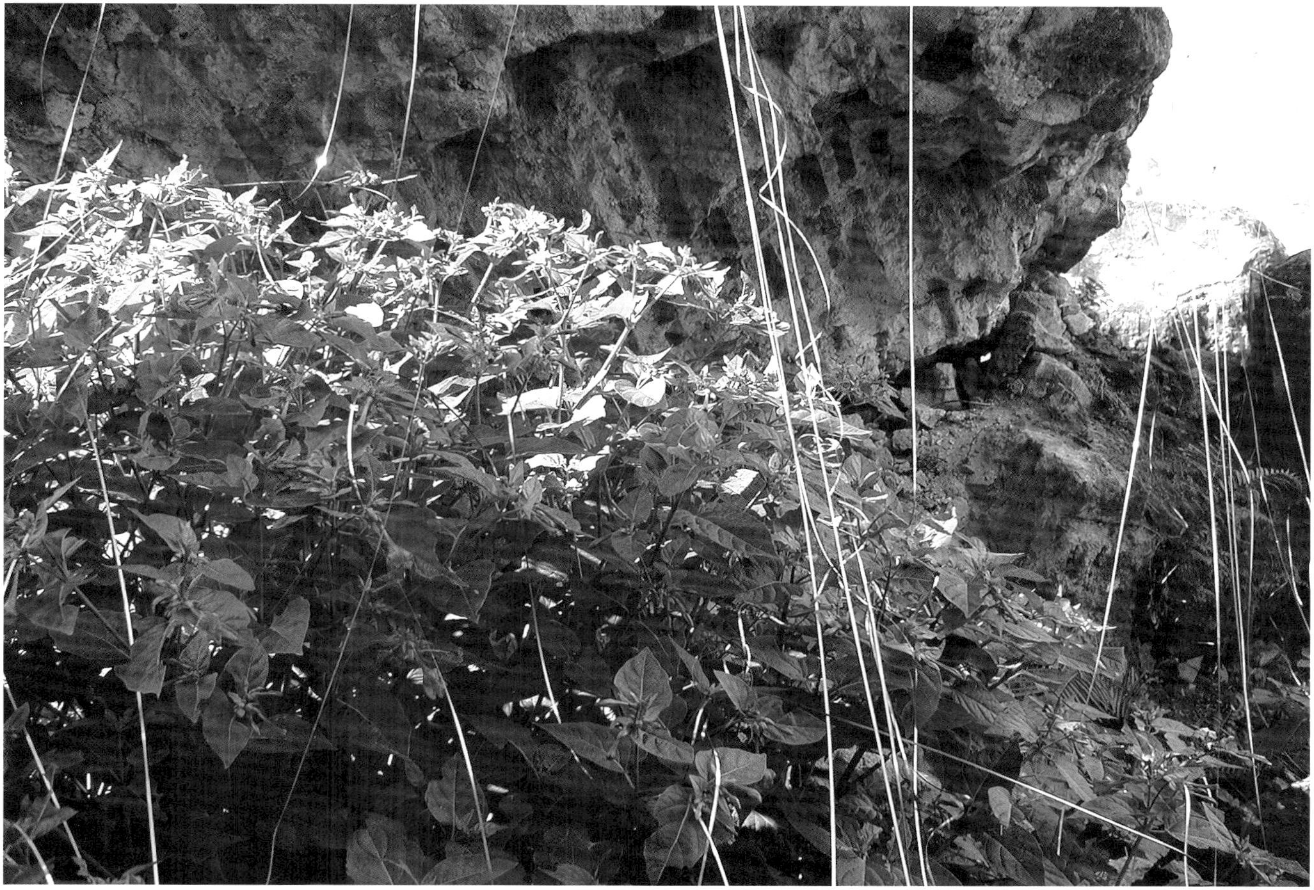

Compañía de Jesús, Antigua, Guatemala, 2003

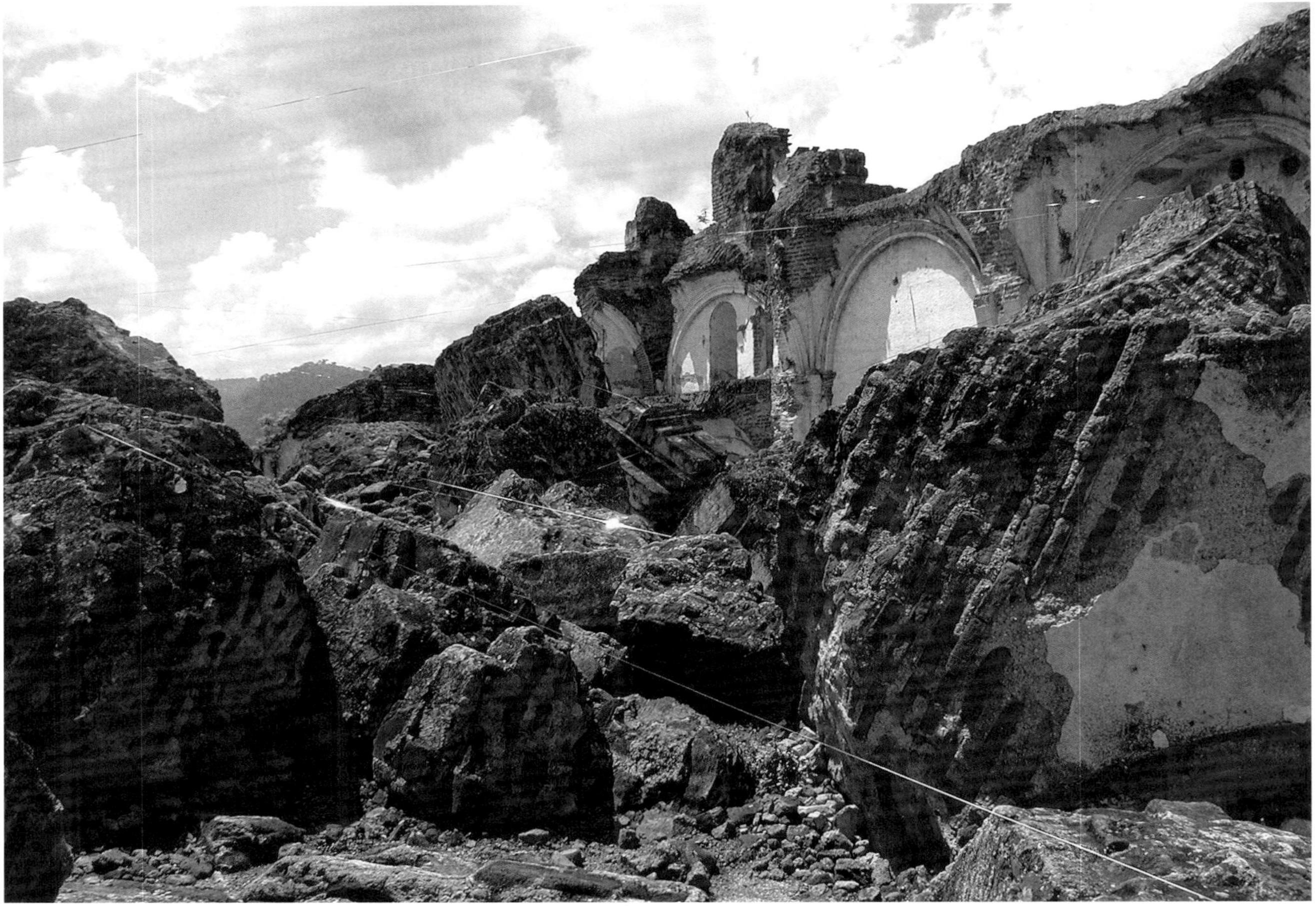

La Recolección, Antigua, Guatemala, 2003

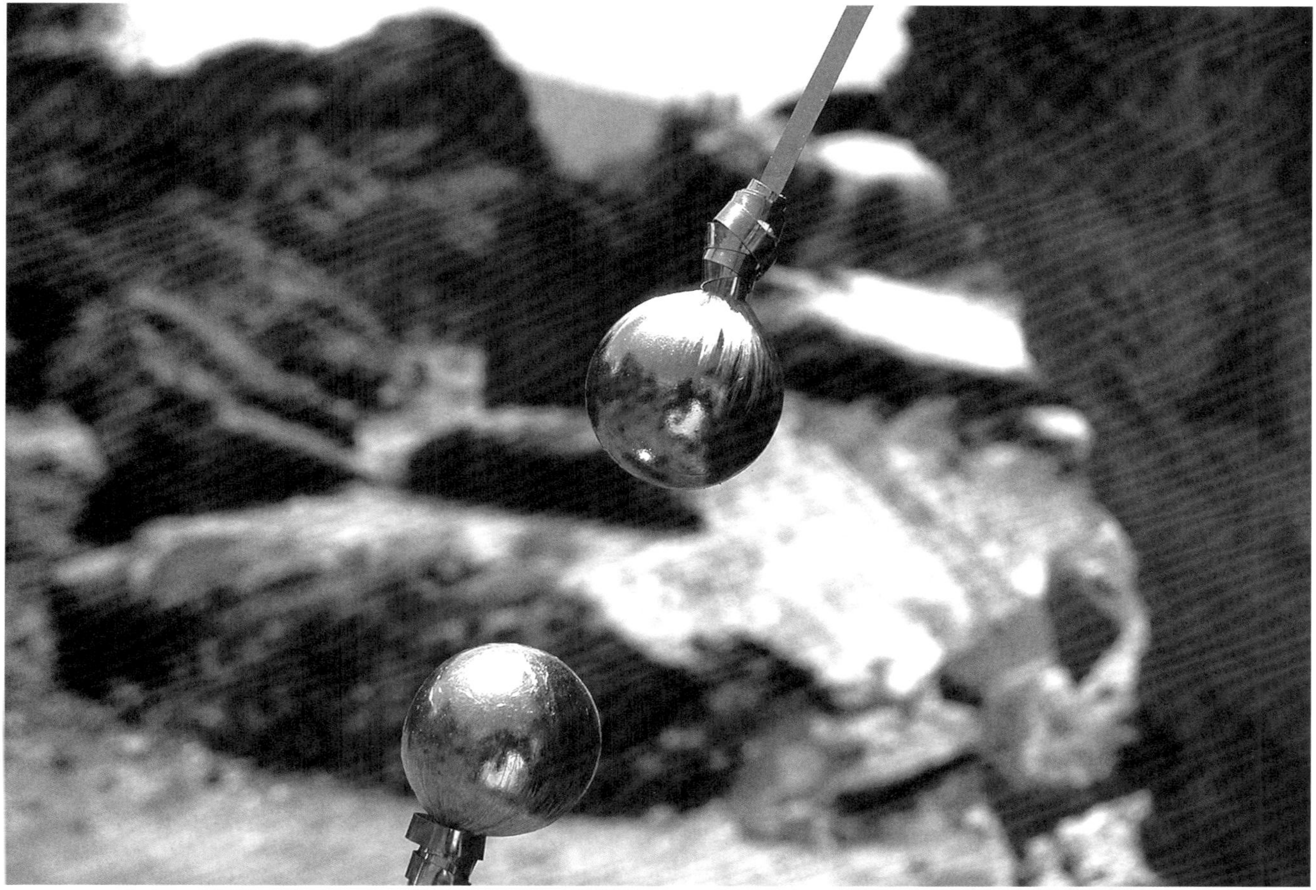

La Recolección, Antigua, Guatemala, 2003

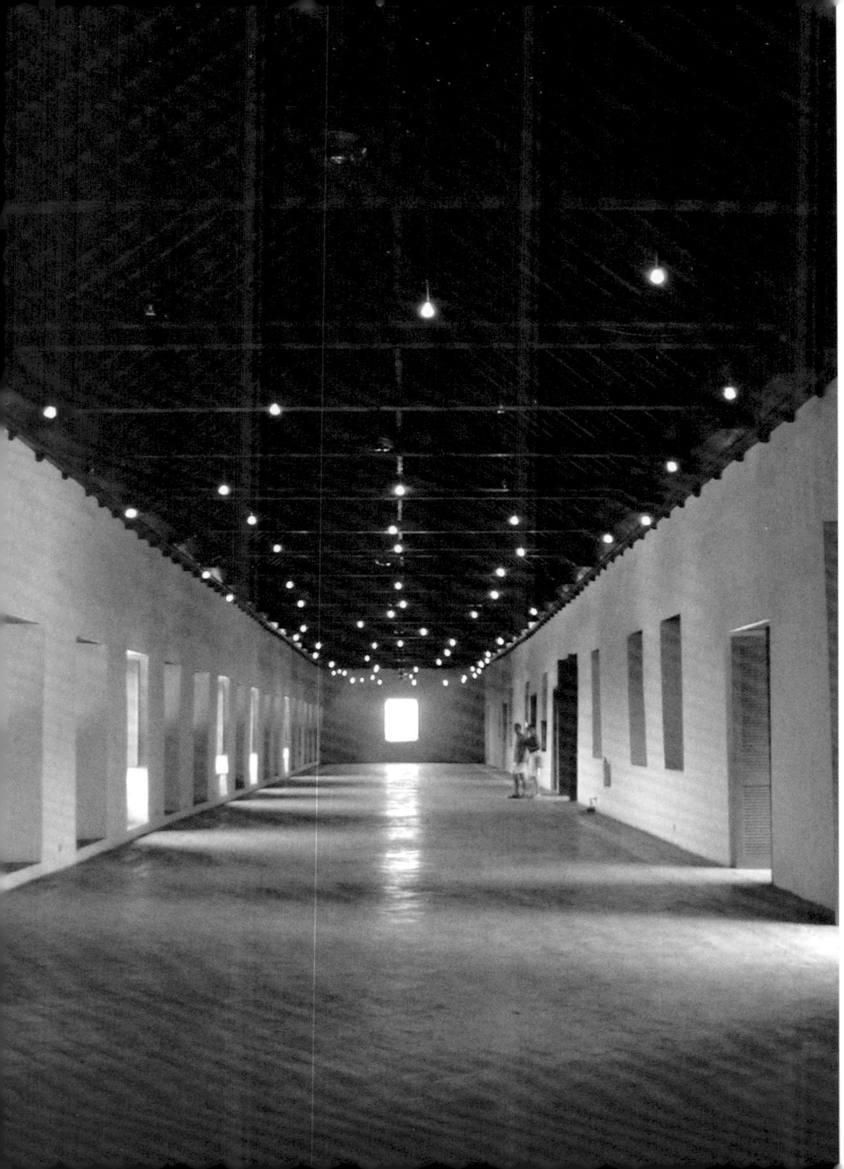

Museo Naval, Cartagena de Indias, Colombia, 2003

Cartagena de Indias

OLIVIER DEBROISE

Ciudad de México. 23 de junio—. El pasado lunes, Luciano y Rosina me llevaron al aeropuerto de Guatemala. Luciano se iba al día siguiente, directamente a Cartagena de Indias por la vía corta de Panamá. Mientras esperaba mi vuelo de regreso a la Ciudad de México, empezamos a hacer proyectos para el futuro. Hablamos de su itinerario. De los sitios que eligió en Perú y en las misiones jesuitas del Paraguay. Luciano quiere que nos veamos en Madrid, en la inauguración de la exposición que le ofreció Casa de América para el año próximo. Rosina tiene que ir a Caracas en unos días. ¿Por qué no aprovecharía ese camino para pasar por Cartagena? ¿Y por qué no, de una vez, me uno y lo alcanzo también en Colombia, junto con Patricia Sloane?

Empezamos a imaginar un libro.

18 de junio

Luciano:

Antes que nada, quiero darte las gracias por la invitación a colaborar en tu proyecto, y por tus precisas y muy apreciadas atenciones durante este fin de semana en Guatemala. Me dio gusto ver cómo está evolucionando tu obra, en una dirección que me gusta.

Cartagena de Indias

OLIVIER DEBROISE

Mexico City. 23 June—. Last Monday, Luciano and Rosina took me to the airport. Luciano was leaving the following day, flying straight to Cartagena de Indias the short way, via Panama. While we were waiting for my Mexico City flight, we began planning future projects. We talked about his itinerary; about the sites he chose in Peru and the Jesuit missions of Paraguay. Luciano wants us to meet up in Madrid, at the opening of the show he's having at Casa de América, next year. Rosina has to go to Caracas in a few days. Why doesn't she pass through Cartagena on the way? In fact, why don't I join the party, and rendez-vous with them in Colombia, along with Patricia Sloane?

We began to conceive a book.

18 June

Luciano:

First of all, I want to thank you for the invitation to participate in your project, and for your kind and highly appreciated attentions towards me over the past weekend in Guatemala. I was delighted to see how your work is developing, in a direction which I like very much.

Today I had lunch with Cuauhtémoc, after a meeting about our project at Munal, and I told him

Comí hoy con Cuauhtémoc, después de una junta para nuestro proyecto en el Munal, y le hablé largamente de tu proyecto, y de lo que hiciste en Antigua. Le sugerí que llevara su cámara de vídeo a Cusco, ya que a mí me hizo falta "el movimiento", importante para las piezas al aire libre.

Creo que algunas de las fotos salieron bastante bien (incluyendo la araña inesperada de luna llena). Sin embargo, uno de los chips de la cámara digital, el que contenía el desmontaje de Capuchinas y las imágenes de la playa, se "borró" por completo, así que no quedó ninguna foto de la ola. No sé si esto se deba al acercamiento a los imanes, como me lo habías advertido... —tus imanes, creadores de vacío—. No es tan grave: lo esencial está ahí, y ya hice varias copias. Empecé esta tarde a apuntar algunas ideas, cosas sobre el barroco, el horror al vacío... y las lagunas mentales. Ya te contaré.

Estoy analizando la posibilidad de alcanzarte en las misiones del Paraguay. Luego te digo.

Olivier

20 de junio

¡Hola otra vez! Una disculpa por el retraso, pero fíjate que ha estado bastante intensa la gestión de las intervenciones por acá. Un poco en esta idea de encuentros, la intervención de Cartagena consiste en realizar un recorrido que se inicia en el patio de Santo Domingo (ahí van a ser las nuevas oficinas de

a lot about your project and what you achieved in Antigua. I suggested he bring his video camera to Cusco, since in my stills I missed the element of "movement," crucial for the open air pieces.

I reckon that some of the photos came out pretty well (including the one of the surprise spider under full moon). However, one of the digital camera chips, that containing the dismantling of the Capuchinas piece and the beach pictures, got completely erased, so we have no wave photos. I wonder if this has to do with the proximity of the magnets, as you did warn... —those vacuum—making magnets of yours. It could have been worse; the fundamentals are there, and I've already made several copies. This afternoon I began to jot down a few ideas, stuff on the baroque, the horror of the void... and mental lacunae. I'll let you know more in good time.

I'm sounding out the possibility of joining you in the Paraguay missions. I'll let you know.

Olivier

20 June

Hello again! Sorry for the delay, but you can't imagine how time-consuming the organization side has been for me over here. Keeping to that notion of encounters or meetings, the Cartagena piece will consist in preparing a route which begins in the patio of Santo Domingo (where the new AECI

la AECI y ¡está en obras!) para salir a la plaza y después seguir el recorrido por la calle que conecta con el Museo Naval, el cual tiene también una plaza, y posteriormente entraría para hacer la intervención en una sala de diez metros de ancho por cien de largo por ocho de altura aproximadamente. Los espacios son espectaculares y los permisos para la calle han sido una cosa maravillosa porque hay que ir hablando con cada casa para ver si dejan que me sujete de sus balcones, entonces ya te imaginarás...
lmc

20 de junio
Luciano:
Gracias por enviar noticias. Lo que me cuentas de tu trabajo en Cartagena suena realmente interesante (por ejemplo, la salida del espacio "sagrado" y la intervención en la "plaza pública"...). De hecho, ahí respondes a una pregunta que quedó pendiente en Guatemala, en el sentido de si tu obra cambiaría o se transformaría si escapara del peso de la arquitectura sacra. Me devora la curiosidad. Por otra parte, la idea de que estés trabajando más cerca de los habitantes —y, supongo, tengas que "explicarte" una y otra vez— me parece también —si me puedo permitir frasearlo así, sin que tenga connotación ofensiva— un progreso.
Le mando un abrazo.
O.

offices are going to be, and guess what, the building's under way!) and then crosses the plaza and goes down the street that leads to the Naval Museum, which has another plaza, and then one goes in to the intervention proper, in a hall ten metres long by 100 in width and around eight in height. The space is spectacular, and getting the permits for the street was amazing, because I had to go from house to house asking if they'd let me use their balconies, you can imagine the scenes...
lmc

20 June
Luciano:
Good to receive your news. What you say about the Cartagena work sounds really interesting (i.e., the exit from "sacred" space and the intervention in the "public domain"...). In passing you've answered a question of mine that hung in the air in Guatemala, which was whether and how your work would change if it could escape from under the weight of sacred architecture. I am eaten up with curiosity. Another thing, the fact that you're working in closer contact with the inhabitants—having to "explain yourself" over and over, I imagine—it likewise seems to me—if I can put it this way without sounding patronising—like a step forward.
I send you a hug.
O.

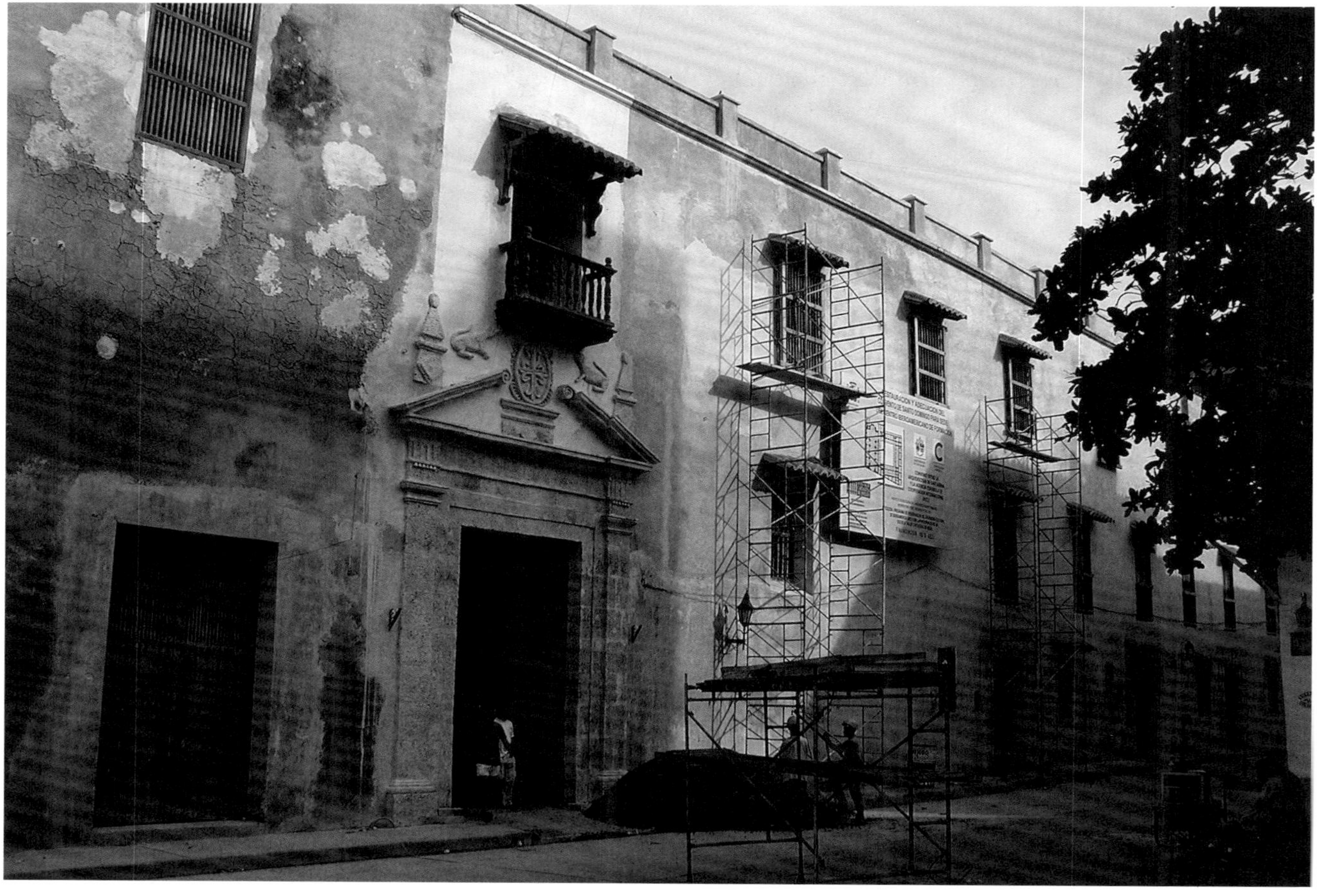

Santo Domingo, Cartagena de Indias, Colombia, 2003

22 de junio
Estimado señor Debroise:
Debo confesarle que efectivamente la salida del espacio "sagrado" para interactuar con el espacio público con todas sus consecuencias ha sido muy interesante; los "encuentros" resultan de lo más divertido. Es como una especie de "teléfono descompuesto" sin que esta referencia tenga una connotación negativa; las personas se apropian de la información y la pasan a otros con su toque, con su interpretación, con su "creatividad" .
El patio de Santo Domingo es una especie de bodega al aire libre en donde concentran materiales para la obra en proceso; entonces el recorrido del "conector" dentro de este contexto resulta para mí muy importante .
Aprovecho este correo para mandarle un fuerte abrazo.
lmc.

23 de junio. 22:20 p.m.
Querido Luciano:
Vengo llegando a México, con la suerte de que me recogió Olivier en el aeropuerto. Llevamos un buen rato hablando de la experiencia en Guatemala... Creo que el material da para una publicación de circulación formal y que el dinero estaría mucho mejor invertido en aumentar la base documental, informativa y de investigación del proyecto, ahora que estás

22 June
Respected Mr Debroise:
I must say, you were right, the exit from "sacred" space in order to interact with public space and all its consequences has been pretty interesting; and the "meetings" have been a gas. It's like a kind of Chinese Whispers, in the best sense: people get hold of the information and pass it on to others with their own personal touch, their interpretation, their "creativity."
The patio of Santo Domingo has become a kind of open-air store room where they've dumped the building materials for the office premises; the route of the "connector," in that context, is particularly important to me.
Here goes with a return hug.
lmc.

23 June. 22:20 p.m.
Dear Luciano:
I've just arrived in Mexico City, lucky enough to be picked up at the airport by Olivier. We spent a long time talking about the Guatemala experience...I believe the material is weighty enough for a book to be launched on the formal publishing circuit, and the money will be more productively invested in broadening the documentary, informative and investigative bases of the project, now that you are at the stage of producing the work. So, the

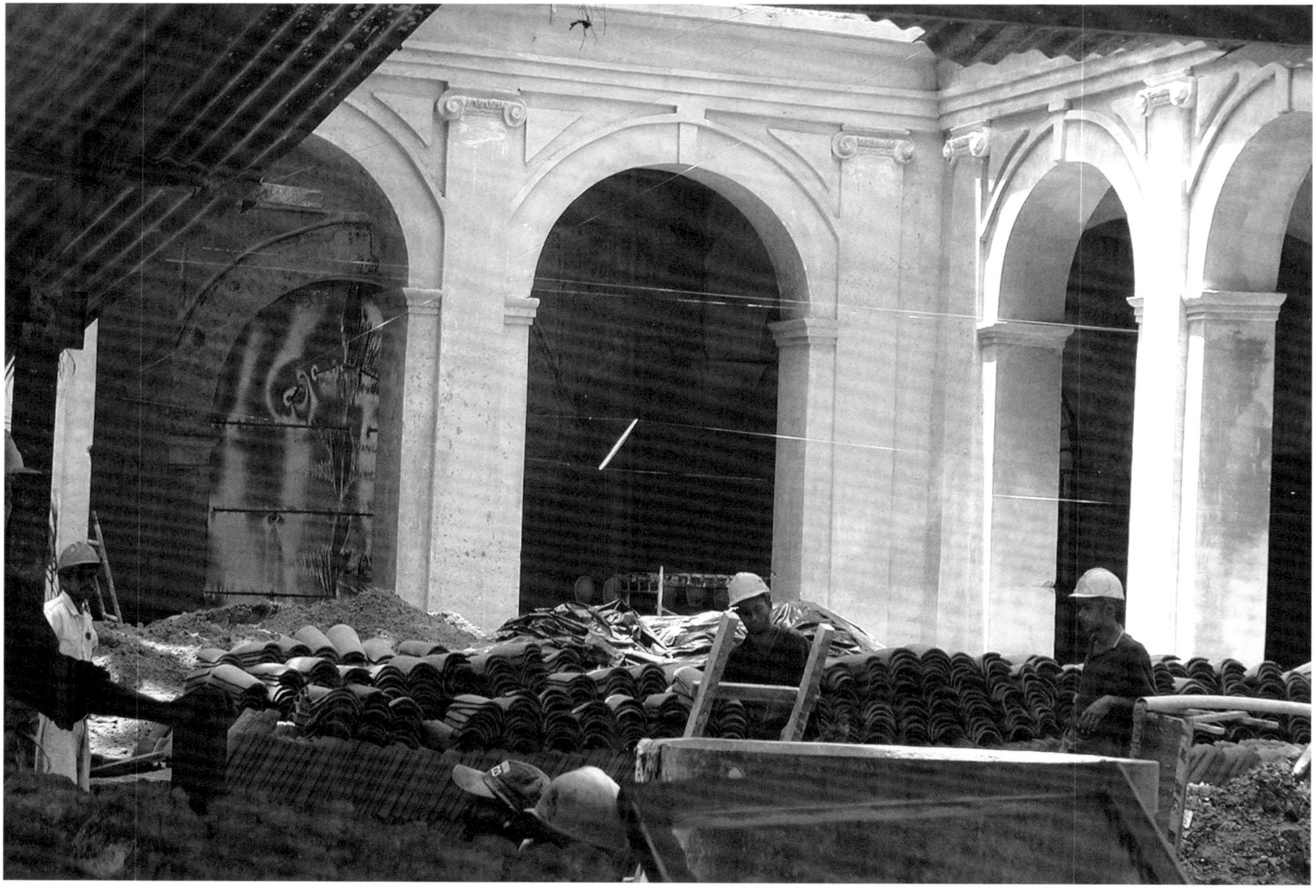

Santo Domingo, Cartagena de Indias, Colombia, 2003

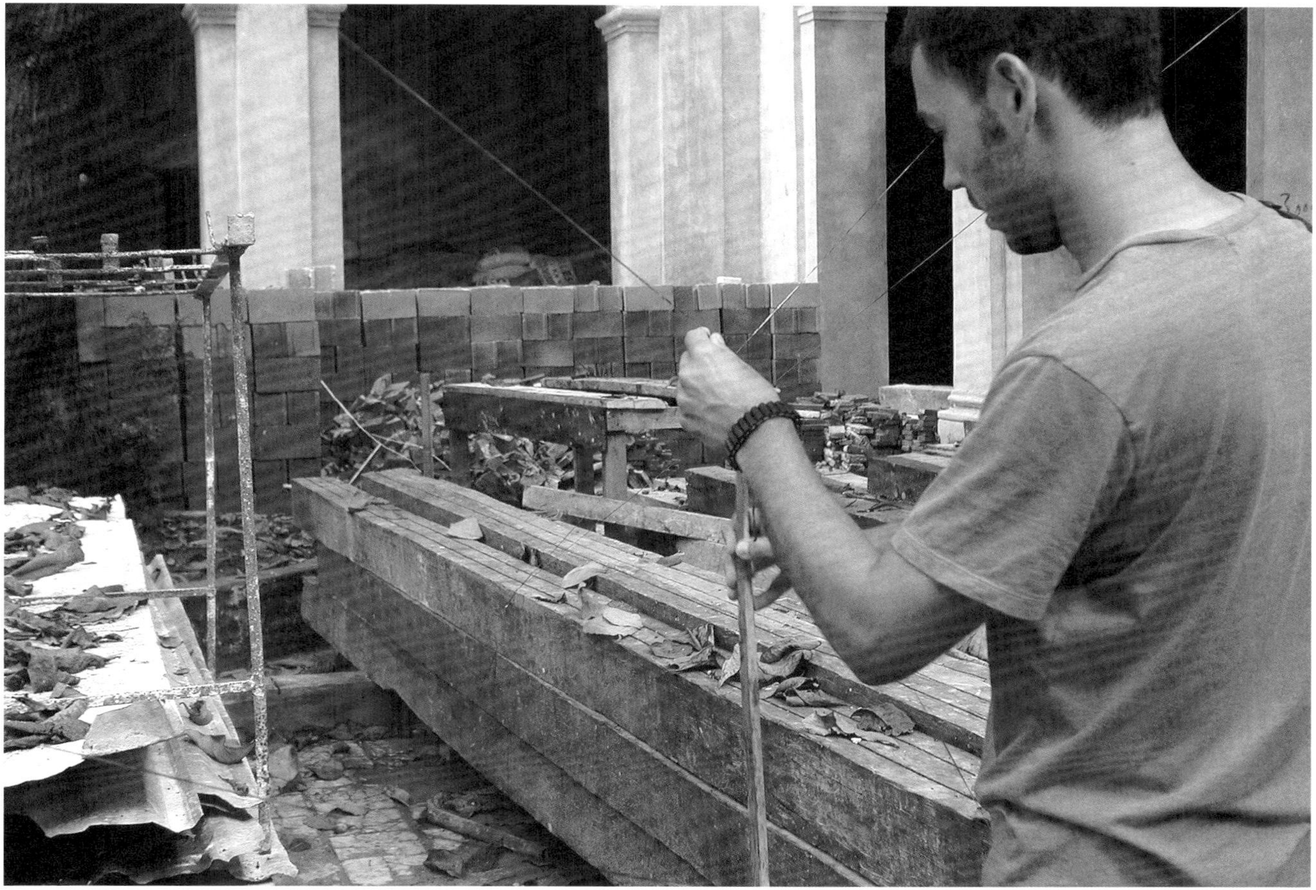

Santo Domingo, Cartagena de Indias, Colombia, 2003

en la etapa de la producción de obra. En resumidas cuentas, me parece muy buena la idea de que Olivier y yo viajemos juntos a Cartagena, para ir ampliando las percepciones tanto conceptuales como formales (documentación fotográfica) de la obra.

Besos (hartos).

Patricia

24 de junio. 8:39 a.m.

¡ADELANTE!

Por el momento estoy en pleno montaje y probablemente vaya a necesitar más cable. Lo único que les pediría sería que me traigan un par de carretes para tenerlos por si acaso los necesito. ¡Yo me encargo de que hoy mismo se los lleven a casa!

Les mando un beso y nos vemos por acá.

Luciano

Miércoles, 27 de junio de 2003—. Nuestro último día en Guatemala fue un domingo: Luciano y yo nos tomamos el día libre, ya concluida la obra y sobrellevada la penosa —para Luciano— experiencia de la "inauguración" impedida por el acto de vandalismo. Temprano por la mañana, recorrimos los tres sitios para "desmontar" la obra, y enredar cable e imanes —eso también forma parte del "ritual" performático de Luciano Matus—. Luego, tomamos un carro, y fuimos a la costa del Pacífico guatemalteco, en un paraje conocido como Monterrico, una lengua de arenas negras de ceniza vol-

ideal thing would be for Olivier and I to travel to Cartagena together, in order to develop our perceptions of the work on both the formal level (photographic documentation) and the conceptual level.

Kisses (many).

Patricia

24 June. 8:39 a.m.

ONWARD!

Right now I'm deep in the mounting, and it looks like I might need more cable. Could I ask you to bring a couple of reels of it, just in case? I'll have them delivered to your address today!

Kisses and see you here soon

Luciano

Wednesday, 27 June, 2003—. Our last day in Guatemala was a Sunday. Luciano and I took the day off, now that the work was up and the part-vandalised opening—an embarrassing ordeal for Luciano—was behind us. Early in the morning, we went by the three sites to take down the work and tangle up the cable and magnets, an action which also forms part of Luciano Matus's performative "ritual." Then we picked up a car and drove to the Pacific coast, to a place called Monterrico, which is a spit of black volcanic sand that can only be reached by crossing a river on a raft. Rosina Cazali had already warned us that the village is chiefly inhabited by fishing families and neo-hippies,

cánica, a la que sólo se puede llegar cruzando un río en balsa. Como nos lo advirtió Rosina Cazali, el poblado está principalmente habitado por pescadores y *neo-hippies* en espera del último ovni que los saque de esta tierra inhóspita. Una tormenta tropical se cierne por esta costa, barriendo la arena, así que, frustrados, nos quedamos tomando cerveza en la palapa del Café del Sol —un hotel apretado sobre la playa negra, que administra un suizo y su esposa panameña—. Luego vamos a comer mariscos en la única calle del pueblo. Luciano me cuenta una de sus pesadillas de infancia, un sueño reiterativo en el que una ola formidable penetra por la ventana de su recámara, llevándoselo en su turbulencia junto con los muebles y los juguetes. Apenas unos segundos después de terminar su relato, una tremenda ola, especie de *tsunami* en miniatura, irrumpe por la calle de Monterrico y llega hasta la primera calle arrastrando basura, troncos, muebles, botellas vacías. Los pescadores jalan las lanchas hacia el monte, mientras los demás habitantes se aglutinan en lo que ahora se ha vuelto "la orilla" —la cuarta o quinta casa de la calle a partir de lo que había sido la playa— o sobre los techos, aguardando con inquietud los movimientos del mar. La playa desapareció con esta marea.

Por supuesto, camino de regreso, volvimos una y otra vez sobre la coincidencia entre su relato y la ola ocurrente. Ambos somos escépticos por naturaleza y no llegamos, desde luego, a sacar conclusiones iluminadas del asunto.

waiting for the last UFO to whisk them up and away from this inhospitable land. A tropical storm bore down on the coast, lashing the sand, so we had no choice but to huddle over beers under the palapa of the Café del Sol—a hotel right on the edge of the black beach, run by a Swiss and his Panamanian wife. After that we went for seafood on the village's single street. Luciano told me about one of his recurring nightmares as a child: a towering wave crashes through his bedroom window, carrying him away in a turbulent flood, with all his furniture and toys. Seconds after he finishes the story, an enormous wave, almost a miniature *tsunami*, roars over the beach of Monterrico and halfway up the street, churning with garbage, tree trunks, furniture and empty bottles. The fishermen lug their boats up the hillside, and the rest of the villagers mill at what is now the "water's edge"—the fourth or fifth house up from the beach—or on the roofs, nervously eyeing the movement of the tide. The beach has disappeared.

Naturally, during the return journey we spoke of little else but the coincidence of Luciano's anecdote and the wave. We are both sceptics in such matters, and not surprisingly we failed to draw the slightest illuminating conclusion.

On arrival at Cartagena de Indias, the second stage of the journey, Luciano immediately takes me to the Naval Museum, occupying the restored site of a seventeenth-century arsenal. Originally the building had

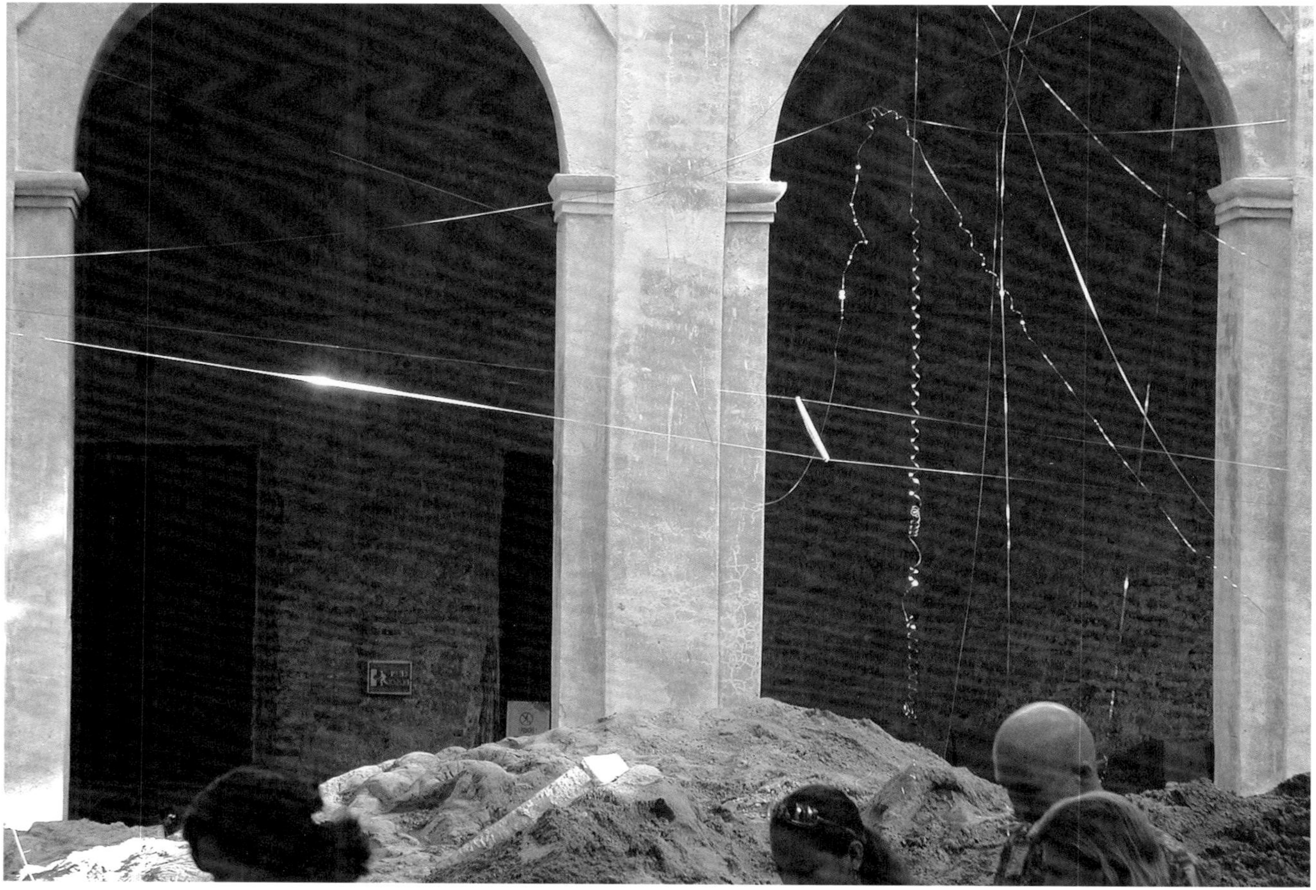

Santo Domingo, Cartagena de Indias, Colombia, 2003

Al llegar a Cartagena de Indias, la segunda etapa del viaje, Luciano me lleva de inmediato al Museo Naval, que ocupa el edificio restaurado de un antiguo arsenal del siglo diecisiete, originalmente circundado por el mar en dos de sus lados, de curiosa forma triangular impuesta por la geografía misma de lo que había sido una puerta de entrada, ahora transformada en explanada extramuros. Este salón de proporciones inverosímiles —cien metros de largo por diez de ancho y diez de alto, con un techo mudéjar a dos aguas— es fascinante, y a Luciano le devoran las ganas de usarlo pero, como él mismo reconoció en ese momento, no tiene idea de qué hacer ahí, ni cómo. Recorremos la pieza al atardecer, abriendo las persianas de madera, observando la línea del horizonte que refulge en la puesta del sol y se divisa por los costados norte y oeste. A Luciano se le ocurre, por fin, lanzar el arsenal al mar.

El cable de níquel, al entrar por la única ventana del muro oeste, se fue entrecruzando en toda la extensión del salón, prolongando el horizonte —y los fulgores del atardecer sobre el Caribe— en la penumbra de la pieza. Desde cualquier punto del salón, la perspectiva es única, y la misma —un ejercicio tridimensional en perspectiva albertiana invertida a la manera de los espejos de agua de los jardines franceses del siglo diecisiete—. Desde cualquier lado, lo único que se ve es la línea del horizonte sostenida por un único, casi desplazado, imán en la pared. Para penetrar en el espacio del arsenal, uno tiene que agacharse —quizá la palabra "nadar" sería más

faced the sea from two of its three flanks; this curious triangular shape was imposed by the very geography of what had been an entrance, and is now transformed into an extramural esplanade. The resulting hall, with its outlandish proportions—one hundred metres long by ten, and ten metres high, with a Mudéjar pitched roof—is utterly compelling, and Luciano is itching to use it, but admits he still has no idea of what he might do there, or by what method. We pace up and down the room at evening, opening the wooden shutters, gazing from the north and west sides at the line of the horizon glowing in the sunset. Finally Luciano has it: he will cast the arsenal into the sea.

The nickel cable comes in via the one window on the west wall and criss-crosses through the space, enticing the horizon—and the fiery Caribbean evening—into the penumbra of the room. From every point, the perspective is one and the same: a three-dimensional exercise in inverted Albertian perspective, in the manner of the ornamental lakes of seventeenth-century French gardens. From whatever angle, all we see is the line of the horizon sustained by a single, almost out of place, magnet on the wall. In order to enter the arsenal, the viewer must crouch down—or perhaps "swim" would be more appropriate, swim between two waters delineated by threads. As she straightens up, the spectator is caught in a kind of cell traced by the metal thread passing menacingly at eye or throat level. As menacing as though the refulgent wave of the horizon, that has

apropiada: nadar entre dos aguas delimitadas por hilos—. Al enderezarse, el espectador queda atrapado en una especie de celda dibujada por el hilo de níquel que le queda, amenazante, a la altura de la garganta (o de los ojos). Amenazante como si la ola fulgurante del horizonte que había penetrado el arsenal nos arrastrara en sus turbulencias.

El viejo arsenal tiene casi las mismas proporciones que la calle única de Monterrico, en la costa del Pacífico guatemalteco.

Volteo y exclamo: "Luciano, pero si esto es como tu sueño...".

No responde en el instante, pero luego agrega: "¡Claro!", con ese acento caribeño que aprendió de sus asistentes mulatos.

Una vez más, Luciano rebasó un límite, explorando a fondo una posibilidad, dejándola al desnudo. Por ello, ya no tenía caso seguir. Por ello, apenas diez minutos después del ingreso de los invitados a la "ceremonia de inauguración", los asistentes de Luciano desanudaron el hilo, y la línea del horizonte cayó, lamentable, al piso.

unfurled into the arsenal, were about to wash us away in its turbulence.

The ancient arsenal possesses almost the same proportions as the main drag of Monterrico, on the Pacific coast of Guatemala.

I turn and exclaim: "Luciano, but this is just like your dream..."

He does not respond at once, but then calls out "Sure!" in the lilting Caribbean accent he has picked up from his mulatto assistants.

Once more Luciano has overpassed a limit, explored a possibility to the very end, and left it bare. For this reason, there was no point in going on. And so, scarcely ten minutes after the guests had gone in to the "inaugural ceremony," Luciano's helpers unfastened the thread, and the line of the horizon fell, a sorry sight, to the floor.

Museo Naval, Cartagena de Indias, Colombia, 2003

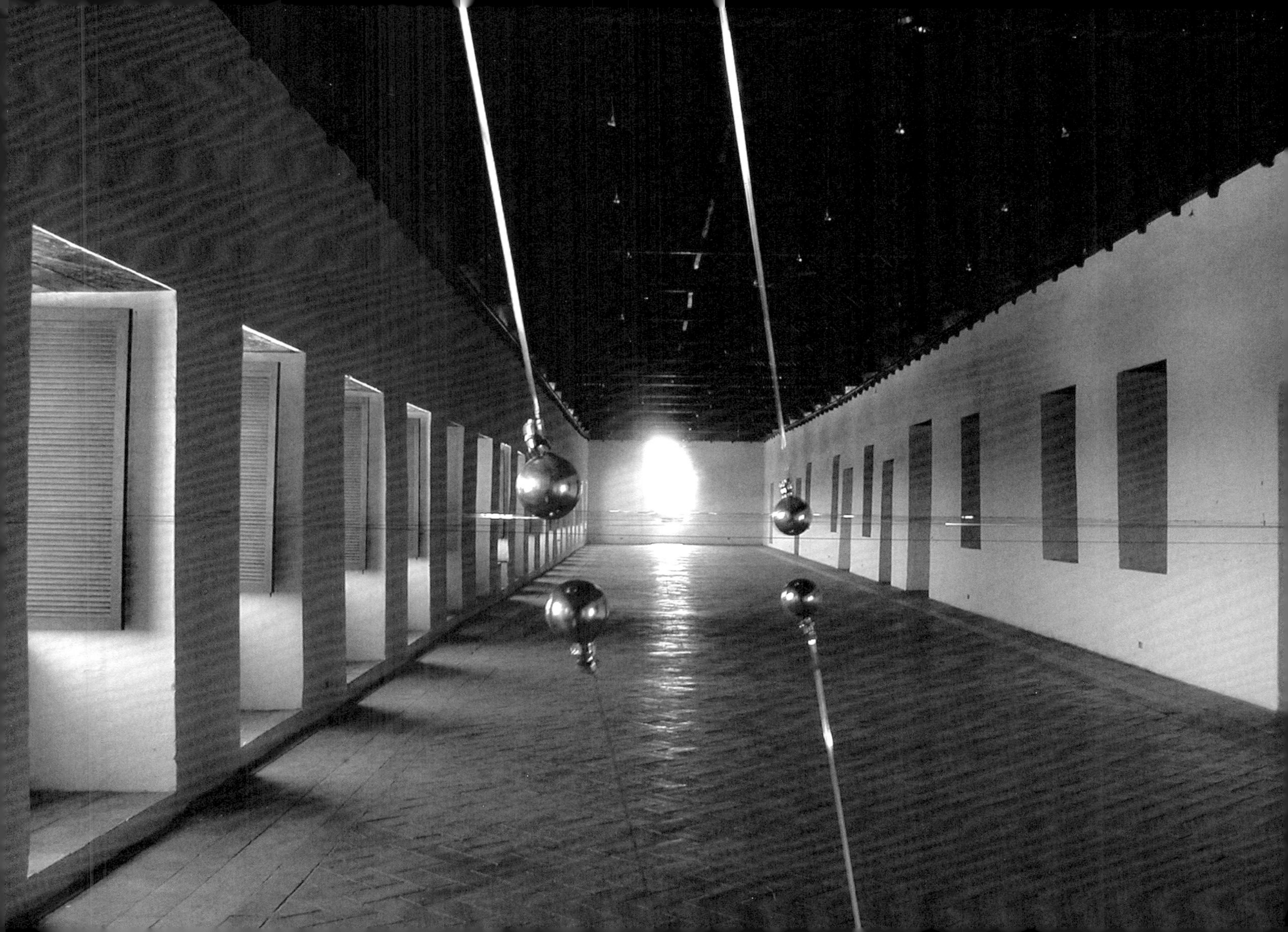

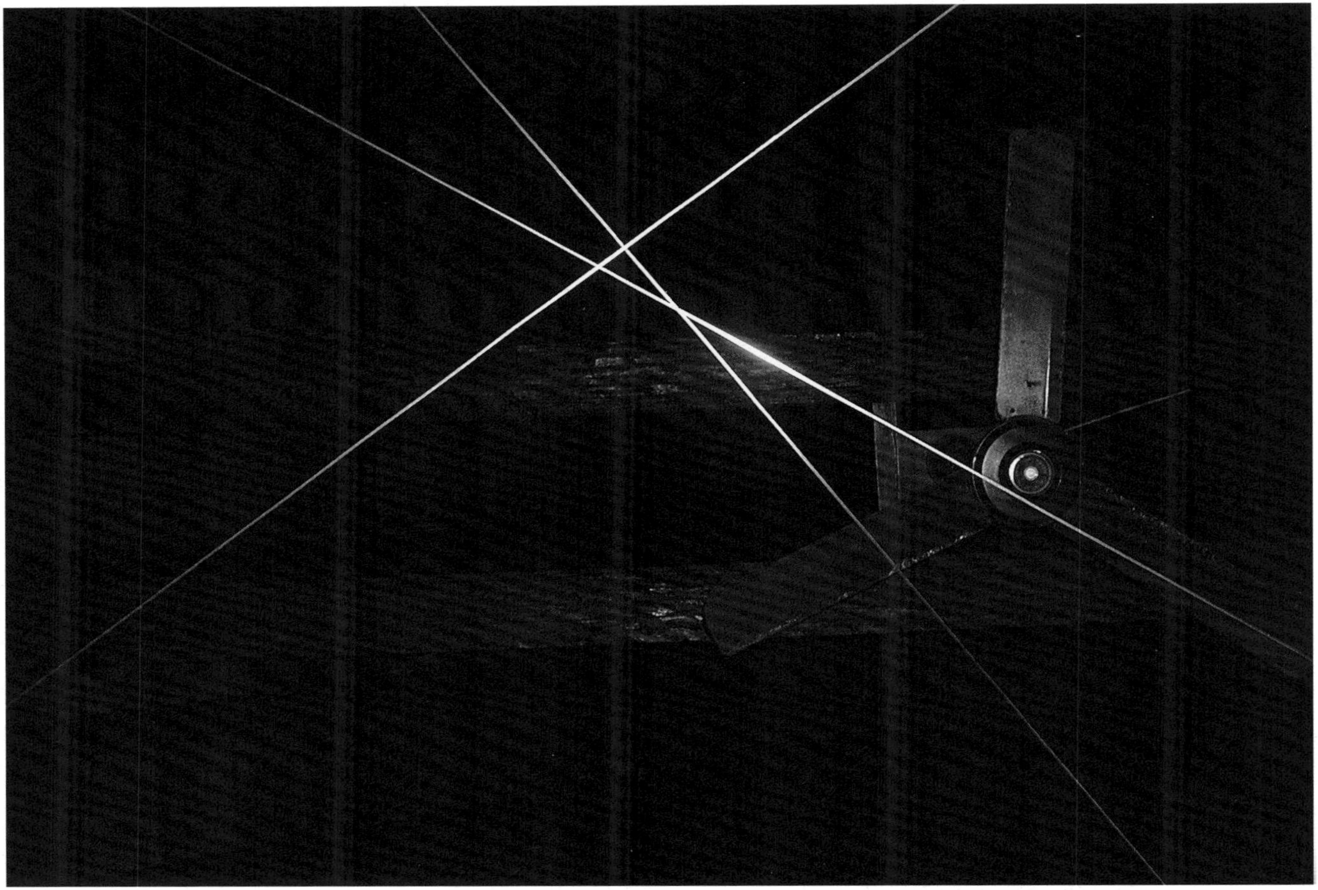

Museo Naval, Cartagena de Indias, Colombia, 2003

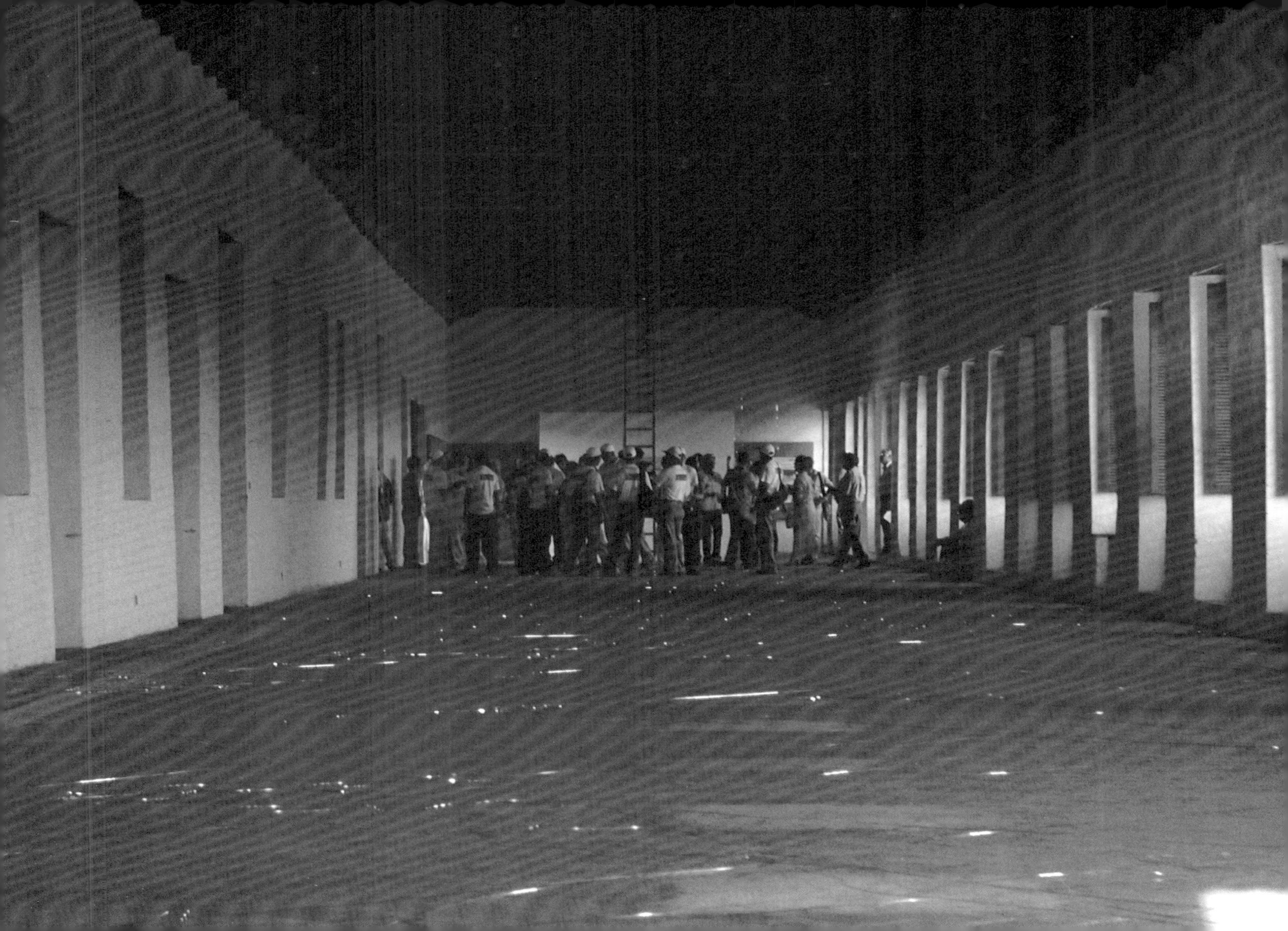

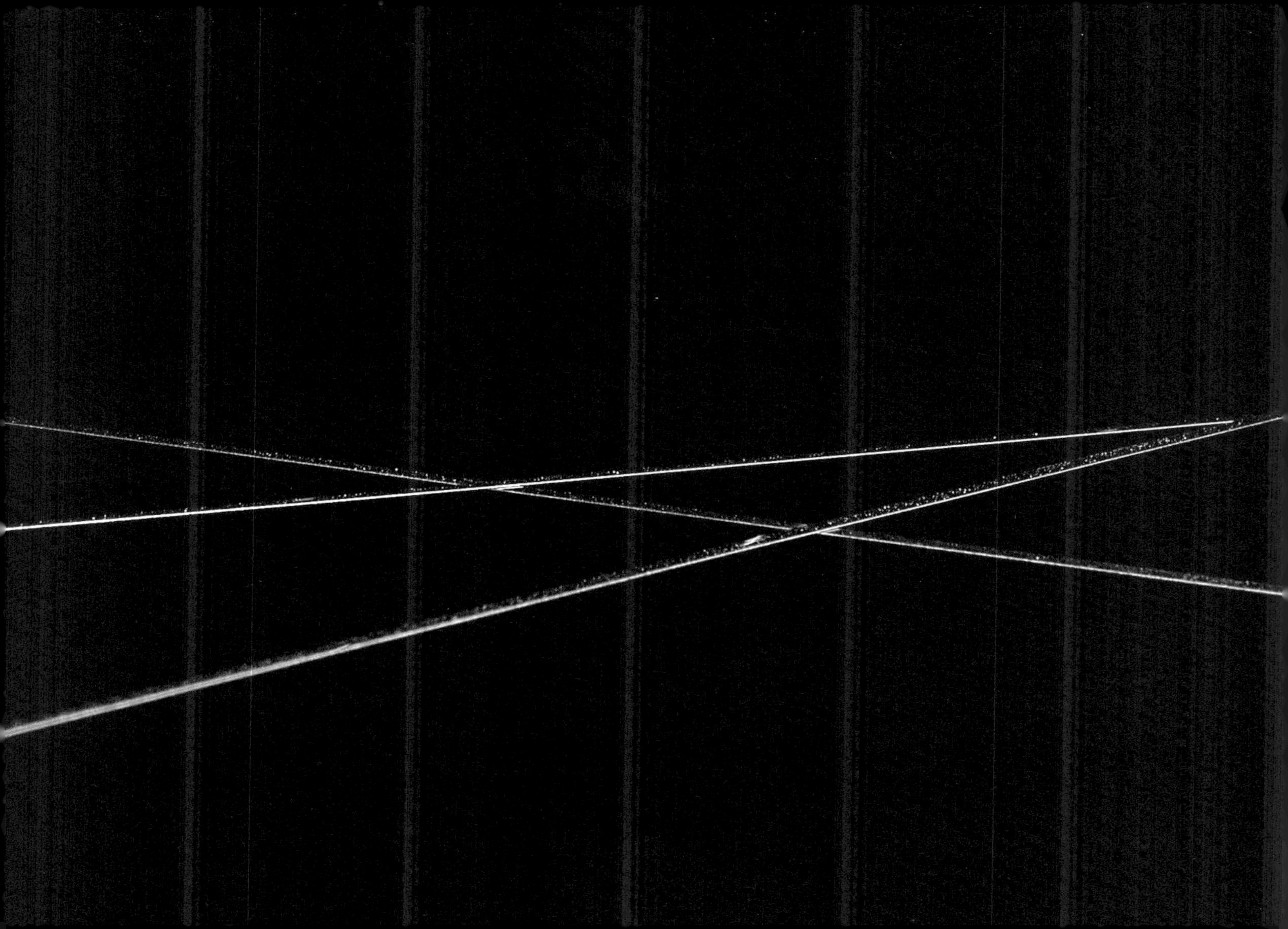

Guerrilla soft para el siglo veintiuno

PATRICIA SLOANE

> *La época actual será tal vez, por encima de todo, la época del espacio. Estamos en la época de la simultaneidad; estamos en la época de la yuxtaposición, la época de lo cercano y lo lejano, de lo próximo, de lo disperso. Estamos en un momento, creo, en que nuestra experiencia del mundo es mucho menos la de una larga vida que se desarrolla a través del tiempo, sino la de una red que conecta puntos, y se interseca con su propia piel. Se podría tal vez decir que algunos de los conflictos ideológicos que alimentan la polémica actual se contraponen a los piadosos descendientes del tiempo y a los determinados habitantes del espacio.*
>
> *Michel Foucault*[1]

Dentro del ciclo de intervenciones de Luciano Matus, resulta simbólicamente relevante la segunda pieza que tendió en la rampa del Museo de Arte Carrillo Gil, porque conducía al umbral de un espacio que dedicamos a un proyecto bautizado como "La Sala de Recuperación".

La vocación que posteriormente adquiriría esta secuencia de proyectos, a partir de la interacción con los vestigios monumentales de la colonia española en diversos puntos de América Latina, tiene una fuerte carga de

[1]Michel Foucault citado por Roemer van Torn, "Architecture Against Architecture", http://www.ctheory.net/text_file.asp?pick=94 (consulta: enero 2004).

Softcore Guerrilla for the Twenty-First Century

PATRICIA SLOANE

> *The present epoch will perhaps be above all the epoch of space. We are in the epoch of simultaneity: we are in the epoch of juxtaposition, the epoch of the near and far, of the side-by-side, of the dispersed. We are at a moment, I believe, when our experience of the world is less that of a long life developing through time than that of a network that connects points and intersects with its own skin. One could perhaps say that certain ideological conflicts animating present-day polemics oppose the pious descendants of time and the determined inhabitants of space.*
>
> *Michel Foucault*[1]

Within the cycle of his interventions, Luciano Matus's second installation on the ramp of the Museo de Arte Carrillo Gil seems symbolically relevant in retrospect, since it led to the threshold of a space housing a project we entitled "The Recovery Room."

The vocation this series of projects would subsequently acquire—from the time it began interacting with the monumental vestiges of Spanish colonialism in diverse sites throughout Latin America—is strongly

[1]Michel Foucault quoted by Roemer van Torn in "Architecture Against Architecture," http://www.ctheory.net/text_file.asp?pick=94 (consulted in January 2004).

Museo Naval, Cartagena de Indias, Colombia, 2003

misión terapéutica, si se piensa en términos junguianos. "Me inclino a considerar que las cosas generalmente se hicieron primero y que sólo mucho más tarde alguien preguntó por qué se hicieron... Pero al estar cargada de emoción, la imagen cobra 'numinosidad' (energía psíquica); se vuelve dinámica y algún tipo de consecuencia habrá de emanar de ella"[2].

En principio, el ejercicio de la penetración y ocupación del espacio, al fragmentarlo por medio de un hilo que funciona como conductor visual y sensorial en relación directa con la arquitectura, resulta, hoy un tanto trivial. El hilo pasa por puntos específicos; conecta pisos, paredes y techos, y recorre el edificio documentando la mirada en su reconocimiento del propio espacio. Pero el hilo remata con dos imanes (vida/muerte) que permanecen en tensión, sin tocarse: y en este vacío está la posibilidad de los dobleces ocultos que permiten hurgar en los significados de estos recintos, de su desuso añejo y en la extraña decisión de introducir un elemento de exotismo artístico dentro de su ya espectacular proceso de rescate.

Sería imposible aludir a la experiencia de Cartagena de Indias sin abordar primero las premisas que dieron origen a esta serie de acciones en diversos puntos de lo que llamamos América Latina. Y aquí me quiero referir al texto de Pablo León de la Barra para la exposición "To Be Political It Has To Look Nice", que se llevó a cabo

[2]Carl Gustav Jung, *Man and his Symbols*, Dell Publishing, Nueva York, 1968, p. 65.

invested by a therapeutic mission, if we think in Jungian terms. "I am inclined to the view that things were generally done first and that it was only a long time afterward that somebody asked why they were done. [...] But by being charged with emotion, the image gains 'numinousness' (or psychic energy); it becomes dynamic, and consequences of some kind must flow from it."[2]

At first glance, the penetration and occupation of space—by fragmenting it with a wire that functions as a visual and sensory conductor that is directly related to the architecture—seems nowadays like a rather banal exercise. The wire passes through specific points; it connects floors, walls and ceilings, spanning the building and documenting the gaze as it reconnoitres the selfsame space. But the wire is tipped with two magnets (life/death) that are in a state of permanent tension without ever touching each other: in this void lies the possibility of hidden folds that allow us to delve into the meanings of these sites and their years of disuse—and also to examine the strange decision of introducing an element of artistic exoticism into their already spectacular process of restoration.

It would be impossible to speak of the experience of Cartagena de Indias without first referring to the premisses that served as the basis for this series of actions in diverse sites across what we call Latin America.

[2]Carl Gustav Jung, *Man and his Symbols*, Dell Publishing, New York, 1968, p. 65.

Museo Naval, Cartagena de Indias, Colombia, 2003

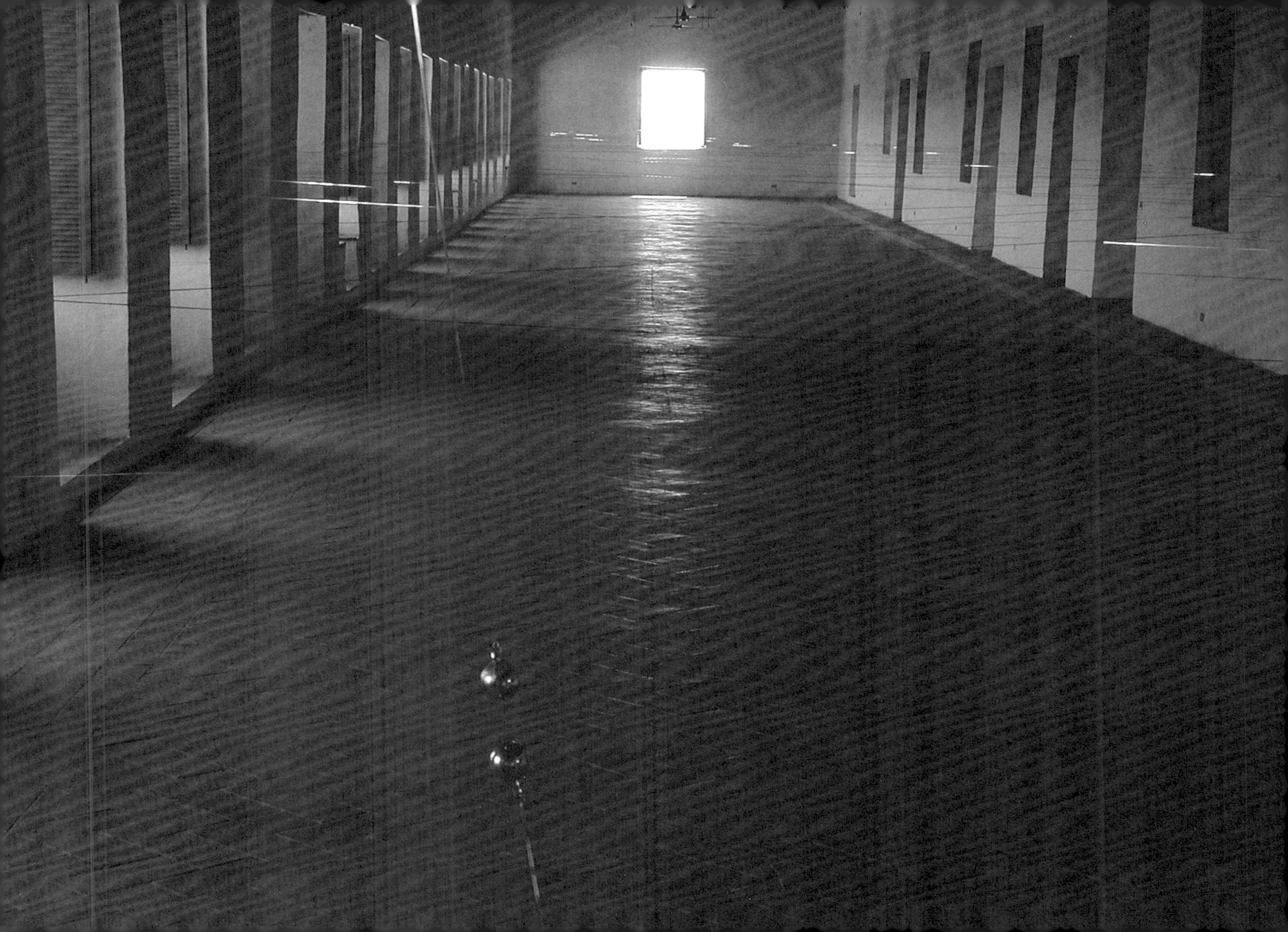

unos meses después de los eventos que aquí nos ocupan. Primero en la definición *per se* de América Latina, "entendiendo que la etiqueta no sólo fue acuñada desde afuera, sino que también se ha convertido en una identidad fija"[3]. En este mismo sentido, la tesis de los analistas Hartz y Horowitz plantea, en su "teoría de fragmentos" de la cultura política de América, la diferencia entre los "fragmentos liberales" anglosajones que dieron pie a una cultura de individualismo en los Estados Unidos y Canadá, en "fragmentos feudales" casi monolíticos instituidos en los territorios ocupados por España, Portugal y Francia, hasta el surgimiento de los movimientos liberales que culminaron en las guerras independentistas del siglo diecinueve y un sinnúmero de revoluciones, insurrecciones y movimientos armados en el siglo veinte[4]. La persistencia de un pasado feudal, en coexistencia con un nuevo liberalismo, permite justificar la fuerte presencia —hasta la fecha— de una tendencia socialista/socialdemócrata en estos países, y su consecuente aislamiento de los centros de poder, ahora dominados por un pensamiento neoliberal.

En este contexto el espacio de poder, transformado en espacio de contemplación silenciosa, es sólo el resultado

[3]Del folleto de la exposición *To Be Political It Has to Look Nice*, Apexart, Nueva York, octubre de 2003.
[4]Véase Colin Campbell "On Intellectual Life, Politics and Psychoanalysis: a Conversation with Gad Horowitz", en http://www.ctheory.net/next/text_file.asp?pick=397 (consulta: enero de 2004).

And here I should quote Pablo León de la Barra's text for the exhibition "To Be Political it Has to Look Nice", which took place a few months after the events which concern us here. Firstly, regarding the definition per se of Latin America, "understanding that, though the label was coined abroad, it has become a fixed identity."[3] In this sense, the analysts Hartz and Horowitz, in their "theory of fragments" concerning America's political culture, posit a contrast between the "liberal" Anglo-Saxon fragments that led to a culture of individualism in the US and Canada and the almost monolithic "feudal fragments" instituted in the territories occupied by Spain, Portugal and France until liberal movements emerged and led to wars of independence in the nineteenth century and countless revolutions, insurrections and armed conflicts in the twentieth century.[4] The persistence of a feudal past, coexisting with a new liberalism, allows for the justification of the lasting socialist/social-democratic penchant in these countries and their consequent isolation from centres of power now dominated by neo-liberal thinking.

In this context, the space of power, transformed into the space of silent contemplation, is no more than the

[3]From the pamphlet for the exhibition *To Be Political It Has to Look Nice*, Apexart, New York, October 2003.
[4]See Colin Campbell, "On Intellectual Life, Politics and Psychoanalysis: a Conversation with Gad Horowitz", in http://www.ctheory.net/text_file.asp?pick=397 (consulted in January 2004).

más visible de una derrota —o de varias derrotas concatenadas— que lo convirtieron en un supuesto lugar de reflexión sobre su pasado. Del lugar en sí, de su entorno y de la subjetividad del espectador, con respecto a ese pasado. Es decir, en nada. Un lugar desprovisto de signos vitales acaba siendo objeto de aniquilación. De una muerte que se lleva toda la historia de su razón de ser, de su integridad, al abandono. Tal es la historia de la arquitectura: por más talento invertido en su magnificencia, una y otra vez, concluye en una derrota, víctima de su propia arrogancia, víctima al fin de un olvido irrevocable.

En efecto, tiempo y poder van de la mano. El tiempo es sólo presente y el control de ese presente es símbolo de poder. En este escenario, para recuperar lo perdido, es necesario recurrir a la retórica de reinventar y reordenar el pasado mediante la imposición irracional de ciertos elementos que inciden en el tejido social y en el orden social. Éstos, en los estertores de la colonia, tradicionalmente cobraban la forma de proyectos educativos, ceremonias y eventos públicos y la construcción masiva e indiscriminada de monumentos que dieron pie a la Ersatz Kultur que caracterizó el final del siglo diecinueve.

A partir de los años ochenta, se impuso la modalidad de rescatar los espacios/símbolos de poder en desuso para darles una vocación cultural, con una fuerte tendencia a convertirlos en espacios de exhibición de arte contemporáneo. Tal ha sido el caso de muchas de las bienales que se presentan en el otrora tercer mundo y

most visible result of one in a long series of defeats which made it into a site of alleged reflection upon its past: upon the place in itself, its surroundings and the viewer's subjectivity with regard to this past… in other words, upon nothing. A place deprived of signs of life ends up being the object of annihilation. This demise consigns the entire historical narrative of its reason for being, of its integrity, to oblivion. Such is the history of architecture: no matter how much talent is invested in its magnificence, it ends in defeat time and again, a victim of its own arrogance, fated in the end to be irrevocably forgotten.

In effect, time and power go hand in hand. Time is only the present and controlling this present is a symbol of power. In this setting, to recover what is lost, we must resort to the rhetoric of reinventing and reordering the past by irrationally imposing upon it certain elements that affect the social fabric and order. In the colonial period's dying days, these traditionally took the shape of educational projects, public ceremonies and events, and the recklessly indiscriminate construction of monuments that led to the Ersatz Kultur characterizing the end of the nineteenth century.

During the 1980s, it became the fashion to recycle derelict sites/symbols of power into a cultural duty, with a strong tendency towards converting them into showrooms for contemporary art. This has been the case with many biennials organized in the former Third World which that have instigated a new aesthetic

que han instigado una nueva estética de la museología contemporánea, al sacarla del cubo blanco. Pero, más allá de este neoeclecticismo visual, la calidad simbólica de los edificios en su gran mayoría antiguos centros de los poderes religiosos y gubernamentales incita a la transgresión voyeurista de un arte que se sustenta en la provocación. En virtud de su riqueza arquitectónica colonial, América Latina ha sido una de las regiones más proclives a esta revitalización de los espacios históricos mediante su "ocupación" por los artistas contemporáneo. En México, Ex Teresa Arte Actual fue pionero de este fenómeno al convertirse en centro de la *performance* y, en consecuencia, en importante modelo para el cambio en la relación arte-público desde la capitulación del muralismo.

Vuelvo al texto de León de la Barra: "Si algún papel habrá de desempeñar el arte de la región, se trata de cómo articularse y actuar con otros protagonistas de la sociedad. El acto estético es necesario para recalibrar las relaciones dentro de una sociedad fragmentada. Es en ese momento preciso que el arte deja de ser meramente agradable, estéticamente, y que se revela su potencial como utensilio para el cambio y para el intercambio"[5]. Esta reflexión obedece a la creciente demanda y presencia que ha cobrado el arte que se produce en América Latina, desde la Aperto de la 49 Bienal de Venecia, bajo

[5]*Ibid.*

in contemporary museography, by taking it out of the white cube. But beyond this visual neo-eclecticism, the symbolic status of buildings that are generally the former seats of political and religious power is what encourages the voyeuristic transgression of an art based on provocation. Due to its wealth of colonial architecture, Latin America has been one of the regions most conducive to this revitalization of historic spaces by means of their "occupation" by contemporary artists. In Mexico, Ex Teresa Arte Actual pioneered this phenomenon when the former church became a centre for performance art and consequently, an important model for the changes that have taken place in the relationship between art and public since the end of Muralism.

I shall once again quote León de la Barra's text: "If there is any role to be played by art in the region, it is that of articulating itself and engaging with other social forces. The aesthetic act is necessary in order to recalibrate relationships in a fragmented society. It is precisely then that art stops being merely aesthetically pleasing and that its potential as an instrument of change and exchange is revealed."[5] This reflection deals with the increasing demand for—and growing presence of—art made in Latin America since the 49th Venice Biennial's Aperto exhibition, curated by Harald

[5]*Ibid.*

la curaduría de Harald Szeeman, en 2001. La responsabilidad que nos confiere esta nueva visibilidad no se limita a cumplir con los múltiples compromisos internacionales para mostrar obra en un sinnúmero de eventos que se realizan cada año y así satisfacer la curiosidad que genera el "nuevo exotismo" de nuestra producción artística contemporánea. El compromiso real radica en la continuidad profesional de los nuevos actores y de su incidencia a largo plazo en la escena política, social y estética dentro y fuera de sus territorios.

Estamos en Cartagena. Bastión de la conquista. Lugar privilegiado de la logística caribeña colonial. Luego, orgulloso balneario de la hegemonía colombiana. Hoy, ciudad semiabandonada, ciudad cuya memoria, cuya gloria, pasan a la contemplación distante de esos ajenos observadores de ruinas. Como el resto de Colombia, "ha sido satanizada, principalmente por el narcotráfico, pero también por una versión totalmente reduccionista sobre la violencia, que no deja ver la vibrante sociedad civil que actúa y busca salidas a la crisis"[6]. En ese escenario, como en La Habana, como en Veracruz y como en el Centro Histórico de la Ciudad de México, los edificios coloniales han sido engullidos por el bullicio de la turba, acaparados por el populacho. Cualquier acción adicional a la cacofonía visual y auditiva corre el riesgo de pasar inadvertida.

[6] "Comillas sobre Colombia: Entrevista al analista político portugués Boaventura Sousa", *Cromos*, 23 de junio de 2003.

Szeeman in 2001. The responsibility that this new visibility has given us is not confined to honouring our many international commitments to exhibiting work in countless events organized every year, and thus satisfying the curiosity created by the "new exoticism" of our contemporary art practice. Indeed, the real issue has to do with the constancy of the professionals now involved and how they will influence the social, political and aesthetic milieu in the long term, both within and outside of their fields of practice.

We are in Cartagena. One of the Spanish Conquest's most ancient bastions. The former logistics centre of colonial forces in the Caribbean. Later, a seaside resort for the Colombian oligarchy. Today, a half-abandoned city whose memory and glory have become objects of distant contemplation to the lofty observers of ruins. Like the rest of Colombia, "it has been demonized mainly because of drug trafficking, but also because of an utterly reductionist view of violence that prevents any glimpse of the vibrant civil society and its attempts to find a way out of the crisis."[6] In this setting—as in Havana, Veracruz or Mexico City's historic downtown area—colonial architecture has been swallowed up by the crowd's bustle, appropriated by the mob. Any action that could be added to this cacophony of sights and sounds runs the risk of going unnoticed.

[6] "Comillas sobre Colombia: Entrevista al analista político portugués Boaventura Sousa," *Cromos*, June 23, 2003.

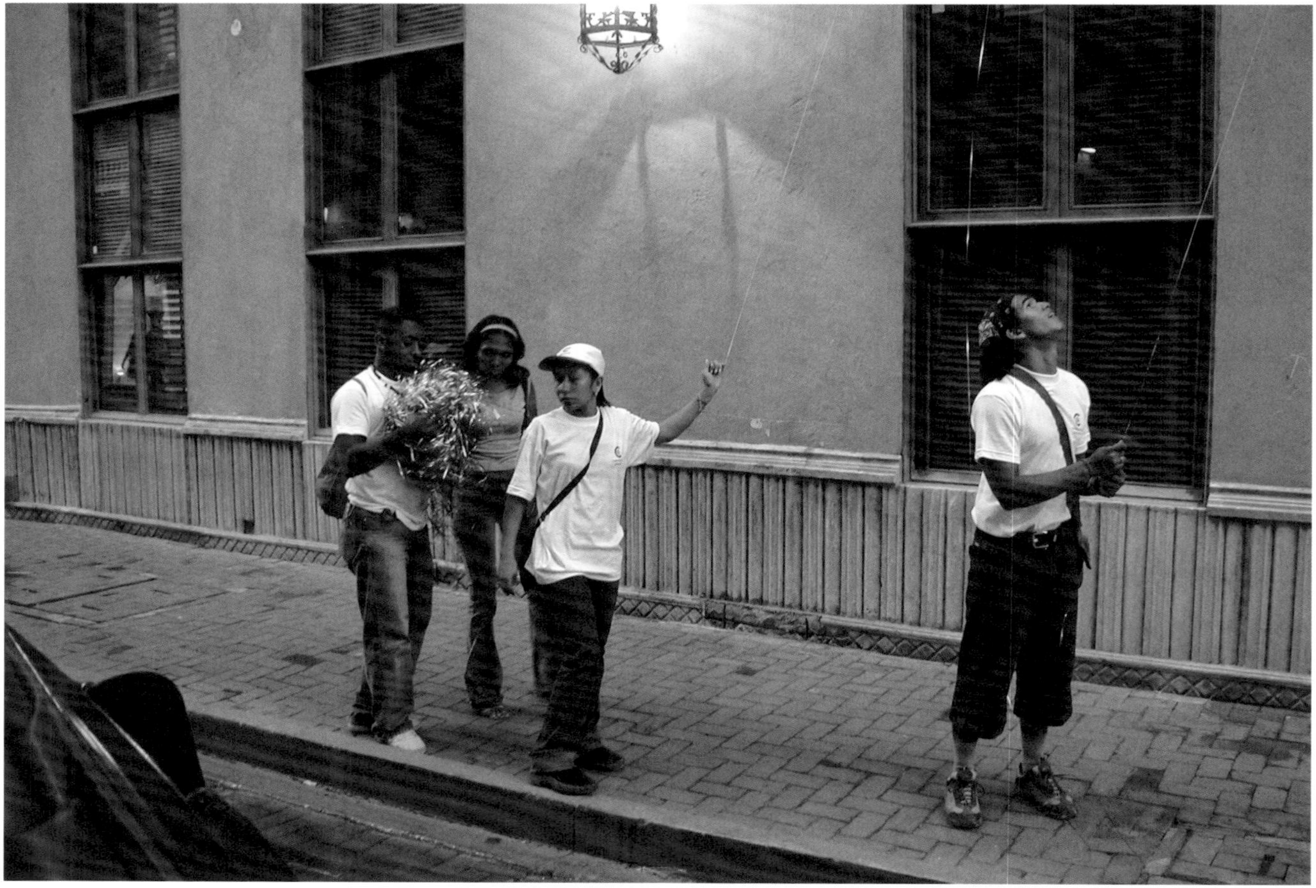

Museo Naval, Cartagena de Indias, Colombia, 2003

Este es, en concreto, el reto para la obra de Luciano Matus en Cartagena de Indias, cuyo mayor acierto fue precisamente el establecimiento de una interacción directa con la calle y con la población cartagenera, mediante un ejercicio que la vincula mucho más a la performance que a la escultura.

En el interior del edificio originalmente acordado para el proyecto de Matus, el antiguo convento de Santo Domingo que da nombre a su plaza exterior, el caos de la obra de reconstrucción está en su apogeo. Ninguna forma de arte tiene cabida. La disyuntiva de la tarea se reduce a sumarse al caos, con la limitante adicional del uso obligado de un lenguaje preestablecido y hasta ahora probado únicamente en sitios de contemplación silenciosa. Sitios desprovistos de la presencia humana, sitios perfectamente cercenables, diseccionables —al cabo dóciles—, a pesar de su escala desmedida.

El edificio de Santo Domingo es un cuerpo inerme, en pleno proceso de una dolorosa y rigurosa cirugía reconstructiva. Sellado del exterior, sufre el proceso de una revitalización a golpes. El espacio está totalmente ocupado, invadido por los artefactos, materiales, utensilios y obreros que habrán de devolverle su integridad perdida. Sólo se respeta, casi religiosamente, en medio del patio central, la existencia de un árbol que se impone hieráticamente al entorno de disciplina colectiva. Jamás se escucha una voz. A pesar de la irritación que produce el constante golpeteo y la intensidad de los

This, in practical terms, was the challenge Luciano Matus's work had to face in Cartagena de Indias, and his most astute impulse was to establish a direct interaction with the city's streets and population through an exercise that connects his work sooner with performance than with sculpture.

Inside the building originally assigned to Matus's project—the former Monastery of Santo Domingo facing the square of the same name—the chaos of reconstruction has reached fever pitch. There is no room for any form of art here. The only alternative is for the project to join the frenzy—with the added restriction of having to use a pre-established language which, until now, has only been tested in sites of silent contemplation. Sites devoid of human presence, sites that can be perfectly circumscribed and dissected, despite their crushing scale.

The Santo Domingo building is a defenceless body undergoing painful and exhaustive reconstructive surgery. Sealed from the outside, it is being pounded into shape. The space is occupied in its entirety, invaded by machinery, materials, tools and workers who must restore its lost integrity. A lone tree in the middle of the central courtyard seems to be the only beneficiary of a quasi-religious respect, by imposing its hieratic presence on the environment of collective discipline. You never hear anyone speak. In spite of the irksome, relentless banging and whirring, the effervescence of the work evokes a cinematic tension that is visually sublime.

diversos aparatos, la tensión cinemática de la efervescencia laboral es visualmente sublime.

Sumarse a ella se antoja: disolverse en esa acción anónima que supone el esfuerzo en una causa común de la que se desconoce el resultado último, más allá de unirse a una coreografía corporal colectiva, casi erótica y que se funde con el deseo de la inconsciencia —*de se laisser aller*—. Pero tampoco hay esa alternativa. Con un solo gesto, Matus tiene que desencadenar el resto de la historia y escoge uno de los remates del último nivel para iniciar su recorrido. De ahí se lanza, en un desafío suicida, con ese vahído que siempre provoca el hacer arte.

Desconozco los pormenores de la batalla con el árbol que fue tal vez el mayor de los avatares. El resultado de la instalación de Matus en este recinto refleja, sin duda, la complejidad de las condiciones de trabajo. En efecto, el caos genera caos y no existe la forma, más allá de las sensaciones y de la memoria, de reproducir el instante en que se abrieron al público asistente las obras en proceso de restauración, al igual que la efímera red de rayos lumínicos que logró construir Luciano en su interior y que no sabemos, siquiera cómo fueron contados y recordados por aquellos trabajadores que los vieron aparecer, y de pronto, retirados al unísono del éxodo de los pocos convidados al brevísimo evento inaugural.

El previsible resultado críptico y extremadamente restringido de su intervención en medio de la reconstrucción de Santo Domingo instigó a Matus a fugarse de

You feel like participating: merging into this active, anonymous effort toward a common cause whose final outcome remains unknown, something that goes beyond simply joining in this collective, almost erotic choreography of bodies that flows into the collective unconscious's desires. With a single gesture, Matus must make the rest of the story burst forth, and he picks a finial on the top floor to begin his journey. From there, in a suicidal challenge, he flings himself forward with that sudden dizziness which art-making always induces.

I do not know the details of the struggle against the tree, though it might have been the greatest avatar. The result of Matus's installation in this building undoubtedly reflects the complexity of his working conditions. In effect, chaos breeds chaos and there is no way of retelling—as more than mere sensations and memories—the moment at which the doors of the restoration work in progress were opened to the public; nor is there a way of really describing the ephemeral network of light beams that Matus managed to build inside the space, nor do we even know how they were described and remembered by those workers who saw them appear and be suddenly removed as soon as the few guests—convened to the extremely short opening—had left the premises.

The foreseeably cryptic and lame result of Matus's intervention amidst the reconstruction of Santo Domingo chased him outside, in an attempt to escape the inhibitions of a piece that would be lost in this

Santo Domingo, Cartagena de Indias, Colombia, 2003

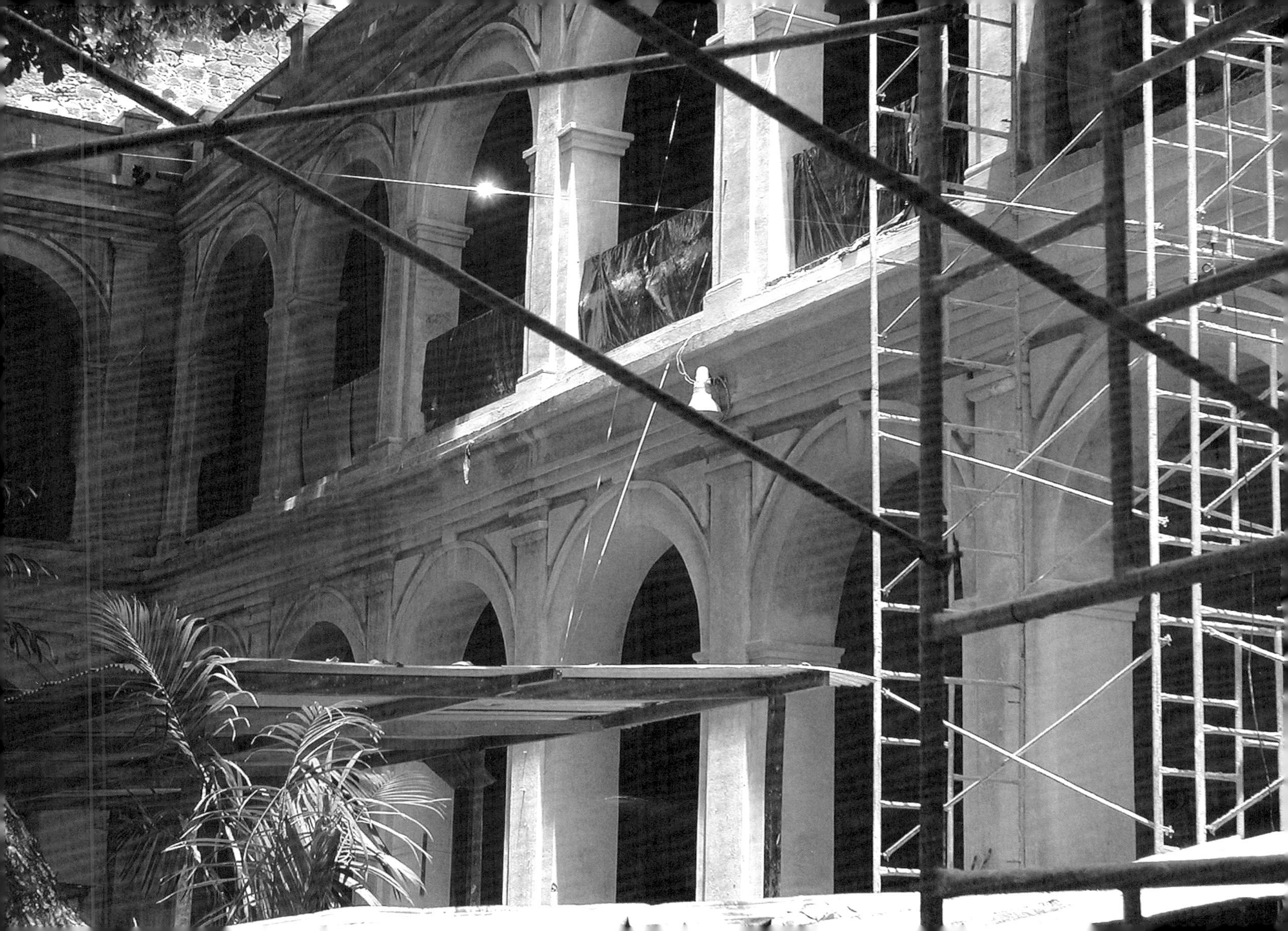

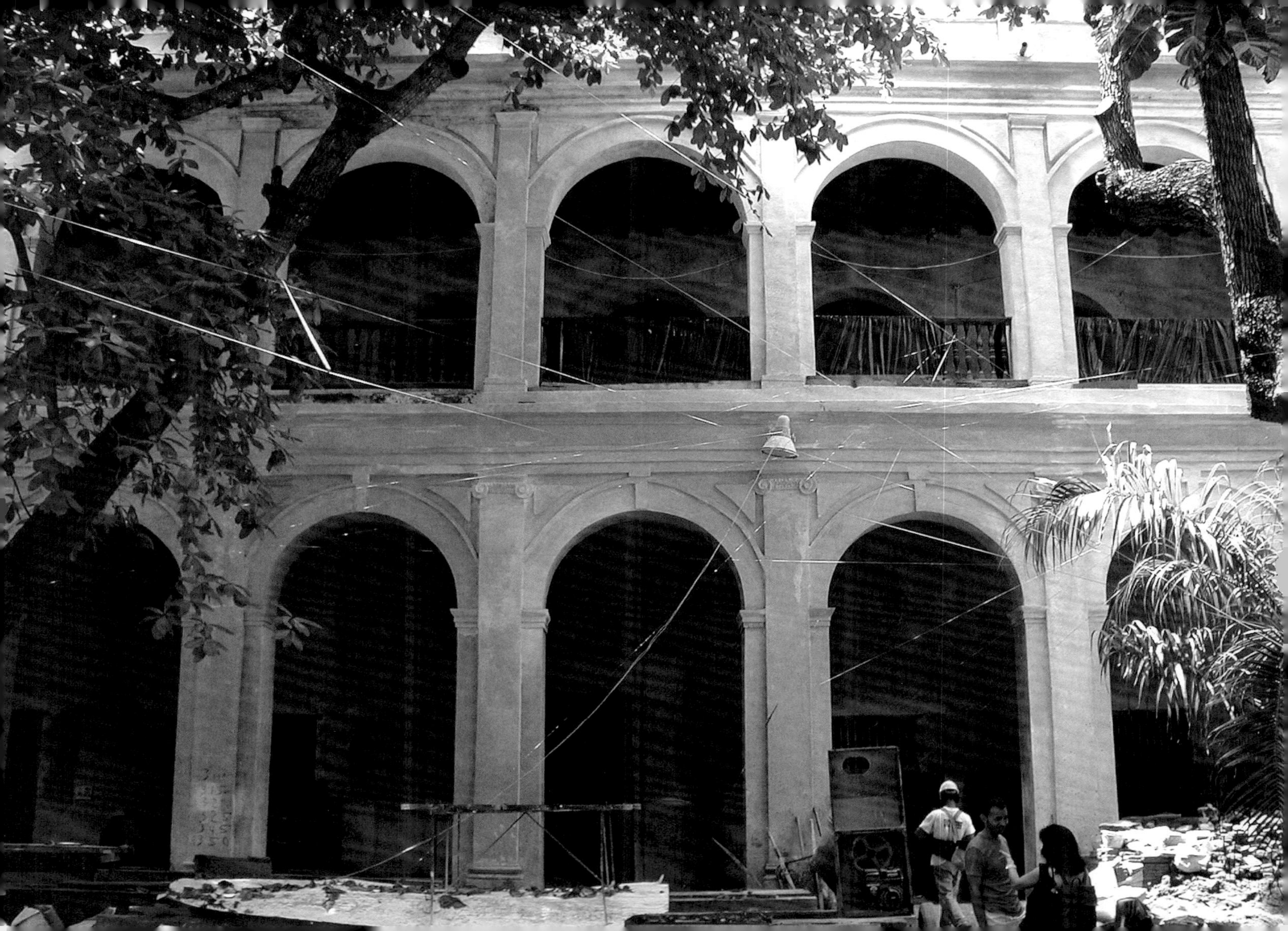

las trabas y limitaciones de una obra que se perdía en ese complejo y atiborrado escenario de febril labor obrera. Durante sus entradas y salidas, maquinó de manera puntual el método para continuar la instalación oculta detrás de los muros del convento, hacia el Museo Naval, rehabilitado desde 1993 como proyecto piloto de la AECI. A sólo quinientos metros de la ruta habitual del turismo, el trayecto sería la pieza visible para los cartageneros y —en última instancia— la obra clave de este proyecto. El principal atributo del museo como *landmark* es su ubicación en la entrada misma de la ciudad amurallada, en el acceso que forma un embudo de circulación obligada, entrando por la costera hacia el corazón de Cartagena. De hecho, esta es la primera percepción que se tenía de la intervención de Luciano Matus en Cartagena. De la entrada al edifico, se proyectaban los primeros cables que conducían paradójicamente hacia la calle, a lo largo del paseo hasta topar con su ingreso al convento de Santo Domingo.

El artificio de la *performance* callejera resultó de una consideración a posteriori, provocado, en gran medida por el deseo y la curiosidad de interactuar con la población local. La modesta apariencia de su única herramienta de trabajo, el finísimo cable niquelado, permitiría realizar una acción sutil y silenciosa. Hasta entonces, debido a su construcción dentro de un espacio contenido, todas las piezas realizadas por Matus guardaban un aspecto más formal y hasta cierto punto objetual, más vinculado a la escultura cinética tradicional. Esta inicia-

complex, overcrowded stage of workmanlike frenzy. As he went in and out of the site, Matus formulated a precise way of extending the installation hidden behind the monastery's walls out towards the Navy Museum, rehabilitated in 1993 as a pilot project of AECI. Only 500 metres off the tourist trail, the path to and from it would constitute the visible part of Matus's project for Cartagena residents. The Navy Museum is a landmark mainly because of its location at the very entrance to the walled city, at a point of access where pedestrian and car traffic entering the heart of Cartagena from the coast road must necessarily converge. In fact, it was from this perspective that one first glimpsed Luciano Matus's intervention in Cartagena. The leading wires exited the door to the building and wandered paradoxically out onto the street, following it as far as they entered the façade of Santo Domingo which they entered.

The street performance was an *a posteriori* consideration, largely inspired by the artist's desire and curiosity to interact with local residents. The unobtrusive appearance of his one and only work-tool—the incredibly fine nickel wire—would allow his action to be subtle and silent. Until this point there had been a formal aspect to all of the pieces Matus had constructed that made them seem like objects to some extent, reminiscent of traditional kinetic sculpture, since they had been built inside a self-contained space. This initiative allowed him to turn local assistants into his accomplices, in an act of playful folly with a veneer of urban

Santo Domingo, Cartagena de Indias, Colombia, 2003

tiva le permitió, en primer lugar, integrar a los ayudantes locales como cómplices de una insensatez lúdica, con ciertos visos de vandalismo urbano. El recorrido obligaba también a treparse a las azoteas y balcones en ambos lados de la calle, mediante argucias seductoras que le abrieran las puertas de los dueños de las casas y negocios vecinos. El carácter histriónico del trabajo de tender el cable a lo largo y ancho de la calle, a su vez, despertaba todo tipo de especulaciones y de consecuentes diálogos con los transeúntes de la calle, que en su gran mayoría son los propios ambulantes y habitués del lugar, dando pie a un divertido diálogo sobre la inutilidad del arte y de su sinrazón de ser. Al igual que en el segmento anterior, poco se sabe de los resabios conceptuales de esta acción guerrillera *soft* en el seno de la sociedad cartagenera, pero lo cierto es que contiene todos los atributos a los que se refieren tanto León de la Barra como Jung, con los elementos formales que en su momento fueron el "sello" de las *performances* del polaco-mexicano Marcos Kurtycz. Y me refiero a esa práctica tan característica de él, de rematar sus acciones con una instalación muy meditada y deliberada de la "evidencia". En este caso, la red de hilos en nada se distinguía del caótico cableado de cualquier pueblo latinoamericano poscolonial y posrevolucionario.

El Museo Naval de Cartagena está instalado en un edificio singular en su proyecto constructivo, en virtud de las diversas etapas de su historia desde su creación como colegio de la Compañía de Jesús en el siglo dieci-

vandalism. The wire's path made it necessary for them to climb up to balconies and rooftops along either side of the street by wheedling and seducing their way into homes and shops as required. In turn, the theatrical aspect of the task of laying wire across and along the street led to all kinds of speculations and consequently fertile encounters with passers-by, on the street, most of them local vendors and neighbourhood habitués, sparking an entertaining dialogue about the absurdity and uselessness of art. As with the project's previous phase, little is known of the after-effects of this "soft-core" guerrilla action in the heart of Cartagena's society; however, it possesses all the qualities to which both Jung and León de la Barra refer, and includes formal elements that were the "hallmark" of the performances staged by Polish-Mexican artist Marcos Kurtycz in his heyday. I am referring to his characteristic practice of wrapping up his actions with a very deliberate, premeditated exhibition of the "evidence." In Matus's case, the network of wires strung along the street did not stand out in the least from the chaotic web of cables that is ubiquitous in any post-colonial, post-revolutionary Latin American town.

Cartagena's Navy Museum is housed in a building with a most peculiar construction project, given the different phases in its history since it was first built as a Jesuit college in the sixteenth century; going through various incarnations as a hospital, becoming a military barracks and finally falling into disuse during the early

Cartagena de Indias, Colombia, 2003

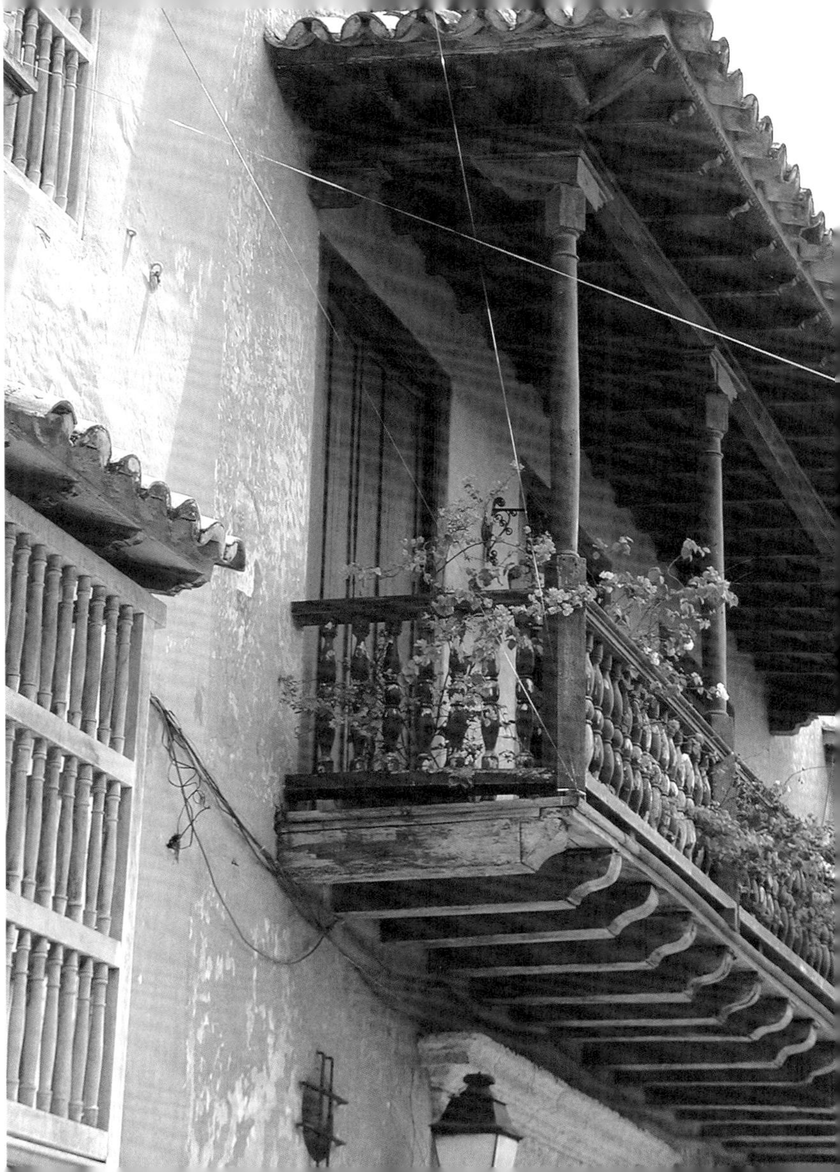

séis, pasando por diversas versiones de hospital, hasta rematar como cuartel militar y su posterior desuso, a principios del siglo veinte. El cable de Matus penetraba el largo pasillo de la entrada y daba un salto al siguiente nivel, hasta un impresionante y espectacular salón que domina el segundo piso. Ahí, el artista encontró un espacio verdaderamente imponente para tender su red. Se trata de una nave ininterrumpida, rodeada en su totalidad por una retícula de ventanas de reja que en los lados oriente y sur del edificio dan al horizonte de la bahía de las Ánimas. Para la pieza, Matus decidió continuar el punto de fuga del paisaje exterior, al interior de la sala, manteniendo la altura horizontal que le dictaba esa línea visual, hasta formar un manto irregular de cable niquelado que imitaba los destellos de la superficie de agua. Aquí, el mecanismo de los imanes fue colocado en primer plano, al frente de la vasta red impenetrable que permaneció vibrando en ese maravilloso sitio, hasta el atardecer de ese terapéutico y memorable viernes 27 de junio en Cartagena de Indias.

Es posible que la única manera que tengo de interrumpir por ahora estos pensamientos y la memoria de esta vivencia, sea nuevamente una cita de Jung: "Son pedazos de la vida misma, imágenes que se conectan integralmente con el individuo vivo por medio del puente de las emociones"[7].

[7]*Ibid.*

twentieth century. Matus's wire penetrated its long entryway and then leaped up one storey into a spectacular hall dominating the upper floor. Here the artist found a truly imposing space in which to cast his net. It is an unbroken hall, its four walls pierced by gridded windows which face the Bahía de las Ánimas to the east and south. For this piece, Matus decided to pull the exterior landscape's vanishing point into the room, maintaining the distance from the floor set by this line of sight until he had created an irregular mantle of nickel wire that mimicked the glimmering surface of the sea. Here the magnets were placed in full view at the front of the vast impenetrable network, which continued to vibrate in this wonderful site until the sun set on that memorable and therapeutic Friday, June 27, in Cartagena de Indias.

Perhaps the only way I can still my thoughts and end my recollection of this experience for now is by again quoting Jung: "They are pieces of life itself, images that are integrally connected to the living individual by the bridge of the emotions."[7]

[7]*Ibid.*

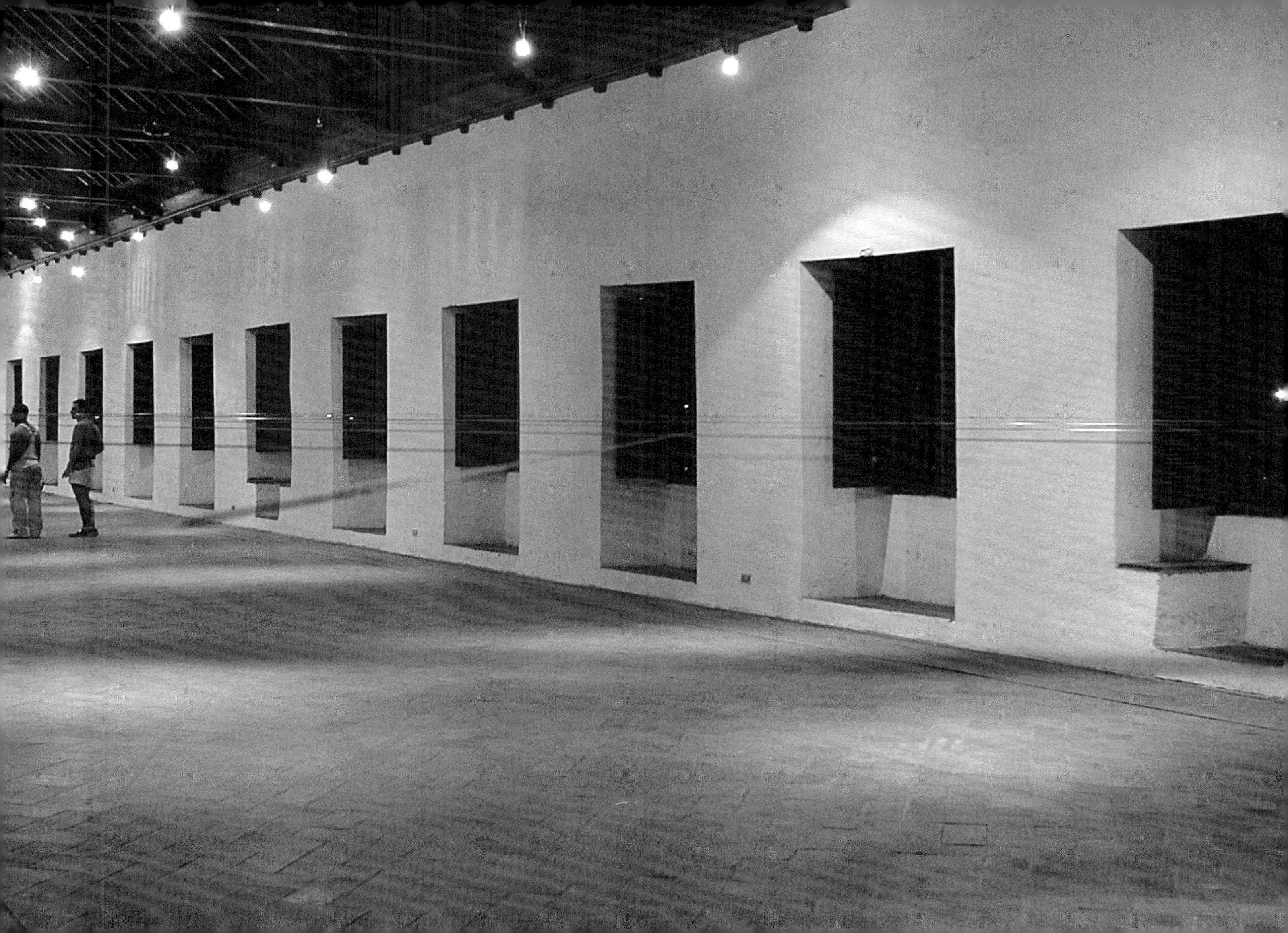

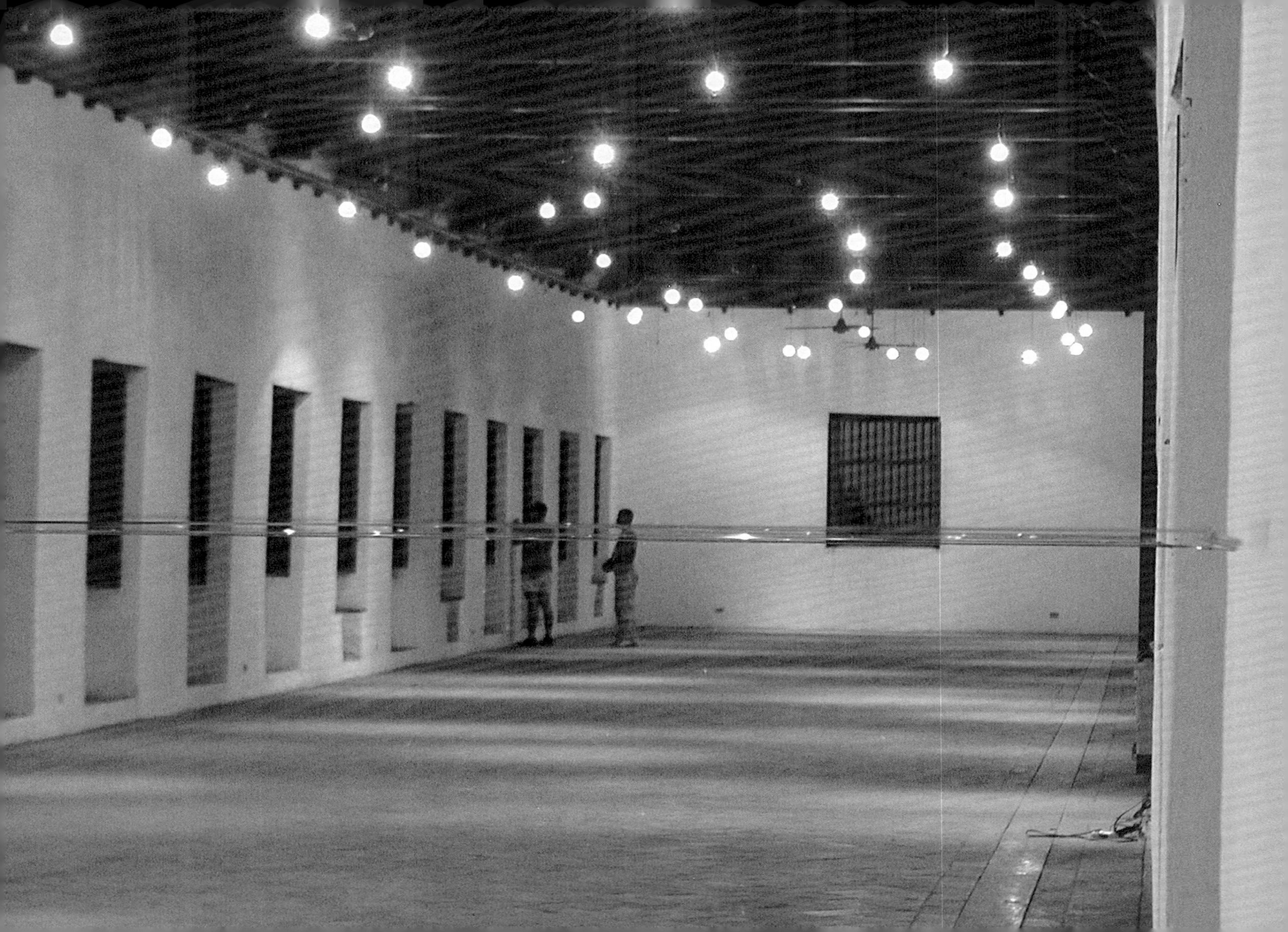

Museo Naval, Cartagena de Indias, Colombia, 2003

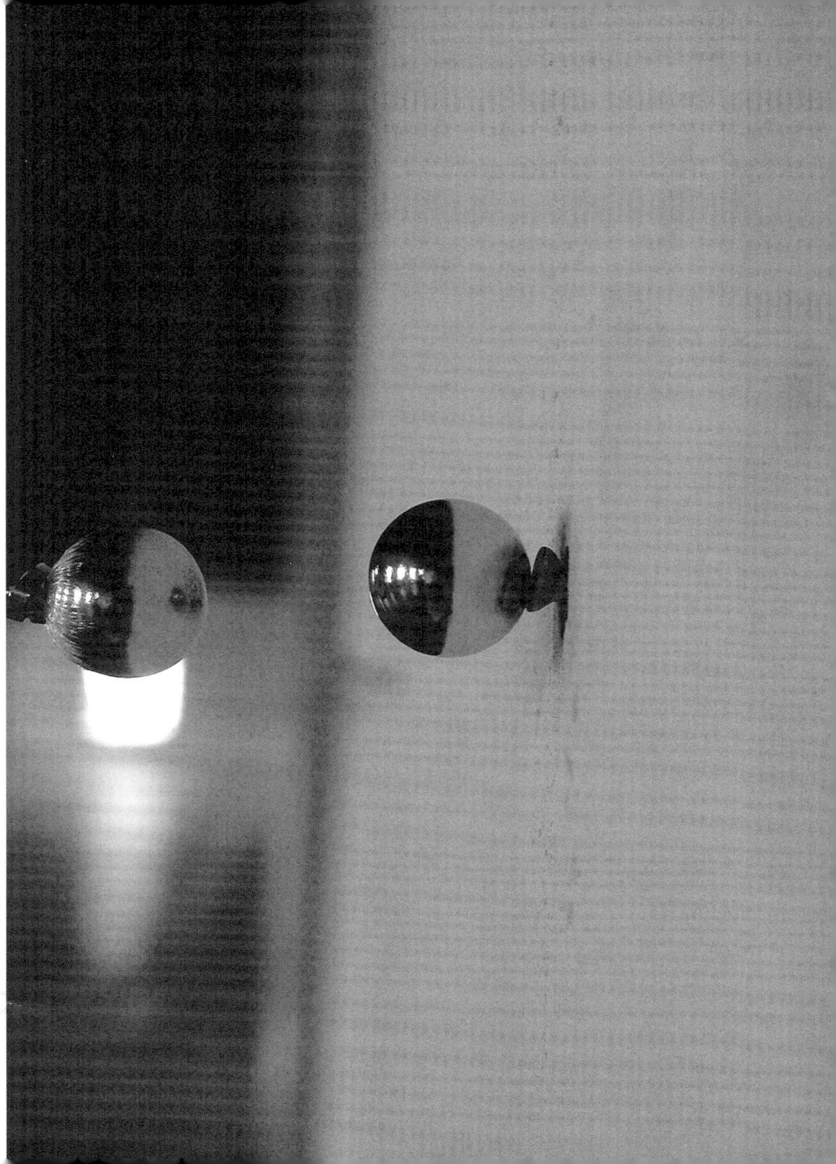

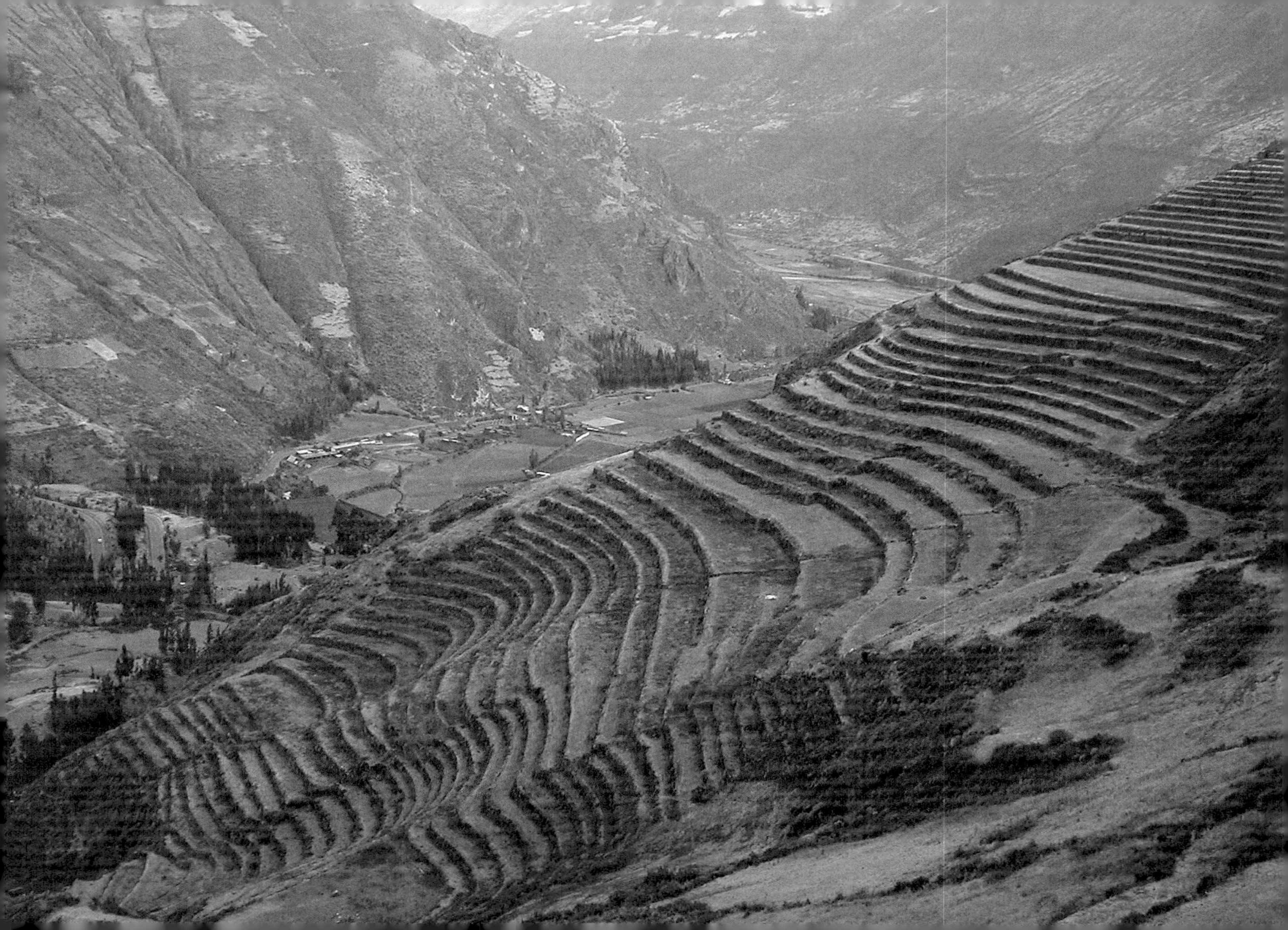

Perú

OLIVIER DEBROISE

Ciudad de México. 17 de julio—. Cuauhtémoc Medina nos convocó a su departamento cerca del Eje Central, para enseñarnos mapas y fotos del *scouting* que realizó, el año pasado en Perú, cuando preparaba la intervención de Francis Alÿs, *Cuando la fe mueve montañas*, para la II Bienal de Lima. Recojo a Luciano y, mientras trato de librarme del embotellamiento en la avenida Xola, lo escucho explayar su "Tratado de la posibilidad".

Existe una dimensión oculta en las intervenciones de Luciano Matus —la que, poco a poco, estoy documentando y relatando aquí—. Esto es: su trabajo sobre el concepto de *posibilidad*. Por ejemplo, la posibilidad de que los mares se junten —porque ese es su destino—, pero una fuerza contraria (que quiero adjetivar como "cultural") se los impide. Mientras habla, recuerdo un documental científico en el que se describían las mutaciones sufridas por los océanos Atlántico y Pacífico, su fauna, sus ecosistemas y la geología de las costas, cuando lo que llamamos ahora mar Caribe se partió en dos por una serie de erupciones volcánicas, hará de ello quince mil y tantos años. Un solo mar, integrado en un único sistema global, fue separado por la emergencia de nuevas tierras. Las grandes corrientes marinas cambiaron de giro, lo que era frío se volvió

Peru

OLIVIER DEBROISE

Mexico City. 17 July—. Cuauhtémoc Medina invites us to his apartment off the Eje Central in order to show us maps and photos of the scouting trip he carried out last year in Peru, when he was preparing Francis Alÿs's intervention *Cuando la fe mueve montañas,* for the II Lima Biennial. I collect Luciano. While we are still trapped in a monumental jam on Avenida Xola, he expounds to me his "Treatise on Possibility."

There is a hidden dimension to Matus's interventions, and I am, little by little, documenting and relating it in this journal. It has to do with his research into the concept of possibility. For example, the possibility that the seas yearn to join together—for such is their destiny—but a contrary force (which I am tempted to qualify as "cultural") prevents them. As he speaks, I think back to a science documentary I saw which described the mutations undergone by the Atlantic and Pacific oceans, their fauna, ecosystems and coastal geology, when what we call the Caribbean Sea was split in two by a string of volcanic eruptions, some fifteen thousand years ago. A single ocean, integrated into a single global system, was divided by the rise of a new land mass. The great ocean currents changed direction, and what was warm became cold, and vice versa... That which seemed impossible, occurred... and the face of the earth was transformed by it.

Pisaq, Perú, 2003

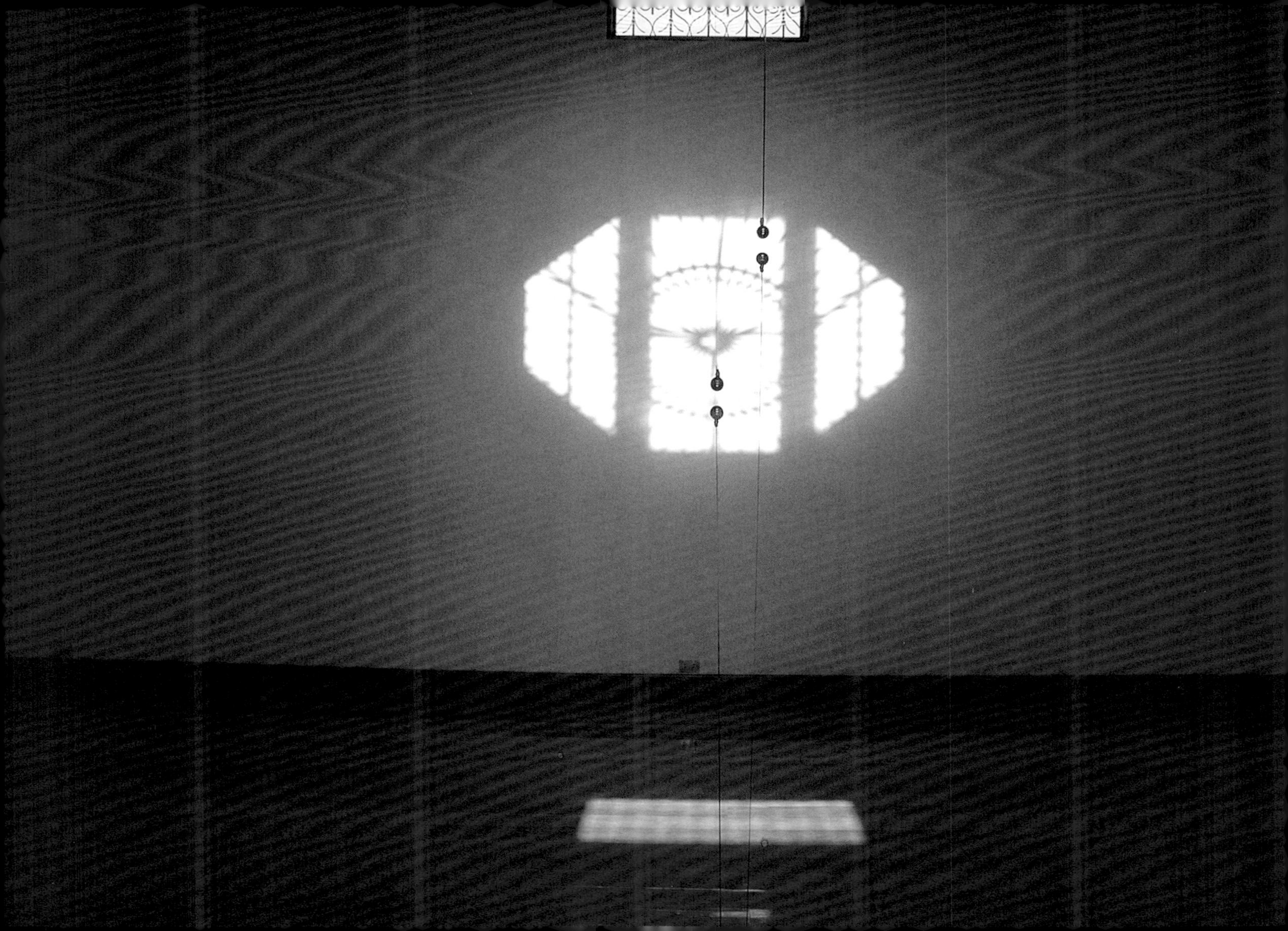

cálido, lo cálido, frío... Lo que parecía imposible se volvió posible... y la faz del planeta fue transformada.

Los mapas animados basados en fotografías de satélite de la NASA e intensos estudios geológicos y biológicos mostraban cómo América del Norte y del Sur se fueron juntando, como atraídas, como imantadas, hasta quedar atrapadas en un solo continente extrañamente unido por aquel pedúnculo torcido que ahora llamamos Panamá.

Lo que Luciano trata de demostrarme es que no le importan tanto los hilos de níquel, el amarre de los imanes, la parafernalia arquitectónica de su proyecto, sino el intersticio entre los imanes, ese vacío angustiante que significa, representa o hace metáfora, la *posibilidad*. El simple hecho de que exista ese espacio libre, cargado de atracción, ese inefable espacio latente de gravitación, es quizá lo que produce esa emoción "mágica" (aunque puramente técnica) que calla a los espectadores. Este es, quizá, el espacio de la negociación... ¿o el de la pasión? (No puedo dejar de pensar que lo que Luciano expone en el embotellamiento de Xola es un fragmento de un discurso amoroso, un estado primario de la sexualidad y de sus modos de operación.)

Esta es, quizá, esa dimensión oculta (¿intuitiva?) fundamental de este proyecto: en la *posibilidad* de realizar una intervención en un sitio determinado —mejor dicho predeterminado— reside o se concentra la "fuerza de atracción". La realización, el tendido de cables, es la culminación de esta *posibilidad*, y sólo tiende a pro-

Animated maps based on NASA satellite photographs and profuse geological and biological investigations demonstrated how North and South America met, as though drawn together in magnetic attraction, until they were fused into one continent bizarrely hinged by that curly stalk we call Panama.

What Luciano is trying to show me is that he is not really bothered about the nickel threads, the emplacement of the magnets, all the architectonic paraphernalia of his work; what matters most to him is the space between the magnets, that dismaying void which signifies, represents or metaphorises possibility. The mere fact of the existence of this unoccupied space, charged with attraction, this ineffable, latent space of gravity, is perhaps what prompts the "magical" emotion (for all that it is strictly technical) which silences the onlookers. Is this, perhaps, the space of negotiation... or the space of passion? (I cannot dislodge the thought that what Luciano is explaining through the Xola traffic jam is the fragment of a lover's discourse, a primal state of sexuality and its operational modes.)

Herein lies, it may be, the great hidden (intuitive?) dimension of this project: only in the possibility of performing an intervention in a determined, or rather, predetermined site, does the "force of attraction" reside or concentrate itself. The execution, the placing of the cables, is the culmination of this possibility, and merely tends to confirm that those voids—from the journeying over the continent, the landing in unknown

Casona de San Marcos, Lima, Perú, 2003

bar que aquellos vacíos —desde el desplazamiento continental, la llegada a lugares desconocidos, la labor de negociación y de convencimiento—, no fue "gratuita", sino que permitió que algo cambiara. Por ello, casi el ochenta por ciento del trabajo de Matus está en el proceder, y no requiere ni público ni publicidad; se sitúa en una franja estrecha en que un arte se niega a sí mismo como arte, pero se inserta en los huecos que deja el arte, en cualquier concavidad, en las lagunas.

En las lagunas de la memoria también, que Luciano Matus no ha podido ir llenando con palabras, como cuando nos invita a ser los espectadores privilegiados de sus operaciones, de sus intervenciones casi quirúrgicas, sobre el entorno cultural de América.

Cuauhtémoc Medina conoce bien Perú —su madre es limeña—, y nos presenta una serie de opciones o de *posibilidades* —desde las huacas, esos centros ceremoniales de adobe que aparecen aquí y allá, como colinas hechas a mano en la trama urbana limeña, hasta edificios públicos de los años setenta abandonados en el pleno centro de la ciudad a raíz de sismos, ataques terroristas... o meros abandonos—.

Ya veremos. Por lo pronto, hacemos cita en Lima. Me voy mañana a Tijuana. Luciano se va a Perú el sábado. Cuauhtémoc, su hija Natalia y yo, lo alcanzaremos en diez días.

Lima. 29 de julio de 2003—. Nunca me ha gustado llegar de noche a una ciudad desconocida; trastorna,

regions, to the labour of negotiation and persuasion—were not gratuitous, but enabled something to be different. Hence almost eighty per cent of Matus's work is the work of going about things, dispensing with a public and with publicity; it unfolds in that narrow strip in which an art denies itself as art, but insinuates itself into the gaps left by art, into all the hollows, into the lacunae.

And into the lacunae of memory, which Luciano Matus has been unable to fill with words—as when he invites us to be the privileged spectators of his operations, his quasi-surgical interventions upon the cultural environment of America.

Cuauhtémoc Medina, who knows Peru very well—his mother is from Lima—presents us with an array of options or possibilities. These range from the *huacas*, adobe ceremonial centres dotted here and there like hand-made bulges in the urban fabric of Lima, to public buildings from the 1970s left empty in the heart of the city due to earthquakes, terrorist attacks, or sheer indifference...

We shall see. For now, we make a date in Lima. Tomorrow I leave for Tijuana. Luciano goes to Peru on Saturday. Cuauhtémoc, his daughter Natalia, and I, will be there within ten days.

Lima. 29 July, 2003—. I have never enjoyed arriving at an unknown city by night; no doubt it confuses my sense of direction, and frustrates my need to control

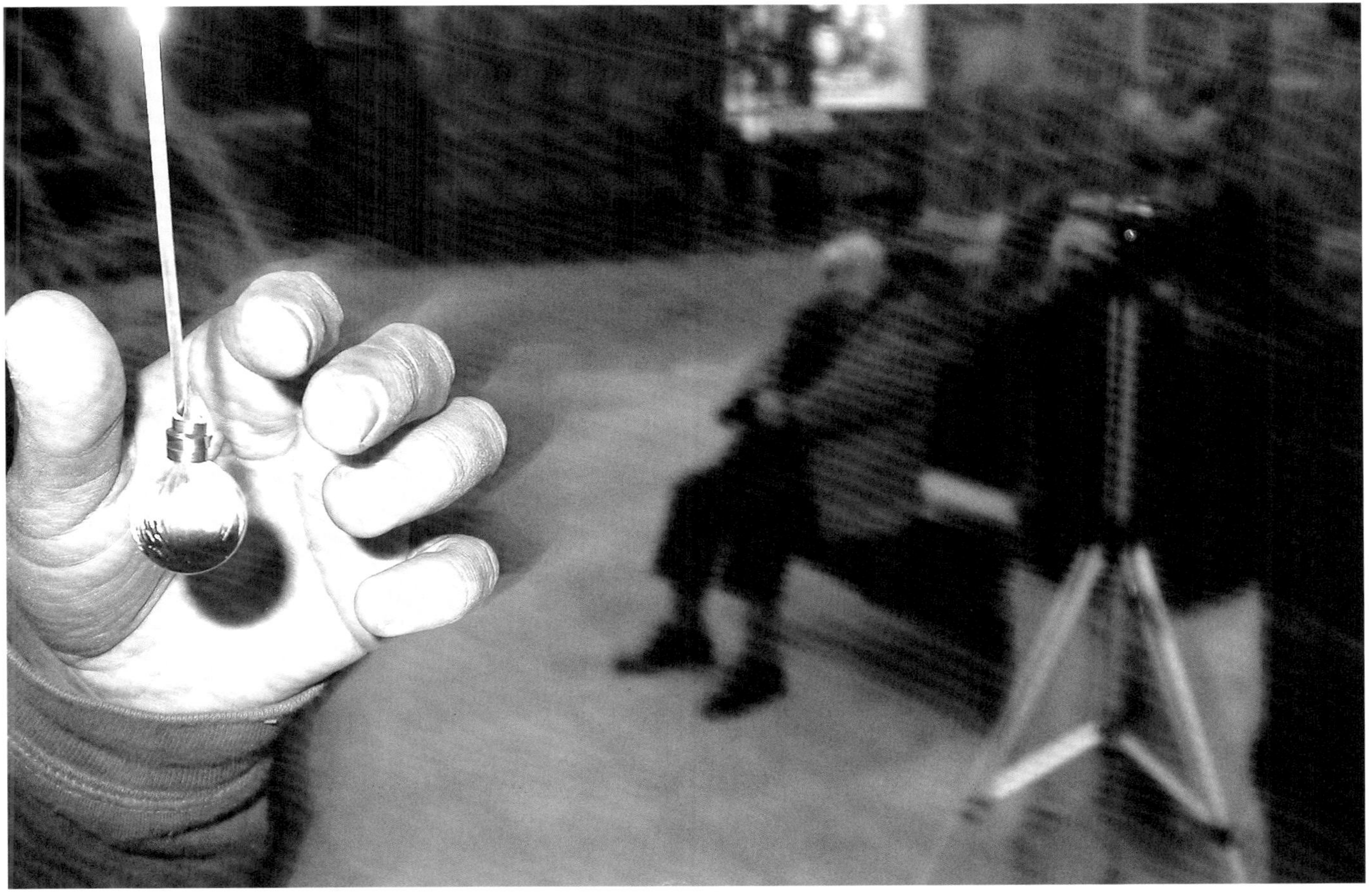

Catedral de Cusco, Cusco, Perú, 2003

supongo, mi sentido de orientación, esa necesidad de control sobre los territorios y los espacios. El vuelo de Lan Perú aterriza pasadas las once de la noche en un aeropuerto atiborrado de pasajeros, sobre todo *backpackers,* esa nueva manera de turistas que, en menos de una década, ha transformado los hábitos de viaje en ciertas partes del mundo, desde los precios y la calidad del alojamiento hasta los usos y gustos culinarios —cafeterías con *espresso, French restaurants* con Merlot incluido en el menú, etc.— y las industrias locales. (Vi, en un reportaje de la BBC, que Machu Picchu se ha convertido en uno de los "lugares sagrados" más visitados del mundo, y que el sitio entero está amenazado en el corto plazo de destrucción total por invasión de basura y desestabilización del terreno.) Tardamos más de una hora en franquear las oficinas de migración y aduanas, el semáforo fiscal, braceando entre muchachas pecosas y adolescentes con acné, botella de Evian en mano, hasta llegar al estacionamiento. Natalia, dormida en el hombro de Cuauhtémoc, despierta malhumorada cuando salimos al aire libre. Por suerte, su tío abuelo Roberto la recoge, la mima y le cambia el humor. Cuauhtémoc y Natalia se van con él; yo me quedo con el taxi que envió Luciano para recogernos.

No he estudiado el plano de Lima, como acostumbro cuando llego a una ciudad desconocida. Demasiado absorto en otras cosas. Así que me siento absolutamente desorientado en una ciudad que no se parece para nada a lo que me figuraba. Si mi Buenos Aires imagi-

territories and spaces. The Aeromexico flight lands after 11 p.m. in an airport crawling with passengers, most of them backpackers, that new breed of tourist which has taken less than ten years to remake the habits of travel in certain parts of the world, from the cost and quality of accommodation to culinary standards—cafeterias all serving espresso, French restaurants with fine Merlots on the wine list—and local cottage industries. (I saw a BBC report on how Machu Picchu has turned into one of the most visited "sacred sites" in the world, with the result that the whole area is threatened by the invasion of refuse and the destabilisation of the ground.) It takes us more than an hour to be processed through customs and immigration, the fiscal traffic light, jostled by freckled or spotty teenagers brandishing bottles of Evian, until we can finally make it to the car park. Natalia, asleep on Cuauhtémoc's shoulder, wakes up crossly as soon as we are outside. Luckily his uncle Roberto is there to rock her and tickle her affectionately into a better mood. Cuauhtémoc and Natalia go off with him; I board the taxi sent by Luciano.

I've had no time to peruse the map of Lima, as I usually like to do before plunging into an unfamiliar city. Too busy with other things. Therefore I feel completely disoriented, in a place that looks nothing like I had imagined. Just as my mental Buenos Aires is a projection of my reading of Borges and Bioy Casares, so I had built myself a spectral Lima, veiled in drizzle, out of

nario se desprendía de Borges y de Bioy Casares, inventé alguna vez una Lima fantasmal, rociada de garúa, a partir de *Conversaciones en la catedral* y de algunos poemas de juventud de César Moro. En el 2000, cuando fui por primera vez a Argentina, sí me encontré con aquel Buenos Aires caminable desde Belgrano hasta El Retiro, pero no encuentro *La ciudad y los perros* en este desfiladero de casinos, hoteles, centros comerciales, baldíos infinitos iluminados de neón. Siento ganas de volver a leer *Lima la horrible*, la "novela social" de Sebastián Salazar Bondy, cuya trama se me escapa mientras escucho al taxista ofrecerme los "placeres de Lima" —*girls, boys, drugs and rock & roll*— hasta llegar a Miraflores, que no deja de parecerse a su "ciudad gemela", la colonia Polanco de la Ciudad de México.

Natalia Majluf vive a unas cuantas calles del Hotel Lima. Aunque ya es tarde, le hablo llegando a mi cuarto, y nos tomamos una cerveza en el *lobby* —el bar y el restaurante ya están cerrados—. Hace por los menos dos años que no veo a Natalia, y tenemos mucho, pero mucho, que contarnos. Nos conocemos desde 1992, cuando nos encontramos en el memorable simposio del Instituto de Investigaciones Estéticas de la UNAM de vocación continental que organizó Rita Eder para aquel año de "festejos" del quinto centenario del "Encuentro de dos mundos". Natalia estudiaba entonces en Austin, con Mari Carmen Ramírez. Ahora dirige a pulso, contra viento y marea, dictaduras confesas e inconfesas,

Vargas Llosa's *Conversations in the Cathedral* and some youthful poems by César Moro. In the year 2000, when I went to Argentina for the first time, I found a Buenos Aires that was as intimate and walkable as I imagined, at least between Belgrano and El Retiro, but the Lima of *The City and the Dogs* is nowhere to be seen in this procession of casinos, hotels, shopping malls, and grim neon-lit wastelands. I feel like re-reading *Lima la horrible*, Sebastián Salazar Bondy's "socially committed" novel, the plot of which escapes me as I listen to the taxi driver extolling the city's various delights—girls, boys, drugs and rock & roll—all the way to Miraflores, which looks exactly like its "twin," the Polanco neighbourhood of Mexico City.

Natalia Majluf lives a few blocks away from the Hotel Lima. Despite the lateness of the hour, I phone her as soon as I've checked in to my room, and we meet for a drink in the lobby, since both bar and restaurant are closed. We haven't seen each other for at least two years, and there's a lot, really a vast amount, to catch up on. We met in 1992, at the memorable symposium, of continental scope, organized by Rita Eder at UNAM's Instituto de Investigaciones Estéticas as part of the "celebrations" of the Fifth Centenary of the "Encounter Between Two Worlds." Natalia was then studying in Austin, under Mari Carmen Ramírez. Today she is the director of the Museo de Arte of Lima, a thankless job she accomplishes against all the odds,

con faltas presupuestales y todo lo demás, el Museo de Arte de Lima. ¿Acaso esos reencuentros —Rosina Cazali en Guatemala, y luego en Cartagena; Natalia Majluf y Gustavo Buntinx en Lima— forman parte del "sistema de atracciones" que Luciano Matus está poniendo a prueba?

Luciano está en el sótano del Hotel Lima, en Internet.

30 de julio—. Cuauhtémoc se fue con su hija a visitar a su abuela, no muy lejos de Miraflores. Acompaño a Luciano a la Casona de San Marcos, como se conoce ahora el Centro Cultural de la Universidad Nacional Mayor de San Marcos: un edificio cuya construcción se inició en 1605 con técnicas originales del Perú antiguo, la quincha, como se llama al bajareque en el sur del istmo de Panamá: un armazón de caña cubierto con barro, mucho más elástico, y por tanto resistente a los sismos, que el adobe macizo, sin esqueleto. La Casona fue sede local de la Compañía de Jesús hasta la expulsión de los jesuitas de los territorios americanos, y transformada entonces en universidad. Desde 1990, a través de un convenio entre esta universidad y la AECI, se inició su consolidación y restauración; en 1995 fue transformada en el Centro Cultural de San Marcos, que dirige Gustavo Buntinx, otro "cómplice" de la "cofradía de Zacatecas".

La interacción entre la administración de la universidad peruana y la AECI, como era de esperarse, no es siempre armoniosa. Luciano ya se dio cuenta de ello,

which include overt and covert dictatorships and no budget to speak of. Are not these re-encounters—with Rosina in Guatemala and then in Cartagena; with Natalia and Gustavo in Lima—an effect of the "system of attractions" being deployed and tested by Luciano Matus?

Luciano is on Internet, down in the basement of the Hotel Lima.

30 July—. Cuauhtémoc has taken his daughter to visit his grandmother, not far from Miraflores. I accompany Luciano to the Casona de San Marcos, as the Centro Cultural de la Universidad Nacional Mayor de San Marcos is now known: a building begun in 1605 with the original technique of ancient Peru, the *quincha*, as mud-based construction is called south of Panama. The framework is of cane, plastered with mud, which makes it far more elastic and earthquake-resistant than solid adobe, with no skeleton, can be. La Casona was the local headquarters of the Company of Jesus until the Jesuits were expulsed from American lands, after which it became the university. In the wake of a covenant signed in 1990 between the university and AECI, the building began to be reinforced and restored; in 1995 it became the Centro Cultural de San Marcos under the direction of Gustavo Buntinx, another "accomplice" from the "Zacatecas gang."

The relations between the administration of the Peruvian university and AECI have not, predictably

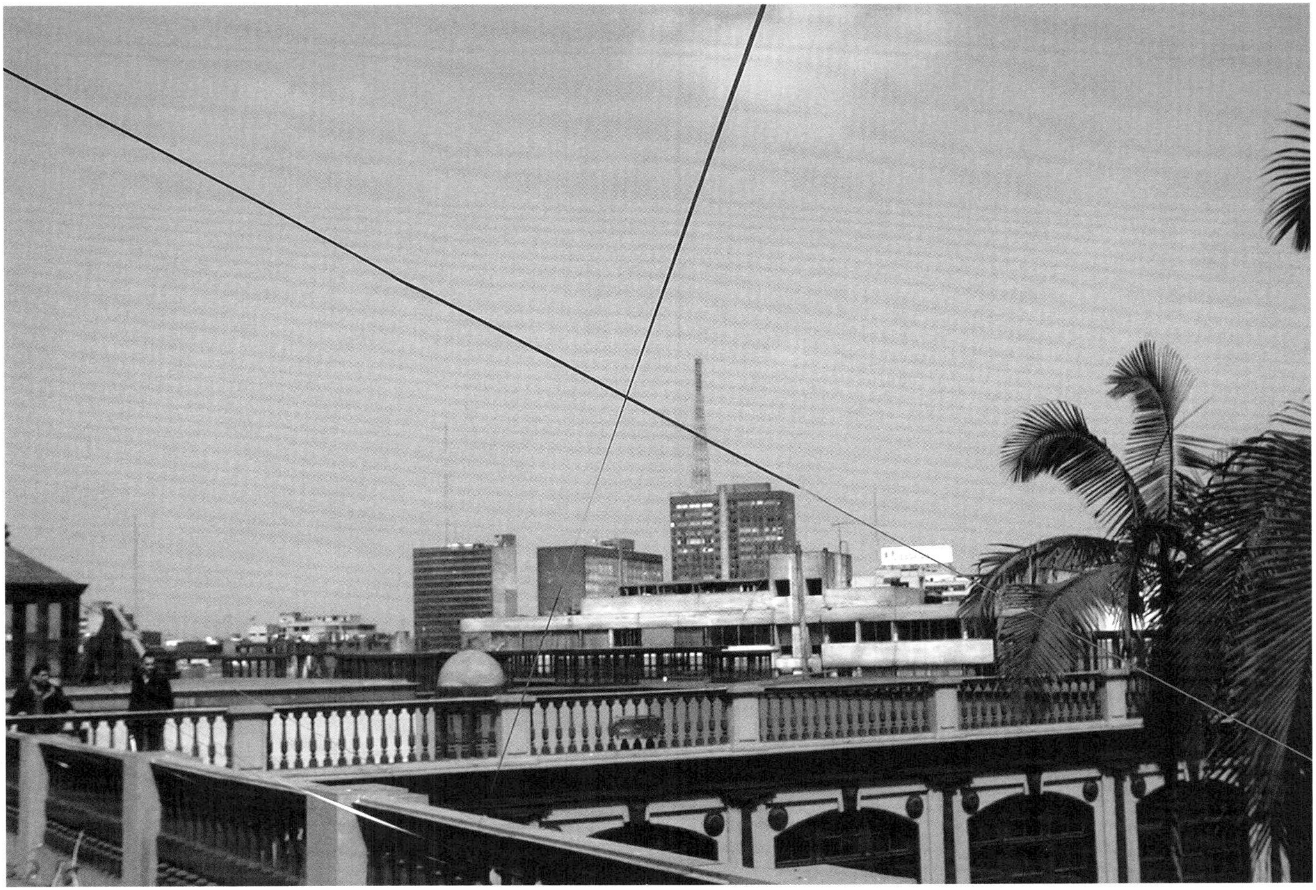

Casona de San Marcos, Lima, Perú, 2003

pero como sabe negociar —por defecto, en muchas ocasiones—, ya acabó de enredar todos los hilos, y sus cables de níquel cruzan los espacios construidos por etapas desde el siglo diecisiete, e integrados a través de los años a manera de un laberinto de patios, salones, pisos, corredores y azoteas.

Todo empieza en el salón general, una capilla dedicada originalmente a San Antonio Abad que luce ahora solemne como un tribunal británico. De ahí, arranca el hilo que se enreda sobre sí mismo en la extensión del techo abovedado, para salir por una ventana, cruzar el "Patio de los Jazmines" con su fuente hechiza, elevarse hasta una azotea, penetrar a través de un mirador en un salón cerrado habilitado como galería de arte, detenerse en medio de esta pieza solar, volver a salir a un segundo patio amarillo y naranja (el de "Letras") y, después de enlazar las hermosas palmeras, elevarse rítmicamente hasta las únicas partes "intactas" (es decir, no restauradas) de la azotea, donde se cruza diagonalmente con la estructura aparente de quincha dando vueltas sobre sí mismo en un juego cinético a la manera de Cruz-Diez, jugando a la vez con los rascacielos del centro de Lima y las polvosas colinas preandinas en el horizonte.

Gustavo, Natalia, todo Lima lo dice: corremos con suerte, hace semanas que no sale el sol ni se ven los cerros. Hoy, en pleno invierno austral, el aire de Lima es limpio, prístino. El cable de níquel refulge a la luz de la tarde.

enough, always been smooth. Luciano sensed the sticking points at once, but since he is an expert negotiator—by default, often as not—he has tied up all the loose ends and his nickel threads now stretch across these spaces built by degrees ever since the seventeenth century, and agglutinated together in an organic maze of patios, halls, galleries, corridors and roof terraces.

The piece kicks off in the Salón General, a chapel originally dedicated to Saint Antonio Abad, which today feels as forbiddingly solemn as a British law court. The thread sprouts here, coils around on itself under the extension of the vaulted ceiling, and dives through a window, cutting across the "Patio de los Jazmines" with its bewitching fountain, soaring to a high terrace and entering via a mirador into a closed room adapted as an art gallery, where it hovers momentarily. It exits again to a second, yellow and orange patio (christened that of "Letters"), and having encircled the graceful palm trees, surges rythmically up towards the only "intact" or non-restored sections of the roof, where it bypasses, in diagonal fashion, the exposed *quincha* structure and spins playfully round on itself like a kinetic piece by Cruz-Diez, at the same time playing with the high-rises of the Lima skyline and the dusty foothills of the Andes beyond.

Gustavo, Natalia, everyone in Lima harps on it: we are amazingly fortunate, the sun had not come out for weeks, the hills were invisible in the haze. Today, in the

Casona de San Marcos, Lima, Perú, 2003

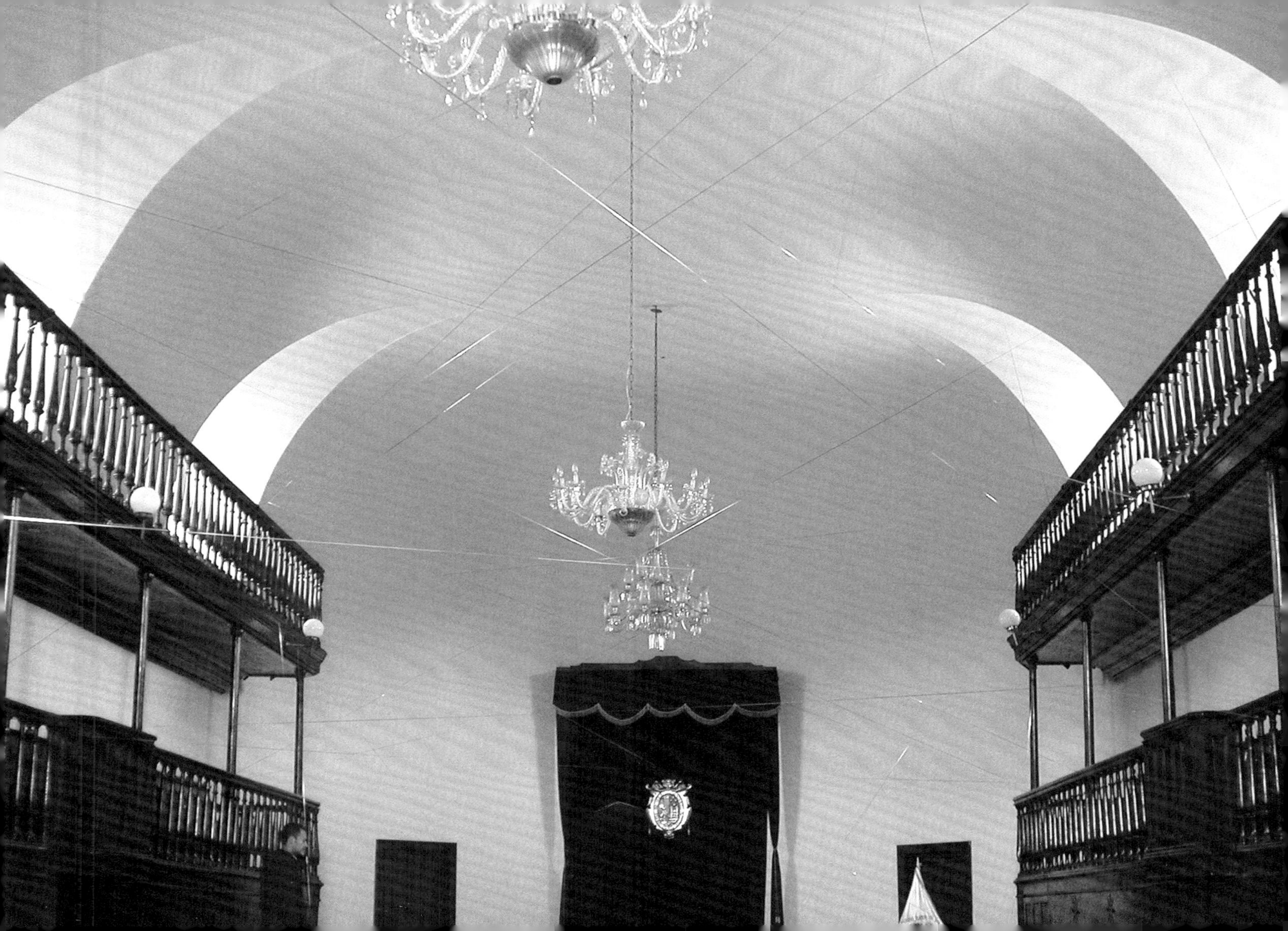

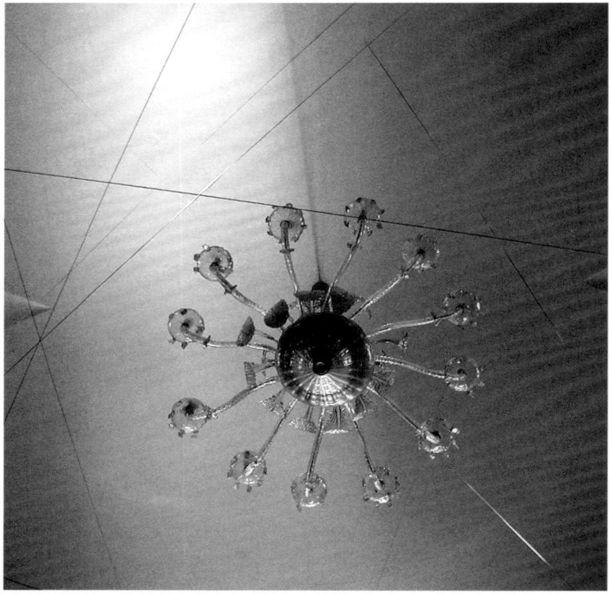

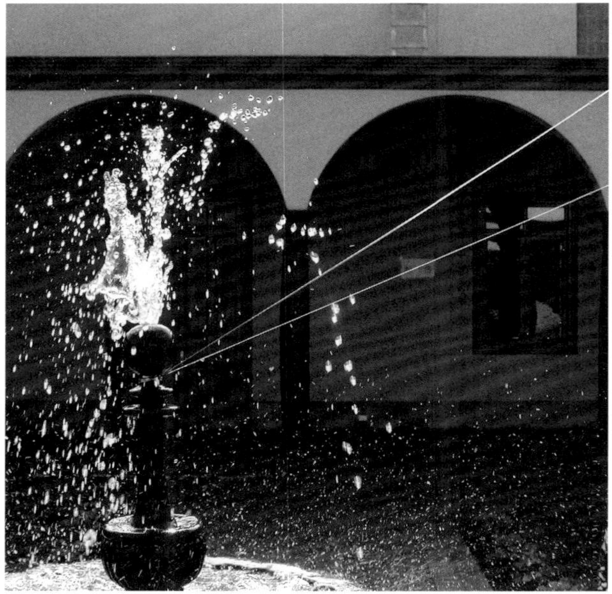

Recorrido Casona de San Marcos, Lima, Perú, 2003

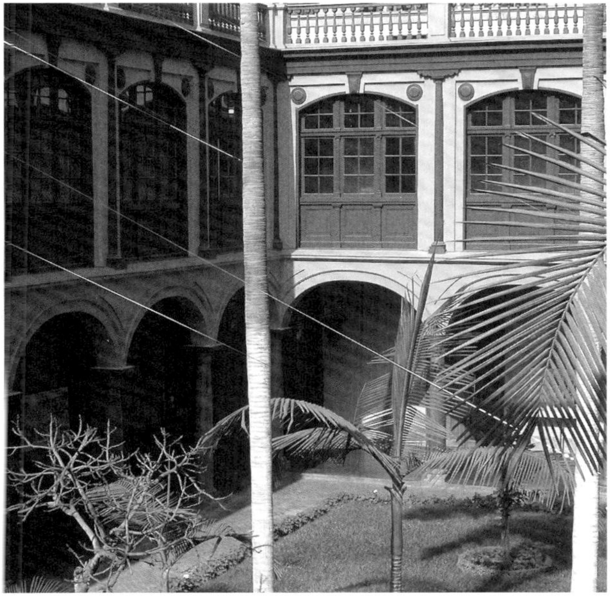

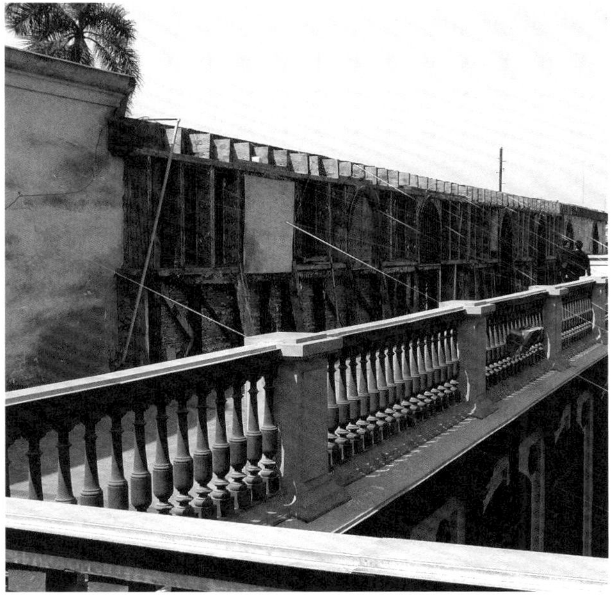

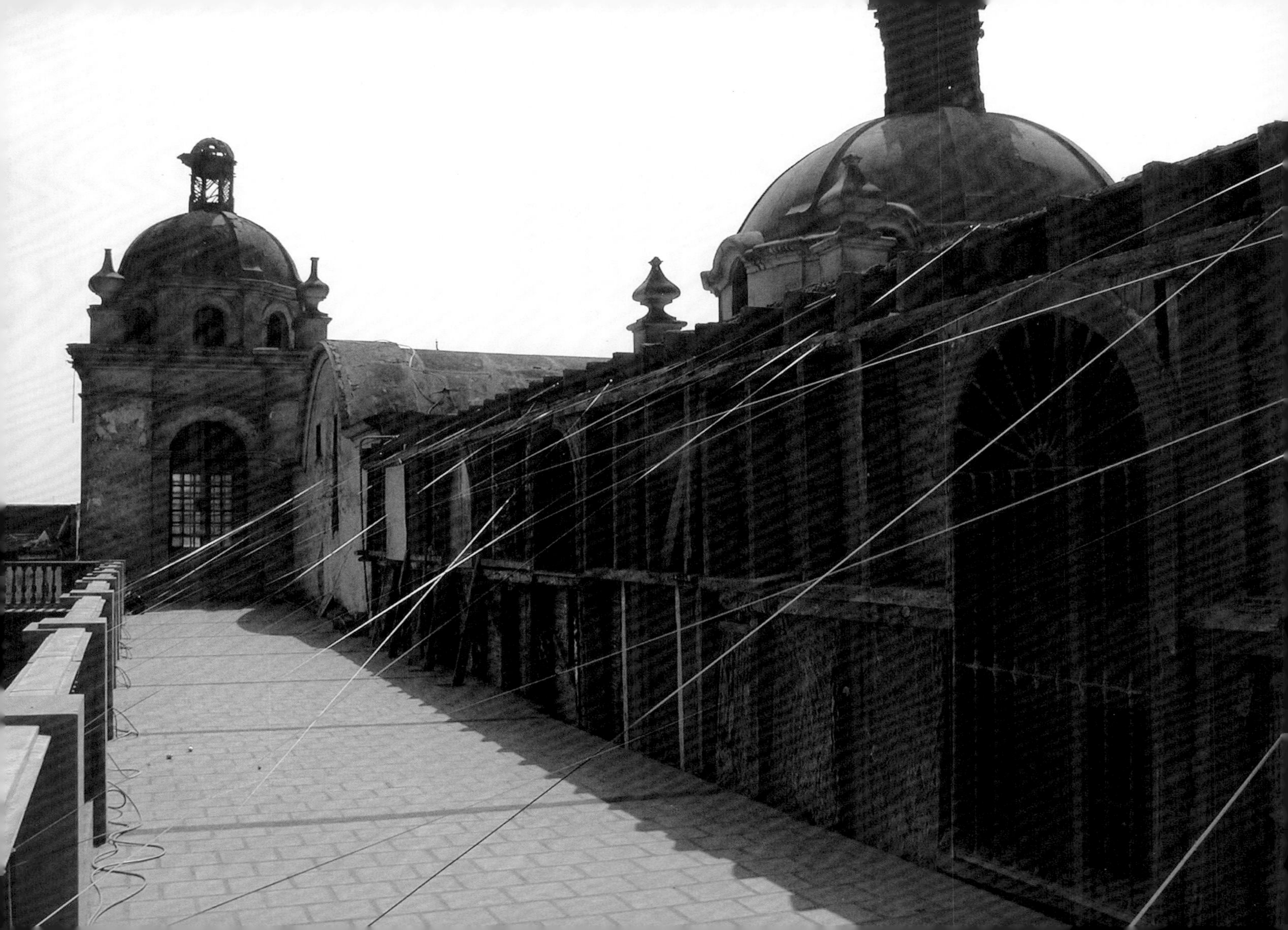

México es un caos; Guatemala, un desastre. ¿Qué es Lima entonces? Natalia Majluf maneja como limeña, un pie en el acelerador, el otro en el claxon. Sálvese quien pueda. Pero llegamos de regreso, sanos y salvos, a Miraflores. Es hora del cebiche. Luego, con Gustavo, seguimos charlando.

Mañana, antes del amanecer, nos vamos a Cusco.

Cusco. 31 de julio—. A las cuatro de la mañana, el aeropuerto de Lima también es una Babel atiborrada; la misma anarquía que a las once de la noche, sólo que al revés: salen todos los vuelos para los Andes antes de las siete de la mañana, para no confrontar los vientos andinos de la tarde. Una decena de compañías locales enlazan Lima con Arequipa, Puno y Cusco. Cuauhtémoc y Natalia encuentran acomodo en una; Luciano y yo, en otra. Llegamos a Cusco con media hora de diferencia, a las seis y media de la mañana, después de una breve "escalada de los Andes" de nieves doradas por el amanecer. Una pequeña orquesta, en la sala de entrega de equipaje, saluda a los *bakcpackers* con *El cóndor pasa*... Mientras esperamos la llegada del segundo vuelo, nos tomamos un té de coca y un chocolate hirviente.

Si Antigua ya fue arrasada por el turismo mal llamado ecológico, Cusco es algo realmente dramático. Recuerdo aquella vez en 1987, cuando traté de llegar aquí "por el camino del Inca" desde Bolivia. Me detuvieron en Copacabana, unos cuantos kilómetros antes de Puno, la ciudad fronteriza: en aquel entonces, Sendero Luminoso

middle of the southern winter, the city air is limpid and clear. The nickel cable glitters in the afternoon sun.

Mexico is a chaos; Guatemala a disaster. What is Lima, then? Natalia Majluf drives like a native, with one foot on the gas and the other on the horn. *Sauve qui peut*. Somehow we get back safe and sound to Miraflores, in time for *ceviche*. Later, we go on talking with Gustavo.

Tomorrow we must leave for Cusco before daybreak.

Cusco. 31 July—. At four in the morning, Lima airport is the same anarchic Babel as it was after eleven at night, but the other way around: all the flights into the cordillera leave before seven a.m., to avoid having to defy the Andean winds of the afternoon. A dozen local airlines provide shuttles between the capital and Arequipa, Puno and Cusco. Cuauhtémoc and Natalia find seats with one; Luciano and I, with another. We reach Cusco half an hour apart, around six thirty, after a brief stop in the midst of the snowcapped Andes, gilded by sunrise. A small orchestra is set up in the baggage reclaim hangar, greeting the backpackers with a rendition of *El cóndor pasa*... No comment. As we wait for the connecting flight, we warm up with a coca infusion and a scaldingly hot chocolate.

If Antigua looked like a bad case of so-called ecological tourism, Cusco is at death's door. I remember when in 1987 I tried to make my way here along the "Inca Road" from Bolivia. I was detained in Copacabana,

Casona de San Marcos, Lima, Perú, 2003

había convertido esta zona en una *no tourist's land...* Los guerrilleros cruzaban el Titicaca en lanchas rápidas, escapando así de las milicias de ambos países. Machu Picchu era inaccesible, protegido —como Angkor Vat por los Khmers Rojos—, por los incondicionales del maoísmo rígidos de Sendero. Cusco es una especie de mezcla de San Miguel Allende con chalets suizos montados sobre basamentos incaicos, invadida por güeritas gringas trepadas por toda la ciudad con botellas de agua (lo único que compran para desesperación de los vendedores de alpaca que apuntan un poco más alto...) y *backpackers*, metiéndose *pisco sours* (o quizá otras sustancias) a escondidas de los guías. A las ocho de la mañana, la plaza de Cusco parece la explanada central de un *campus* universitario de Estados Unidos. Oigo conversaciones. Una joven que se fugó siguiendo a un chico que conoció en un vuelo a casa después de *Thanksgiving*: *"I got this e-mail from Mom inquiring where I was, so I had to tell her, so now she knows, and she might very well call the Embassy..."* . Imagino a esta señora, en algún lugar de Iowa, doblada sobre el mapamundi heredado de su padre: *"Sweetie, any idea where that place is, Cotsco?"*.

Mis ilusiones de Cusco se desvanecen. Ni siquiera la papa a la Huancayna, en una pequeña fonda al lado de la casa de huéspedes de cincuenta dólares en la calle Huatunrumiyoc (la habitación es más chica que un camarote de barco), logra contentarme. Sé que voy a estar de mal humor el resto de mi estancia en Cusco. Luciano lo sabe, y me guiña el ojo: "Vamos a Pisaq".

some miles before Puno, the border town: in those days, Sendero Luminoso had made the entire zone into a no tourist's land... The guerrillas sped across lake Titicaca in motor launches, giving the soldiers of both countries the slip. Machu Picchu was out of bounds, as protected by the rigid Maoists of Sendero as Angkor Vat had been by the Khmer Rouge. Cusco is like a blend of San Miguel Allende with a Swiss village, chalets built on Inca foundations, infested by eco-tourism in the shape of western chicks loping all over town with their water bottles (they buy nothing else, to the despair of the trinkets vendors) and sunburned backpackers, pickled by the *pisco* (or something stronger) which they ingest behind the guides' backs. At eight o'clock in the morning, the main square resembles the quadrangle of an American student campus. I overhear snatches of talk. Girl who ran off after a boy she met on a flight home after Thanksgiving: "I got this e-mail from Mom inquiring where I was, so I had to tell her, so now she knows, and she might very well call the Embassy..." I picture this lady somewhere in darkest Iowa, poring over a dog-eared atlas she inherited from her dad: "Sweetie, any idea where that place is, Cotsco?"

My illusions about Cusco have been shattered. Not even an exquisite potato dish, *papa a la Huancayna*, sampled in a modest inn beside the 50-dollar-a-night guest house in Huatunrumiyoc Street (where the room is more cramped than a ship's cabin), can cheer me up. I know my

Casi no hemos dormido, pero alquilamos una *combi* Volkswagen en no mal estado, y salimos de Cusco. Natalia se duerme en el asiento. Cuauhtémoc se tambalea también, pero el paisaje nos cautiva.

¿Por qué Pisaq?

> [...] P'isaq [...] se encuentra a unos treinta kilómetros al noreste de la ciudad del Qosqo. [...] La ciudad inkásica se encuentra en la parte alta de la montaña [...]; es ya clásico entre los quechuas, que las zonas más fértiles debían ser reservadas para la agricultura sin ser desperdiciadas [...] de tal modo que la ciudad fue construida aprovechando la montaña rocosa y seca. Su ubicación además facilitó la protección del lugar [...] fue una ciudad fortificada hecha en el camino hacia el Antisuyo (selva amazónica), [...] fue establecida allí para poder proteger [a] la gran capital de posibles ataques de la nación de los Antis (el nombre de la Cordillera de los "Andes" deriva de Antis) que fueron sus más grandes y nunca sometidos enemigos. Hoy, todavía es visible la muralla que protegió la zona mas importante de la ciudad, además dentro del área protegida están las terrazas agrícolas más extensas que debieron proporcionar suficientes alimentos para sus habitantes en caso de sitios o guerras prolongadas; por su parte, existieron también acueductos que suministraban el líquido elemento para el desarrollo agrícola [...][1]

[1]Vicente Goyzueta, "Qosqo, Capital Sagrada de los Inkas" en la página web

sulks will last for as long as we stay here. Luciano knows it too, and winks at me: "Let's go to Pisaq."

We've had almost no sleep. But this does not prevent us from renting a reliable-looking Volkswagen van and getting out of Cusco. Natalia dozes off in the back. Cuauhtémoc is tired as well, but the landscape captivates us.

Why Pisaq?

> [...] P'isaq [...] is located some 30 kms northeast of the city of Qosqo. [...] The Inkan city is on the upper side of the mountain [...]; it had ever been the norm among the Quechua peoples to devote the fertile lowlands to agriculture, without wasting an inch of cultivable soil [...] and thus the city was built on the dry, craggy mountainside. This lofty position also facilitated its protection because this was a fortified town on the road to the Antisuyo (Amazon Jungle), [...] established at that spot in order to guard the great capital from possible attack from the Antis nation (the name of the Andes range derives from Antis), their fiercest and forever unconquered enemies. Today we can still see the surrounding wall which protected the most important zone of the city. Within the enclosure we also find vestiges of extensive farmed terraces, sufficient to supply the town in case of siege or prolonged warfare; there were also aqueducts, mainly intended for irrigation [...][1]

[1]Vicente Goyzueta, "Qosqo, Sacred Capital of the Inkas" at the following

Pisaq no tiene, quizá, el atractivo espectacular ni las dimensiones de Machu Picchu (que quisimos evitar, para no confrontar más las hordas de "chicas Bush"). Dejando de lado el factor escala, su situación geográfica, el admirable valle que domina y protege, y la arquitectura misma —desde las murallas hasta las puertas trapezoidales, las terrazas, los acueductos intrincados—, no dejan de ser imponentes. En Pisaq, además, se percibe de manera evidente la estructura social del perímetro social inca: los "poblados" aledaños, con funciones precisas, agrícolas, comerciales o guerreras, se distinguen por su estilo de construcción, la amplitud de las vías de acceso (si es que se puede hablar de dimensión en aquellos caminos enredados, recostados contra la montaña, abiertos al precipicio).

En la parte más alta de Pisaq, en el corazón del Intiwatana —el centro ceremonial de Pisaq, cerca del sol—, Luciano encontró una piedra solitaria, detenida al borde del precipicio que domina el valle del río Urubamba[2]. Una piedra excepcional, que parece desprendida del conjunto arquitectónico. Esta cisura redonda que la rasga en la parte media deja la impresión de que pudo haber sido un elemento del sistema de

http://users.bestweb.net/~goyzueta/qosqoes/

[2]Intiwatana significa "Amarradero del Sol" (su nombre original debió ser Saywa o Suqanqa) y debió tener la función de posibilitar la observación del movimiento solar con la ayuda de otros elementos y ángulos labrados en el templo que servían de hitos para estudiar las proyecciones de las sombras de esa pieza lítica. *Ibidem.*

Pisaq may lack the spectacular setting and imposing dimensions of Machu Picchu (which we decided to omit, to spare ourselves the sight of further hordes of "Bush chicks"). But scale aside, its geographical situation, the lovely valley it overlooks and protects, and the architecture itself—the walls, the trapezoidal doorways, the terraces, the intricate aqueducts—are equally seductive. In Pisaq, moreover, there are unmistakable signs of the social divisions of Inca life: the nearby "suburbs," each with a precise function whether agricultural, commercial or military, can be distinguished by their style of construction and the width of the access roads (if it made any difference to those hairpin zigzags, pressed into the slope, overhanging the precipice).

In the highest part of Pisaq, close to the sun, at the heart of the Intiwatana—the ceremonial centre—Luciano found a solitary block of stone, balanced on the edge of the precipice over the valley of the Urubamba River.[2] An unusual stone, that appears to have come away from the architectural ensemble. The chiselled hollow in the middle suggests that it might have been a component of the water-bearing system, though this

website: http://users.bestweb.net/~goyzueta/qosqoes/

[2]Intiwatana means "Mooring of the Sun" (its original name must have been Saywa or Suqanqa) and its function must have been to enable the observation of solar movement with the help of other elements and angles notched into the temple, markers for studying the projection of shadows from this lithic piece. *Ibidem.*

Pisaq, Perú, 2003

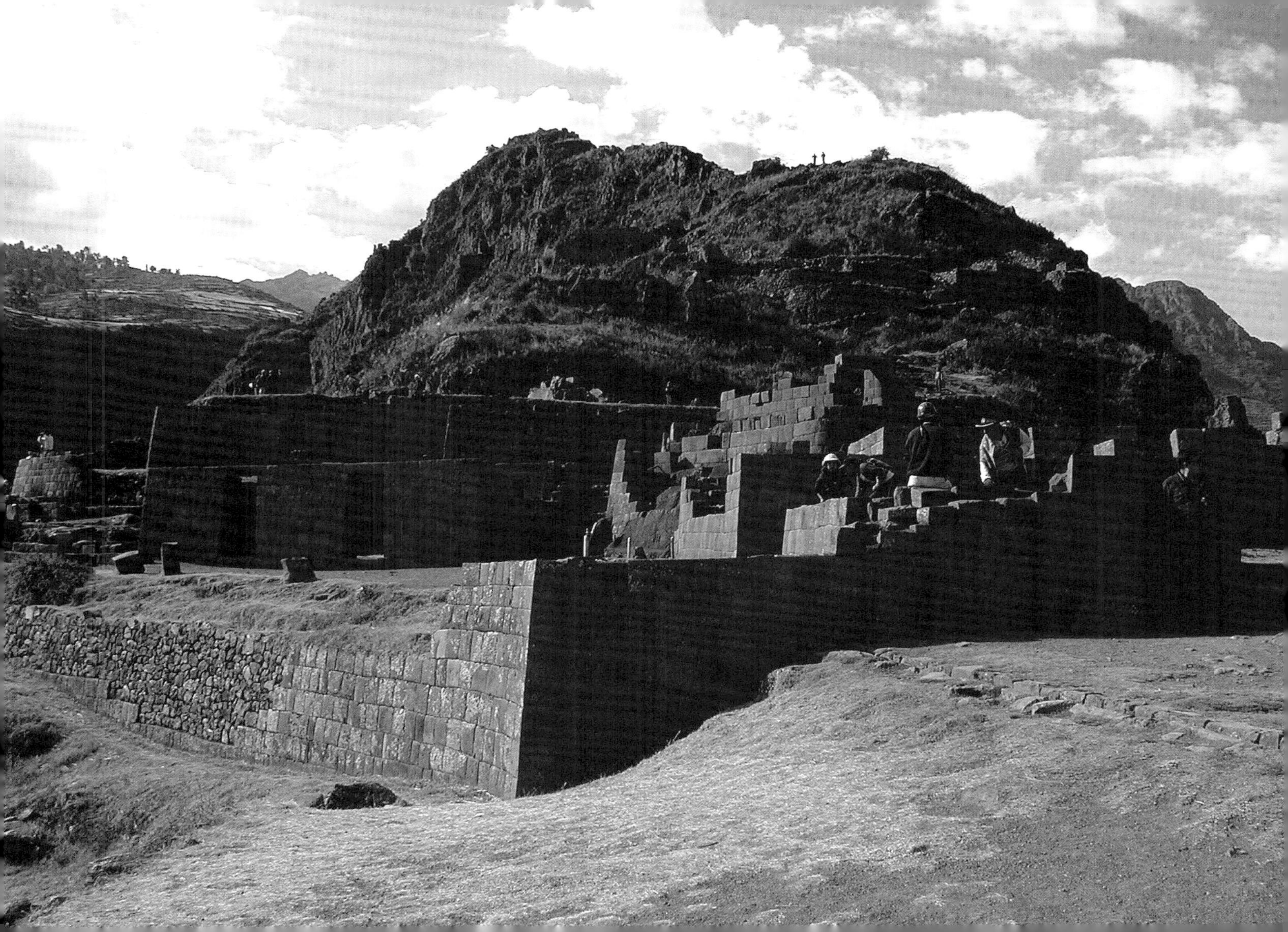

acueductos, aunque las proporciones de la piedra, su colocación y el simple hecho de que la red de canales enterrados o superficiales están intactas desmientan esta interpretación. Tal vez se trata de un segmento de los mecanismos de medición de las circunvoluciones solares.

Hemos subido los dos kilómetros desde el estacionamiento a la entrada del Parque Histórico de Pisaq. Nos encontramos, como era de esperarse, con turistas, aunque no tantos como en Cusco, mucho menos que en Machu Picchu. Natalia, que no parece cansada, hace navegar diminutas hojas en los canales que siguen acarreando agua.

Luciano prepara su intervención: un solo cable, tenso en torno a la piedra, sostenido en el centro de la cisura por dos imanes.

En 1935, Joaquín Torres García fundó la Asociación de Arte Constructivo en Montevideo, con base en la idea de un reencuentro sintético con las formas geométricas de los constructores de ciudades incaicas. No puedo dejar de pensar en la "Intervención de Pisaq" como una manera de homenaje a Torres García y su Escuela del Sur.

Hay algo que, tal vez, distingue el "arte" de Luciano Matus del de los artistas contemporáneos, sean pintores, escultores, fotógrafos o conceptuales: no trabaja a partir del simulacro, esa expansión o exageración al fin y al cabo narrativa, que produce el *pathos* de la obra de arte, interpela los sentidos, las emociones o la inteli-

idea is belied by the stone's proportions, its position, and the fact that the network of buried or surface canals is intact, with no stone missing. Perhaps it was a piece of an astronomical measuring device.

We have climbed the two kilometres from the car park to the entrance to Pisaq History Park. Here too there are tourists, as we expected, though not so many as in Cusco, and far fewer than in Machu Picchu. Natalia, who doesn't seem tired, launches leaves to bob down the canals which still contain water.

Luciano prepares his intervention. Just one cable, tensed around the stone, supported at the centre of the hollow by two magnets.

In 1935 Joaquín Torres García founded the Asociación de Arte Constructivo, in Montevideo, on the premiss of a synthetic revival of the geometric forms used by Inca master builders. I cannot help but perceive the "Pisaq Intervention" as a form of homage to Torres García and his Southern School, the Escuela del Sur.

A feature which distinguishes the "art" of Luciano Matus from that of his contemporaries, be they painters, sculptors, photographers or conceptual artists: Matus does not work with simulacra, those ultimately narrative expansions or exaggerations which produce the *pathos* of the art work, assail the senses, the emotions or the mind—but always with reference to *something which is not here*. In his case (and doubtless as a result of his architect's training), it is real space, built territory, which comes first. His dis-

gencia, pero está siempre referido a *algo que no está aquí*. En el caso de Matus (y eso proviene probablemente de su formación como arquitecto) el espacio real, el territorio construido, es lo primero. Sus discretas intervenciones son apenas marcas en el paisaje. Por ello deben ser efímeras. Por ello, inconsistentes (lo que no significa que no sean importantes). Luciano Matus, en ese sentido, trabaja de la misma manera que el pintor abstracto, más cerca de Torres García, Joaquín Fonseca, Günther Gerzso y —ya lo advirtió Rosina Cazali— Donald Judd, Robert Smithson o Walter de Maria, que de Gabriel Orozco o Pablo Vargas Lugo o…

Entre las burlas de los turistas ("están recargando ese lugar de energía", *"C'est un truc pour faire parler les cons"*), Luciano encarga la piedra de Pisaq amarrada a un joven guía que finge estar vestido como antiguo inca, y emprendemos el largo descenso entre las terrazas.

Estamos en el Sur.

Cusco. Primero de agosto—. Anoche, cuando regresábamos de Pisaq, bajé de la *combi* frente a la iglesia de la Merced, donde Luciano instaló, antes de nuestra llegada, otra serie de cables. Solo, porque Cuauhtémoc y su hija estaban rendidos. Era hora de la misa. Aunque había poca gente en esta víspera del jueves, los feligreses estaban recogidos, absortos. No sé cuántos de entre ellos se dieron cuenta de la presencia ausente de la intervención de Luciano en esta iglesia del siglo dieciocho:

creet interventions hardly make any mark on the landscape, they are ephemeral, they are insubstantial (which is not the same as insignificant). In this regard, Luciano Matus operates like an abstract painter, closer to Torres García, Joaquín Fonseca, Günther Gerzso or—as Rosina Cazali points out—to Donald Judd, Robert Smithson and Walter de Maria, than he is to Gabriel Orozco or Pablo Vargas Lugo or…

Amid the wisecracks of the tourists ("They're recharging the energy!", *"C'est un truc pour faire parler les cons"*), Luciano entrusts the wired stone of Pisaq to a young guide in ersatz Inca costume, and we embark on the long descent among the terraces.

This is the South.

Cusco. 1 August—. Last night, when we returned from Pisaq, I alighted from the combi van in front of the church of La Merced, where Luciano had installed another set of wires before our arrival. I got out by myself, because Cuauhtémoc and Natalia were exhausted. Mass was being said. It was Thursday evening and the congregation was small, but all the faithful were devoutly absorbed in prayer. I wonder how many noticed the absent presence of Luciano's intervention in this eighteenth-century church: a simple diagram drawn between the vaults and the columns, concluding at the base of the choir with four magnets which marked out an "intermediate" space. This is the first time Luciano has tackled an "active"

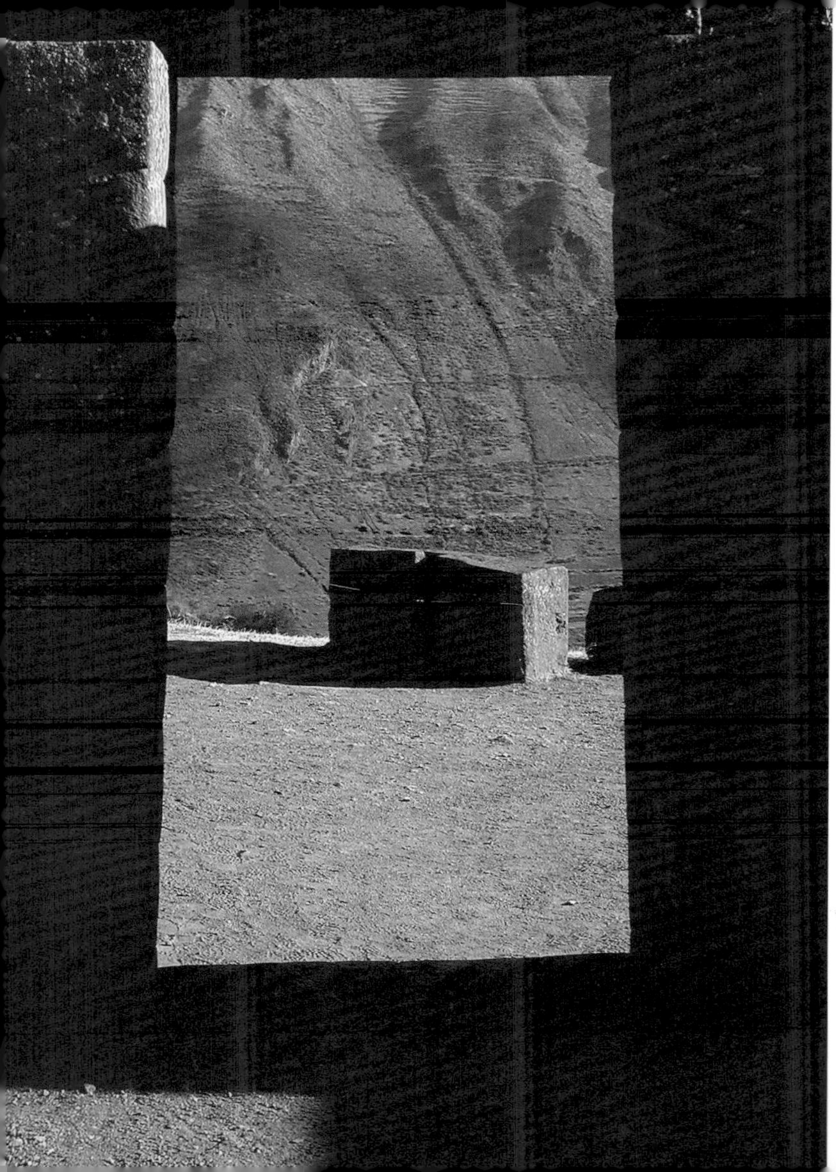

Pisaq, Perú, 2003

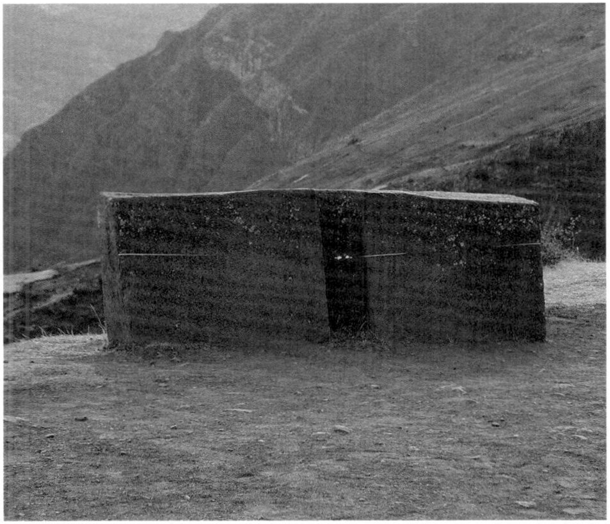

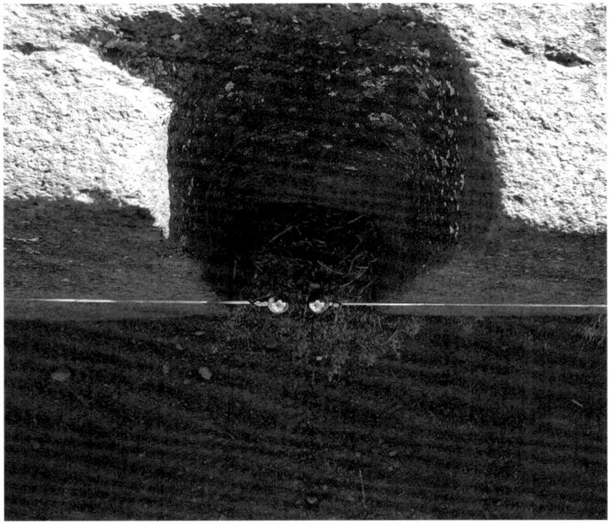

Pisaq, Perú, 2003

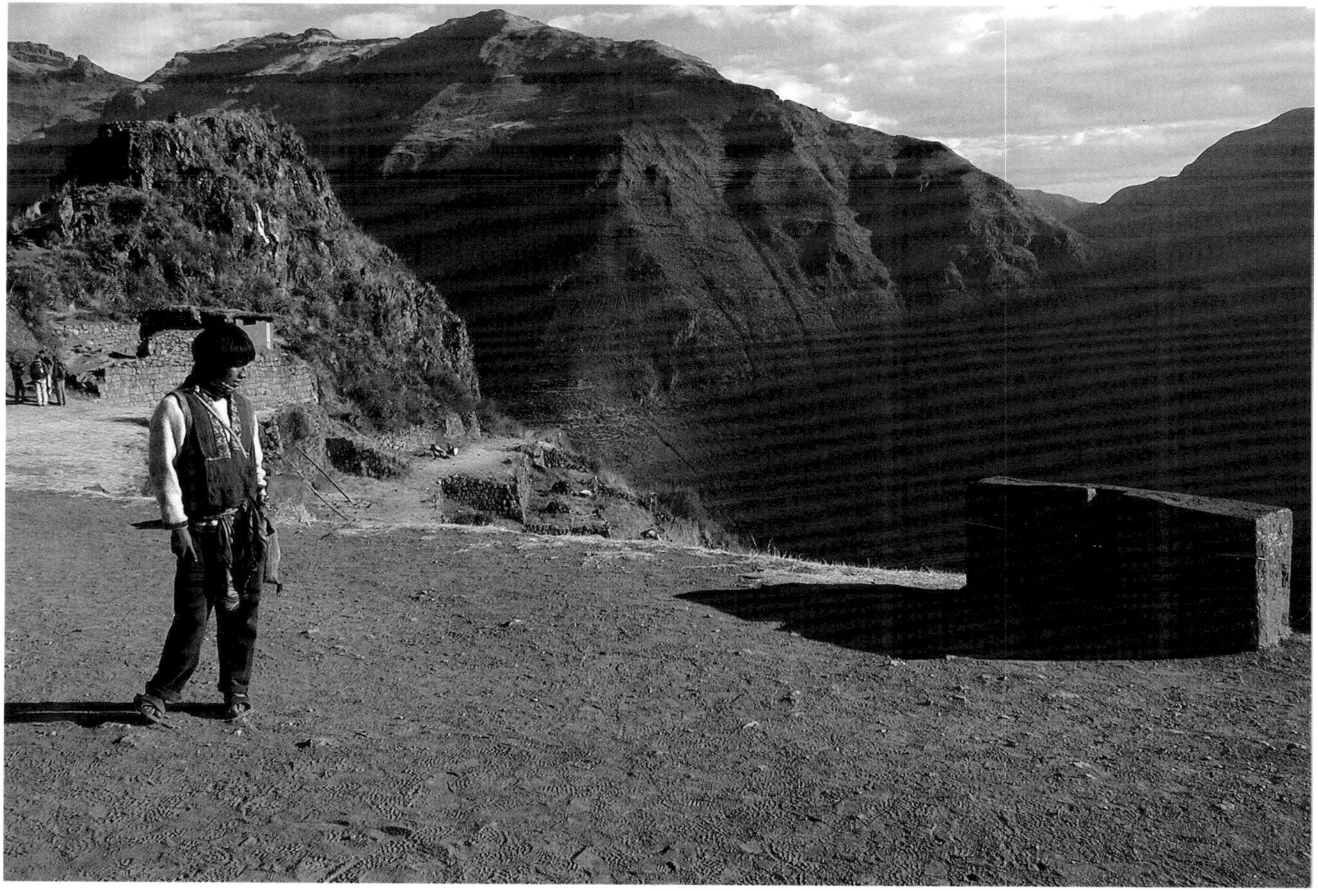

Pisaq, Perú, 2003

un sencillo diagrama entre las bóvedas y las columnas, terminando al pie del coro con cuatro imanes que delimitaban un espacio "intermedio". Es la primera vez que Luciano altera un lugar de culto "activo" (el Intiwatana de Pisaq no cuenta, ya que se trata de una "ruina" reactivada por la arqueología y el turismo, pero que perdió su función sagrada original). Dudo —pero quizás me equivoco— que algo así pueda realizarse en México, donde el espectro de la Reforma y las tensiones creadas desde mediados del siglo diecinueve por la "separación de la Iglesia y el Estado" impiden hasta la fecha que una obra contemporánea (y, por ende, autodefinida como "laica") pueda interferir en el espacio sacro. En el Perú, que no sufrió ese "trauma de infancia" —la creación del estado-nación por la vía de una serie de revoluciones—, esta discordia no es tan palpable. Desde luego, Luciano tuvo que negociar su intervención a través de la AECI, que restaura el convento de la Merced adyacente. Explicaciones y más explicaciones, y mentiras piadosas. Condicionada a tres días, más uno de montaje y otro de desmontaje, y a restricciones en cuanto a los espacios que puede utilizar, la intervención de la Merced, sin embargo, ocupa (como en San Agustín en México) la totalidad de la nave de la iglesia, y se infiltra inclusive en el retablo de plata y en la custodia. El sacerdote oficia, esta noche, entre cables de níquel refulgentes que le configuran una especie de aureola cuadriculada, y brillan a la luz artificial. El paralelismo con una pintura del ciclo narrativo que adorna el patio del convento de

religious space (the Intiwatana of Pisaq doesn't count, being a "ruin" reactivated by archaeology and tourism, yet divest of its initial sacred function). I doubt—I may be wrong—that such a piece would be permitted in Mexico, for there, the spectre of the Reform, and the tensions created since the mid-nineteenth century by the separation of Church and State, have to date prevented any contemporary art work (self-defined, therefore, as "secular") from interfering with sacralized space. In Peru, which did not undergo the infantile trauma of the creation of the nation-state by dint of a series of revolutions, such a discord seems less tangible. Of course, Luciano was obliged to negotiate his intervention through the good offices of AECI, which is engaged in restoring the Convent of La Merced next door. Explanations, more explanations, and white lies. Though the deal was restricted to three days—plus one for installing and one for dismantling—and with severe limits to the spaces he was allowed to use, the work in La Merced manages nonetheless to occupy the entirety of the nave (as it did in San Agustín in Mexico), and even insinuates itself into the silver retable and the monstrance. The priest officiates tonight amid shining nickel cables that endow him with a sort of reticulated halo, glowing under the artificial light. The parallel with one of the paintings belonging to a narrative cycle adorning the walls of the courtyard of the Convent of La Merced is astounding. I almost wrote: unbearable. I begin to think that Luciano,

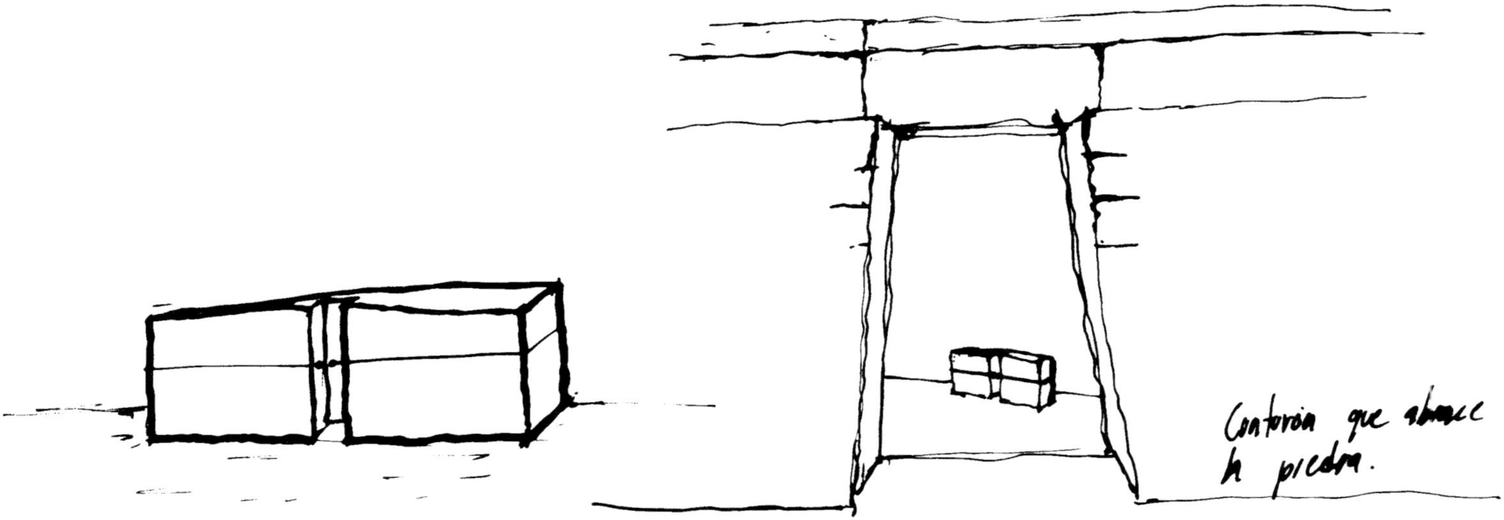
Contorsión que abrace
la piedra.

la Merced es abrumador —quería escribir: intolerable—. Me pongo a pensar que, detrás de un aspecto subversivo y de su talento por las negociaciones imposibles, Luciano es quizá un místico de *closet*: si sabe cómo intervenir en el espacio sacro (del arte primitivo y sus consecuencias en el modernismo americano, como en Pisaq, o en el corazón de la religión católica, como durante esta misa) debe de ser porque posee una "visión" que le permite entrar en simbiosis con este tipo de territorios sagrados.

(Es algo que yo no sé manejar, así que lo dejo así, abierto a otras interpretaciones.)

Esta mañana nos levantamos a las cinco, una vez más, para retornar a Lima, pero esta vez no conseguimos asientos en ninguno de los vuelos de regreso que salieron antes de que las borrascas de viento impidieran que los *jets* despegaran del aeropuerto de Cusco. Una solución hubiese sido volar a Arequipa, y esperar ahí seis o siete horas un (improbable) vuelo a Lima —para llegar a las ocho o nueve de la noche—. Tenemos el día libre, pues, y aunque sigo malhumorado (¿efecto andino?), sigo a Cuauhtémoc y a su hija Natalia de bazar en bazar, entre pilas de ponchos, bufandas y suéteres de alpaca, de museos en museos... Luciano desapareció después de negociar, en una agencia de viajes pirata, los pasajes para el día siguiente. Tenemos la obligación de estar ahí: la conferencia en la Casona de San Marcos es a las cinco.

Nos encontramos de repente, en la Plaza Mayor. Luciano nos presenta al ecónomo arquidiocesano del

beneath his subversive allure and talent for impossible negotiations, may well be a closet mystic: if he is so well able to intervene in holy space (that of primitive art and its consequences for American modernism, as in Pisaq, and that of the Catholic faith, as here), it must be because he possesses a "vision" that enables him to establish a symbiosis with all kinds of sacred territory.

(This is not my field, so I shall leave it at that, open to other interpretations.)

This morning we rose at five, yet again, to return to Lima, but were unable to secure seats on any of the flights taking off before the gales prevented aircraft from departing Cusco airport. One solution would have been to fly to Arequipa, and wait six or seven hours there for an (unlikely) flight to Lima—arriving at eight or nine in the evening. Anyway, we have a free day, and although I am still feeling somewhat surly (an Andean effect?) I trudge after Cuauhtémoc and Natalia from shop to shop, among piles of ponchos, alpaca-wool scarves and sweaters, and from museum to museum... Luciano disappeared after fixing return tickets for us, in some pirate travel agency, for tomorrow. We are obliged to be there: the conference at the Casona de San Marcos begins at five.

We bump into him unexpectedly in the Plaza Mayor. Luciano introduces us to the archidiocesan administrator of the Cusco Archbishopric, Aquiles Barrionuevo Dolmos, with whom he is to visit the cathedral. Luciano, with a wink, arranges to meet us

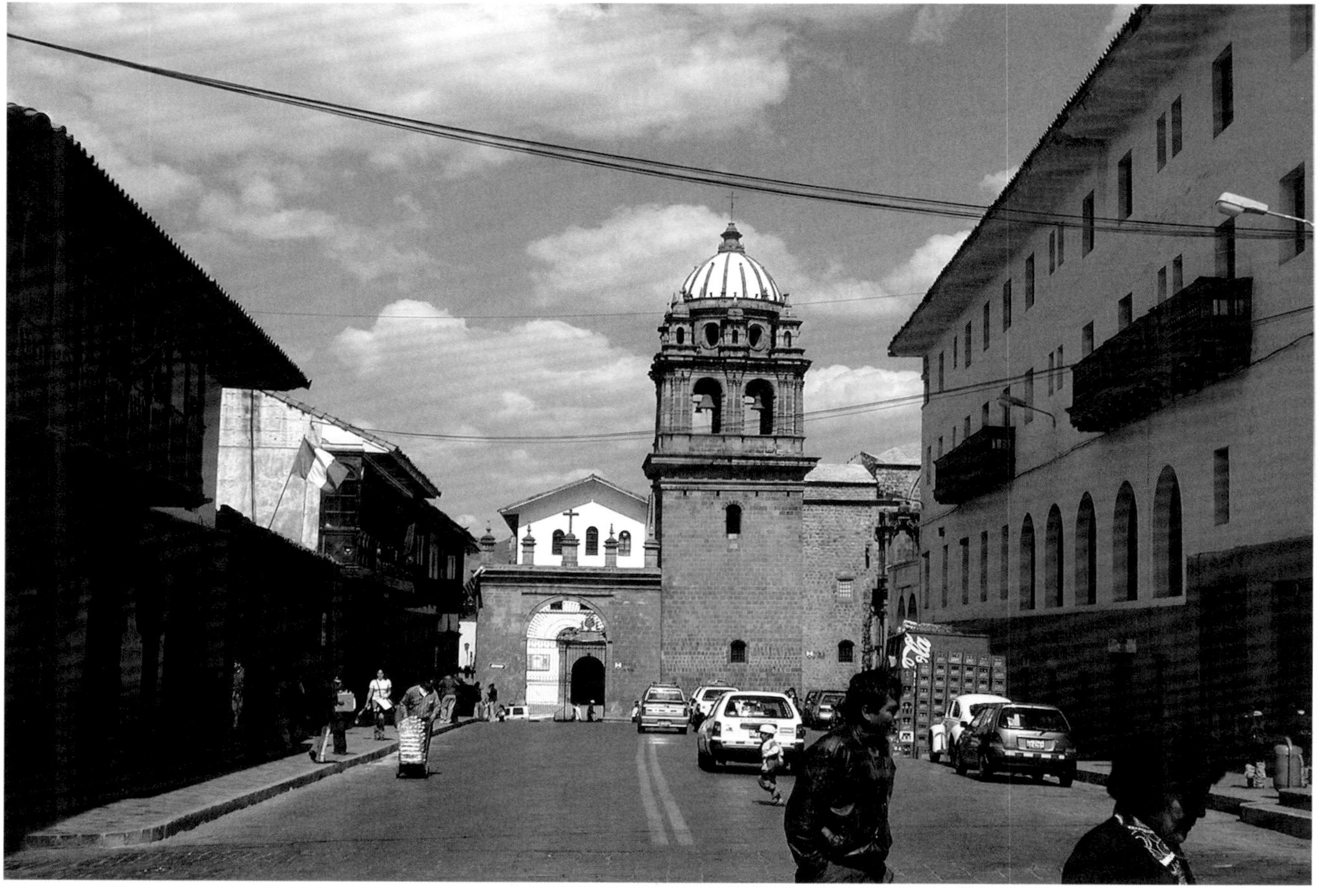

La Merced, Cusco, Perú, 2003

Arzobispado del Cusco, Aquiles Barrionuevo Dolmos, que lo acompaña a la catedral. Luciano nos guiña el ojo, y nos cita en el interior de la catedral. Voy a buscar las cámaras y el trípode, que habíamos dejado en el hotel.

En menos de dos horas, Luciano consiguió lo que creíamos imposible: la autorización de intervenir en la catedral de Cusco.

La acción (no hay otra manera de describirlo) tiene que ser breve: durante las dos horas del mediodía en que la catedral cierra al público. Son las once y cuarenta y cinco minutos: manos a la obra.

Terminaremos de desmontarlo todo justo en el momento en que el diácono encargado de custodiarnos despertó de su sueño, y empezó a abrir las puertas a los turistas. En esas dos horas, Luciano instaló un solo cable, desde el único candelabro de la nave hasta el suelo, usando una grúa mecánica de los restauradores. En estas dos horas, Cuauhtémoc y yo nos convertimos en asistentes, manos a la obra, estirando el cable de níquel, modelando la envoltura de los imanes, rectificando la tensión del hilo, precisando la posición de la intervención con respecto al altar mayor —para la foto: todos sabíamos que era lo único que quedaría de esta intervención improvisada y sin programa—. En estas dos horas, también, nos dedicamos a fotografiar al vapor las capillas adyacentes, los cuadros de la Escuela de Potosí y los cuadros flamencos, así como las pinturas de maestros franceses y los trabajos de torno y las aplicaciones de oro, ya que está terminantemente pro-

there in a short while. I go to fetch the cameras and tripod, which we left in the hotel.

In less than two hours, Luciano has achieved what we thought an impossibility: permission to intervene the Cathedral of Cusco itself. The action (for this is what it is) will have to be a quickie, confined to the two hours at lunchtime when the monument is closed to the public. It is now a quarter to twelve: there is no time to lose.

We finished taking everything down at the very moment the deacon, who was supposed to be supervising us, awoke from his slumber and shuffled off to open the doors for the tourists. During those two hours, Luciano installed a solitary cable which stretched from the one candelabrum over the nave down to the floor, using a crane borrowed from the restoration team. And for the space of those two hours, Cuauhtémoc and I turned into his assistants, sleeves rolled up, stretching the nickel wire, moulding the casing of the magnets, rectifying the tension, refining the position of the installation with respect to the altar—all for the sake of the photograph, which we knew would be the only enduring testimony to this improvised, unscheduled intervention. We also made the most of this time to photograph the side chapels, the Potosí School paintings, the Flemish paintings, the French paintings, the lathe work and the carvings and the gilding, since it is strictly forbidden to take pictures in Cusco Cathedral (only days before, a team of Spanish

hibido tomar fotografías en la catedral de Cusco (días antes, un equipo de documentalistas españoles, contratados por la AECI, no obtuvo el permiso de fotografiar los paneles de madera cubiertos de hoja de oro...). Tomadas en los intersticios de la siesta del diácono tuerto que cabecea en su banca, nuestras fotos (digitales) desde luego no sirven de nada, sino para hacernos sentir cómplices de la "toma de la catedral de Cusco".

Acabamos tumbados en el césped, bajo un tierno sol de invierno, en el gran patio del Hotel Monasterio.

Mañana, si los vientos nos lo permiten, dejaremos los Andes.

documentary filmmakers under contract to AECI was refused permission to film the wooden panels covered in gold leaf...). Taken whenever the one-eyed deacon nodded off on his bench, our digital photographs are of no use whatsoever, except to make us feel complicitous in the "capture of Cusco Cathedral."

We end up spreadeagled on the grass of the big patio of the Monasterio Hotel, under a mild winter sun.

Tomorrow, if the winds are on our side, we will leave the Andes.

La Merced, Cusco, Perú, 2003

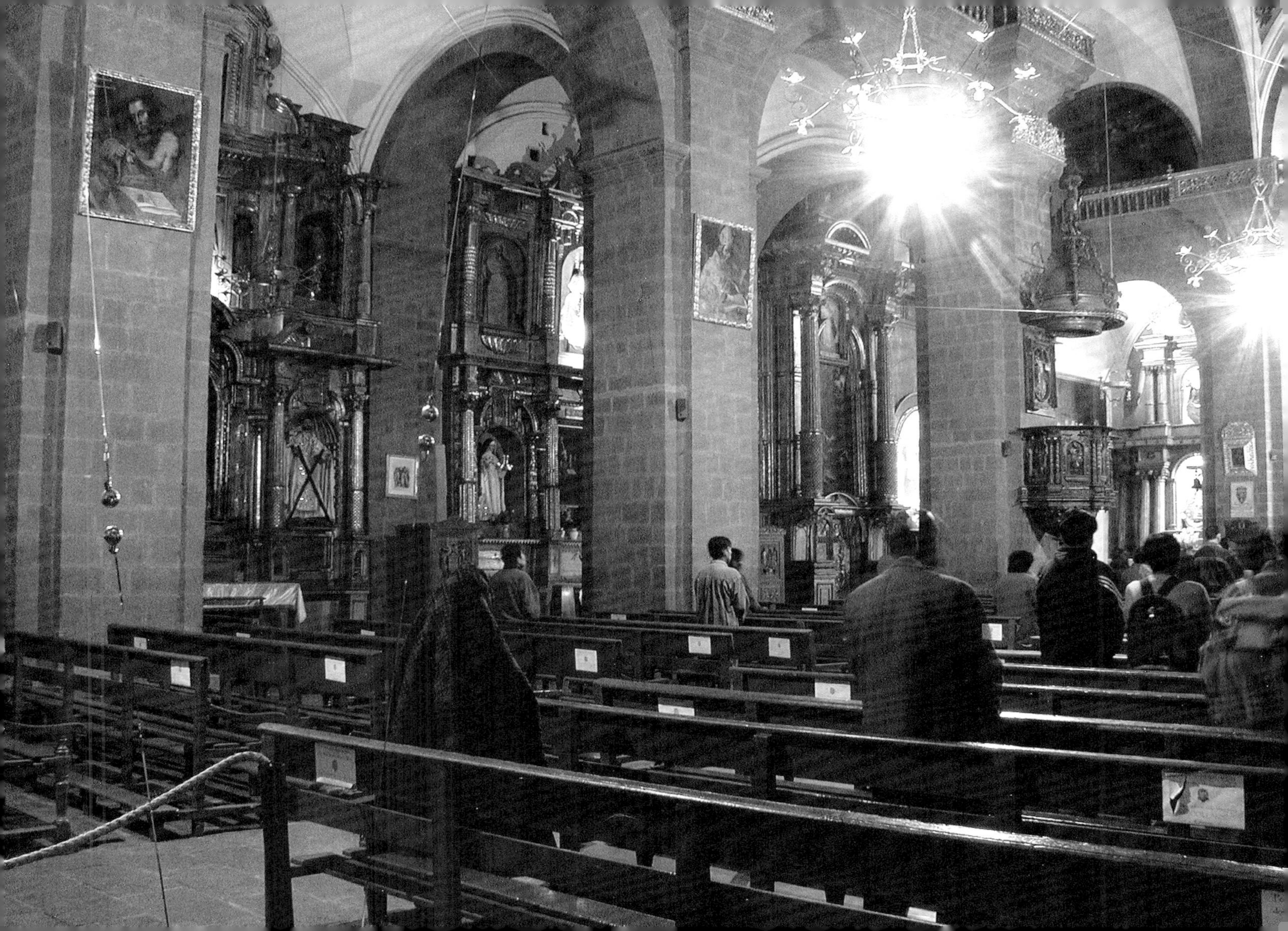

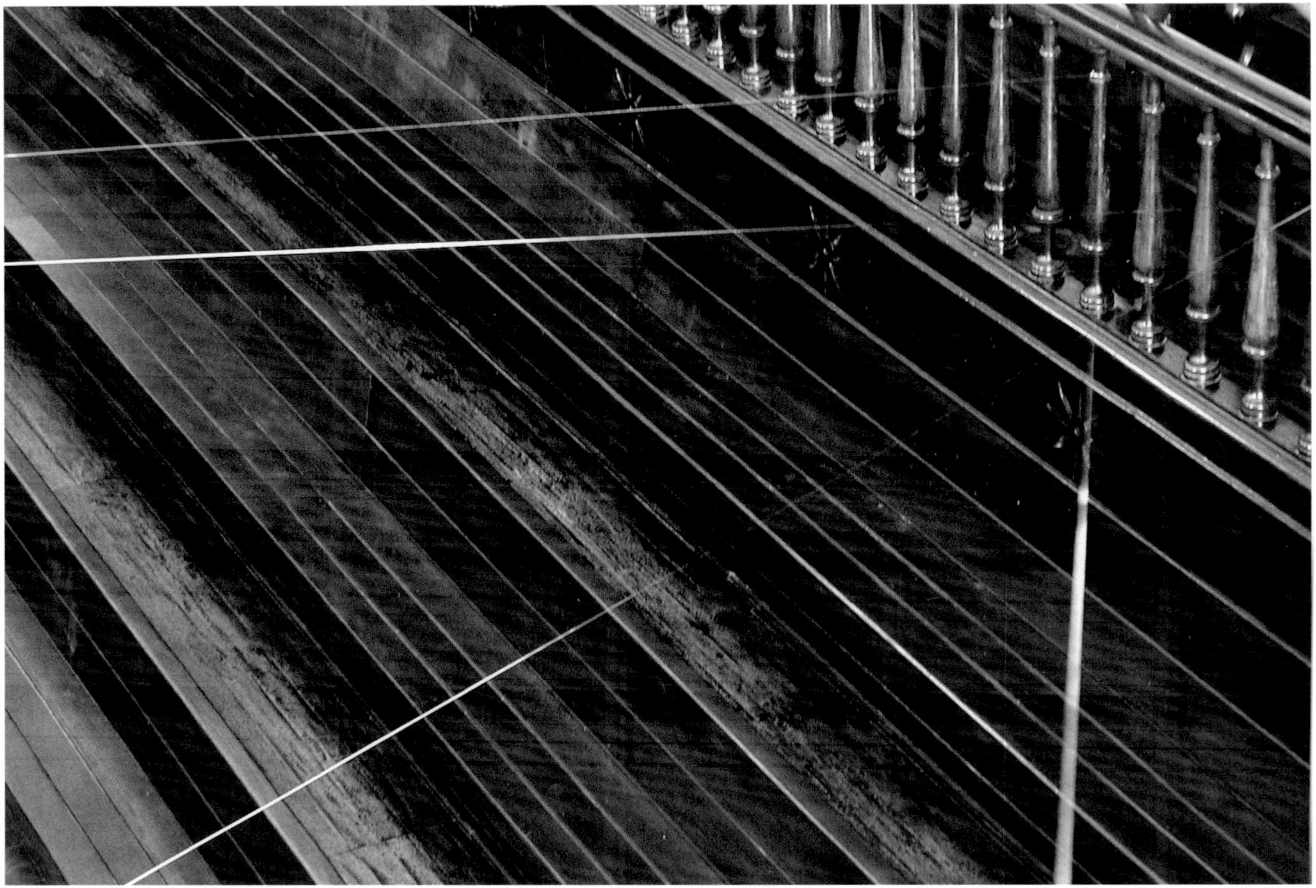

Casona de San Marcos, Lima, Perú, 2003

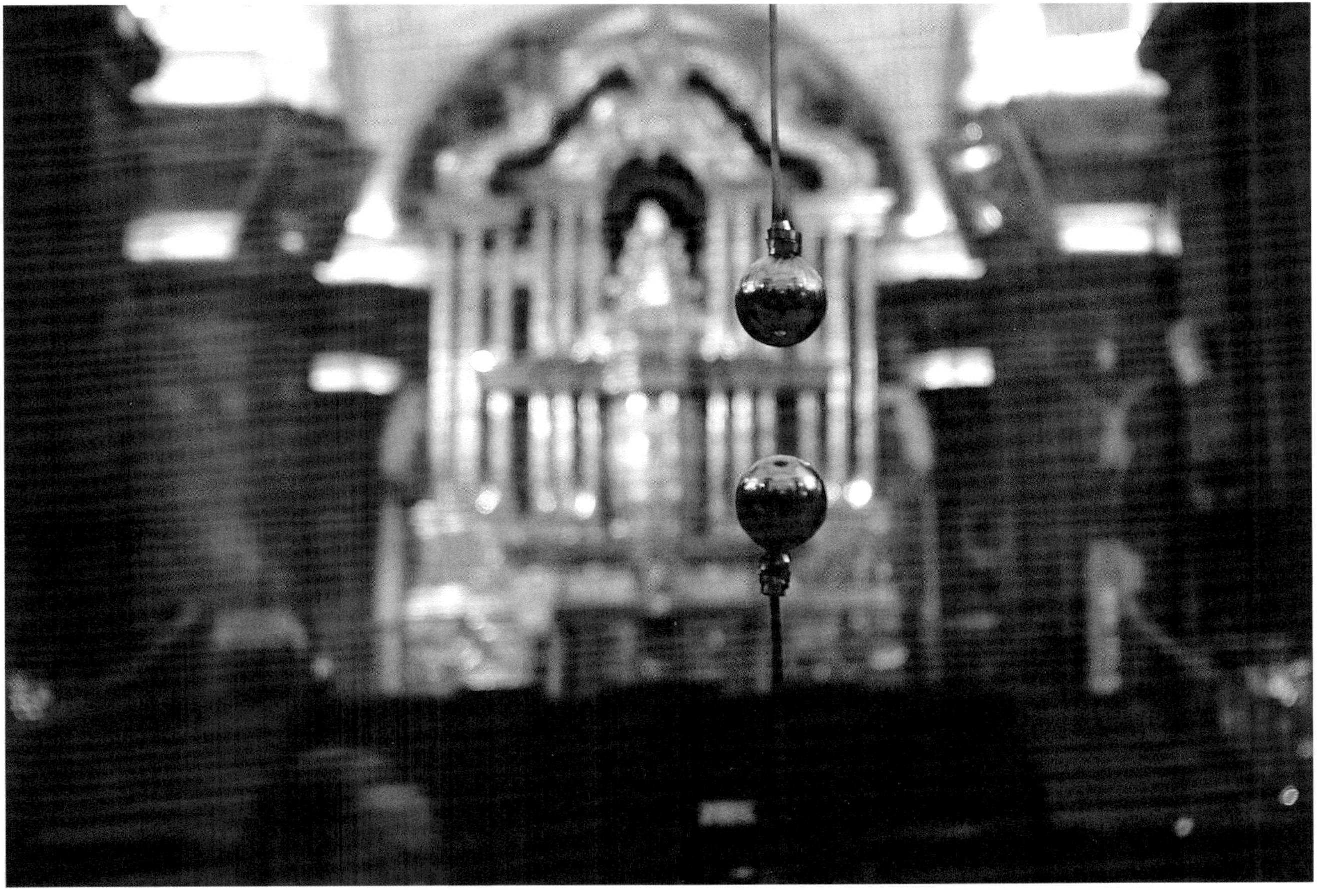

Catedral de Cusco, Cusco, Perú, 2003

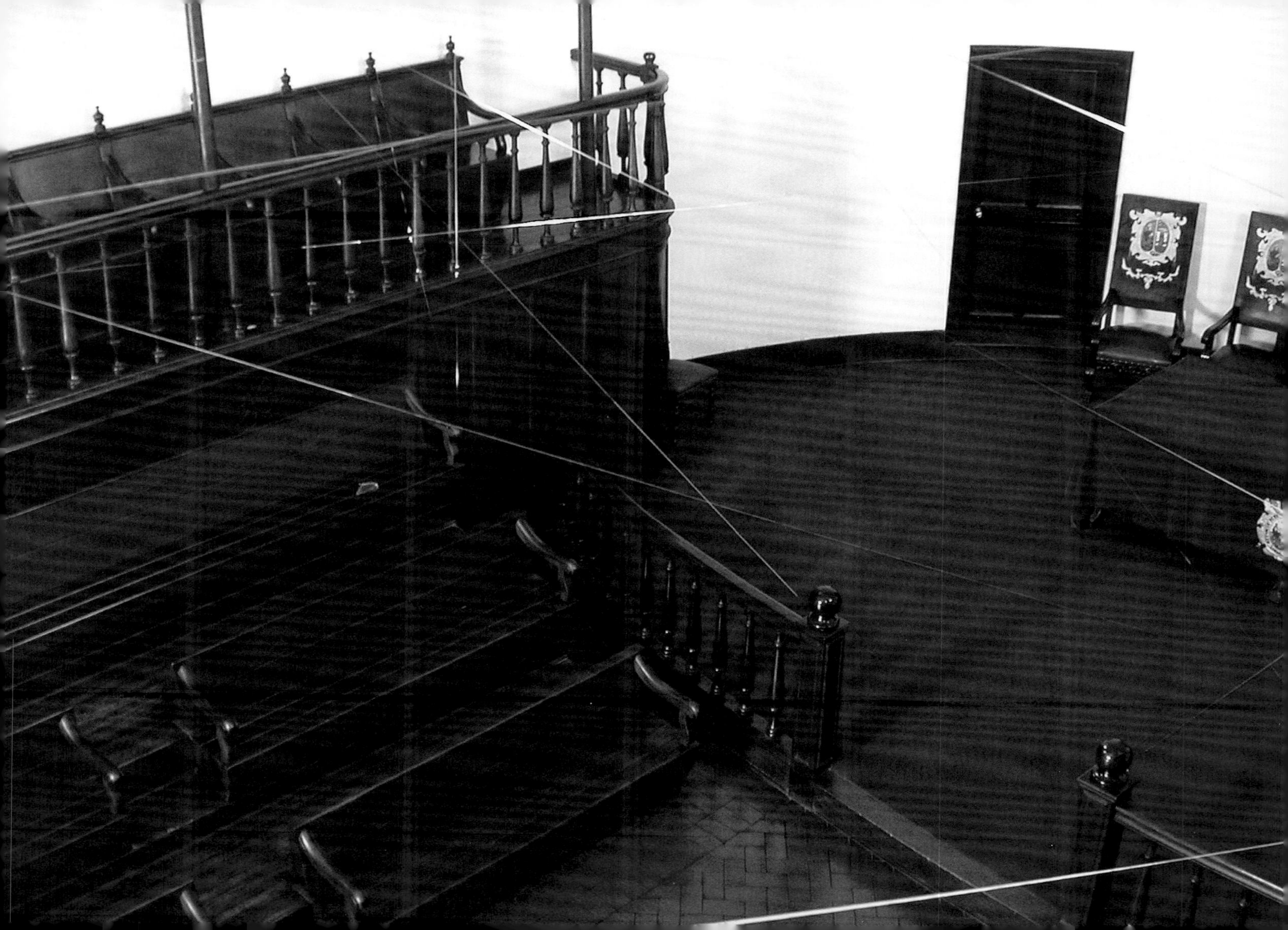

Conversación en la Casona de San Marcos

GUSTAVO BUNTINX, OLIVIER DEBROISE, NATALIA MAJLUF, LUCIANO MATUS Y CUAUHTÉMOC MEDINA

El 2 de agosto, al caer la tarde, nos reunimos en uno de los patios de la Casona de San Marcos, para un evento "inaugural" (atendido por unas treinta personas, entre intelectuales, artistas, arquitectos y amigos) que consistió en un lento y preciso recorrido de la antigua universidad, siguiendo —y en algunos momentos, esquivando— el cableado tendido días antes por Luciano Matus. Al finalizar ese paseo silencioso, nos sentamos en el salón general para iniciar un diálogo durante el que se presentaron los primeros borradores de los escritos reunidos en este libro. Lo que sigue es un breve resumen de la conversación final (probablemente más animada de lo que esta trascripción comunica), entre los "viajeros" y sus anfitriones, desde el podio, o desde las austeras bancas de madera bruñida.

GUSTAVO BUNTINX: Hermanos, estamos reunidos aquí para acompañar el peregrinaje y las intervenciones magnético-espaciales del artista mexicano Luciano Matus en edificios selectos de los muchos recuperados por la amplia labor de conservación y restauración de monumentos históricos que la Agencia Española de Cooperación Internacional viene reali-

Conversation in the Casona de San Marcos

GUSTAVO BUNTINX, OLIVIER DEBROISE, NATALIA MAJLUF, LUCIANO MATUS AND CUAUHTÉMOC MEDINA

On 2 August, in the late afternoon, we got together in one of the patios of the Casona de San Marcos for an "inaugural" event (attended by around thirty people, a mixture of intellectuals, artists, architects and friends) which consisted in a slow, thorough tour of the former university, following—and sometimes dodging—the path of the cables put up days earlier by Luciano Matus. At the term of this silent ramble, we sat down in the Salón General for a discussion during which the first rough drafts of the essays in this book were presented. Below we offer a shortened version of the conversation (which was rather more animated than this transcript suggests) between the "travellers" and their hosts, from the podium or from the austere benches of polished wood on which our hearers sat.

GUSTAVO BUNTINX: Brothers, we are gathered here to accompany the pilgrimage and the magnetic-spatial interventions of the Mexican artist Luciano Matus, through selected buildings amongst the many which have been salvaged by the wide-ranging conservation and restoration work of the Agencia Española de Cooperación Internacional across Latin

Casona de San Marcos, Lima, Perú, 2003

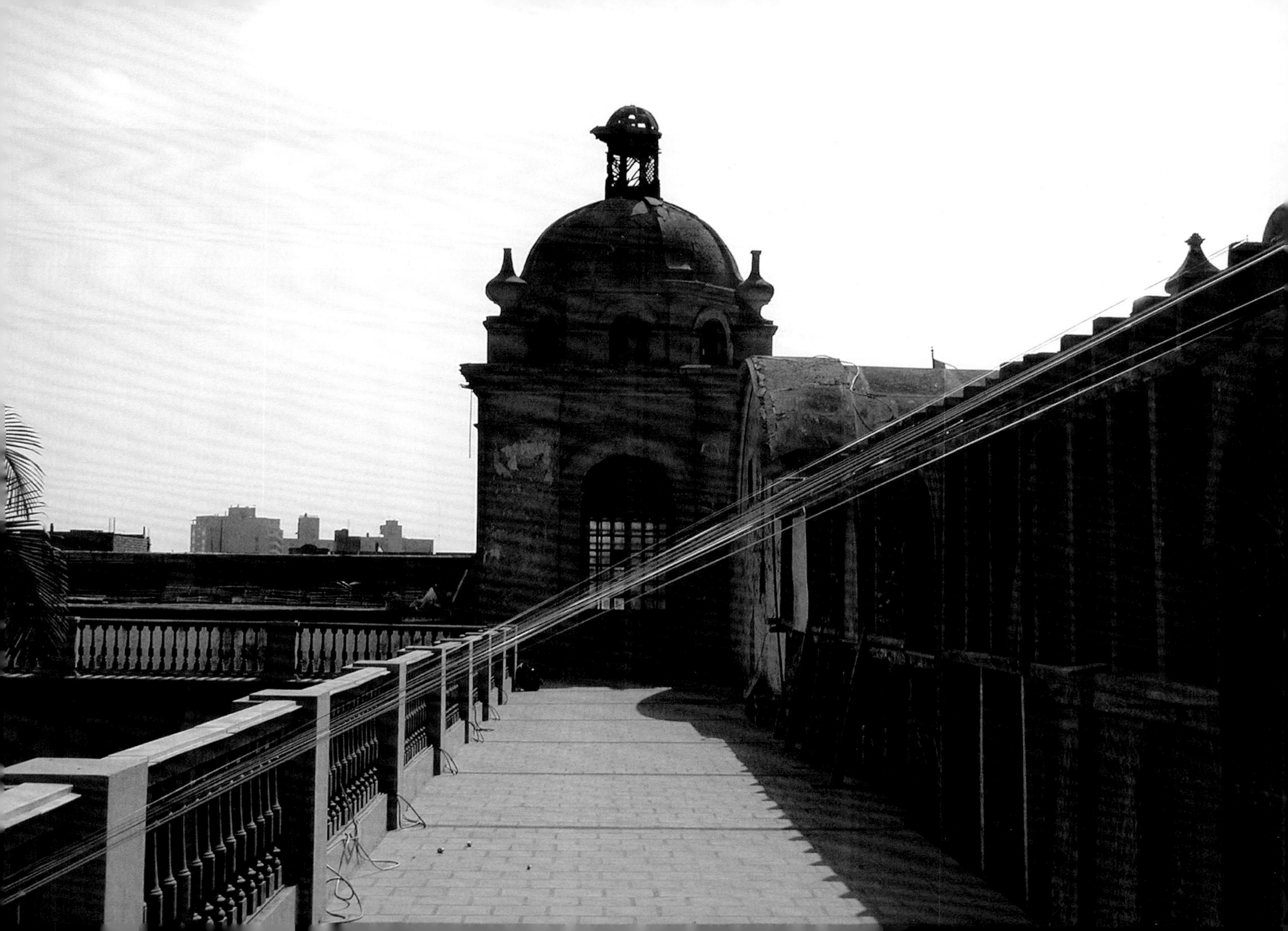

zando en América latina. La estrategia de tensiones arquitectónicas ensayada por Luciano ha perturbado ya a la iglesia de San Agustín en México, la de la Merced en Qosqo —apreciad, por favor, que no he dicho Cusco—, y próximamente llegará a las misiones del Paraguay. Realizó también una estación anterior en la ciudad de Antigua, Guatemala; y otra en Cartagena de Indias. Precisamente hoy, y con este acto, culmina la penetración de los metales de Matus en los espacios de nuestro Centro Cultural de San Marcos —y notablemente en este salón general que nos acoge.

Es grato poder recibir con ese motivo a tres colegas y amigos particularmente queridos —dos de ellos mexicanos y una necesaria voz peruana: Natalia Majluf, directora del Museo de Arte de Lima—. Como varios de ustedes saben, todos ellos forman parte de una cierta cofradía que intenta darle rispidez, rigor y criticidad a una disciplina tan incierta como la de la reflexión artística en nuestro continente.

Probablemente se habrán dado cuenta que acabo de marginar de esta nómina al artista mismo —lapsus interesante— pero por el momento me detendré sólo en las intervenciones críticas... La dinámica es muy simple: hablará primero la figura local, luego los visitantes. El artista será sometido a los castigos que se crean pertinentes, habrá un despliegue de imágenes, y las interrupciones serán bienvenidas. Natalia...

America. The strategy of architectural tensions applied by Luciano has already created a disturbance in the Church of San Agustín in Mexico and the Church of La Merced in Qosqo—note that I do not call it Cusco—and will soon be felt in the missions of Paraguay. He made his mark, before coming here, in the city of Antigua, Guatemala; and again in Cartagena de Indias. Precisely today, through the present event, the metals of Matus complete their penetration into the spaces of our own Centro Cultural de San Marcos—and more particularly, into this Salón General where we are gathered.

I am delighted to have this opportunity to welcome three colleagues and much-beloved friends—two Mexican, and one necessary Peruvian voice: Natalia Majluf, the director of the Museo de Arte de Lima. As many of you know already, they all form part of a certain confraternity that does its best to bestow a degree of asperity, rigour and critical spirit upon so vague a discipline as that of artistic analysis in our continent.

You may have noticed that I managed to omit the artist himself from this welcome—an intriguing lapsus on my part. However, I shall for the moment refer only to the critical contributions. The dynamic will be a simple one: first the local voice will talk, and then the visitors. The artist will be subjected to whatever punishments are deemed appropri-

NATALIA MAJLUF: Quiero agradecer a Gustavo, a Olivier, a Luciano y a Cuauhtémoc haberme invitado a participar en esta mesa, e introducirme a la obra de Luciano Matus, que, en realidad, desconocía hasta hace una semana. Por lo tanto, lo que voy a decir hoy es necesariamente poco articulado; apenas una serie de preguntas que me ha suscitado su trabajo en Lima.

Cuando llegué a la Casona de San Marcos, invitada por Olivier y Cuauhtémoc, y recorrimos juntos los espacios intervenidos por Matus, el concepto me parecía un tanto trillado, debo admitirlo. Sin embargo, conforme fui viendo cómo manejaba el espacio, empecé a entender la sutileza de la pieza y su capacidad para tejer una trama que realmente le otorga un sentido nuevo a espacios conocidos. Las posibilidades de intervención de este hilo de níquel parecen ser casi ilimitadas. Me impactaron, en particular, dos "momentos" de la obra. En primer término, la intervención en el techo; el hilo que cruza desde los muros de quincha desnudados, haciendo visible la parte restaurada del edificio. Esta sección tiene, para mí, una belleza muy particular, por la forma en que teje una especie de construcción que parece imitar o parodiar el propio proceso de restauración. Luego, en el salón de exposición del segundo, piso donde se unen cuatro imanes. Ahí, la obra se vuelve escultural y adquiere un formalismo casi poético.

ate, there will be a picture show, and all interruptions are welcome. Natalia...

NATALIA MAJLUF: I would like to thank Gustavo, Olivier, Luciano and Cuauhtémoc for the invitation to join this round table, and for introducing me to the work of Luciano Matus, of which truth to tell I was ignorant until last week. As a result, my thoughts on the subject are necessarily rather undeveloped, and revolve around a couple of issues which his work here in Lima has aroused in my mind.

When I arrived at the Casona de San Marcos, invited by Olivier and Cuauhtémoc, and we toured the spaces intervened by Matus, the concept struck me at first as a bit hackneyed, I must say. And yet the more I saw of the way in which he handles space, the more I understood the subtlety of the piece and its ability to weave a tissue which genuinely endows familiar space with a new kind of meaning. The possibilities of intervention subsumed within that nickel thread are almost limitless. I was particularly impressed by two "moments" of this work. First, the intervention of the ceiling: the way the thread comes out of the bared *quincha* walls, bringing the restored sections of the building into visibility. I found that section especially lovely, for the way it weaves a sort of construction that seems to mimick or parody the restoration process. Secondly, the exhibition room on the second floor,

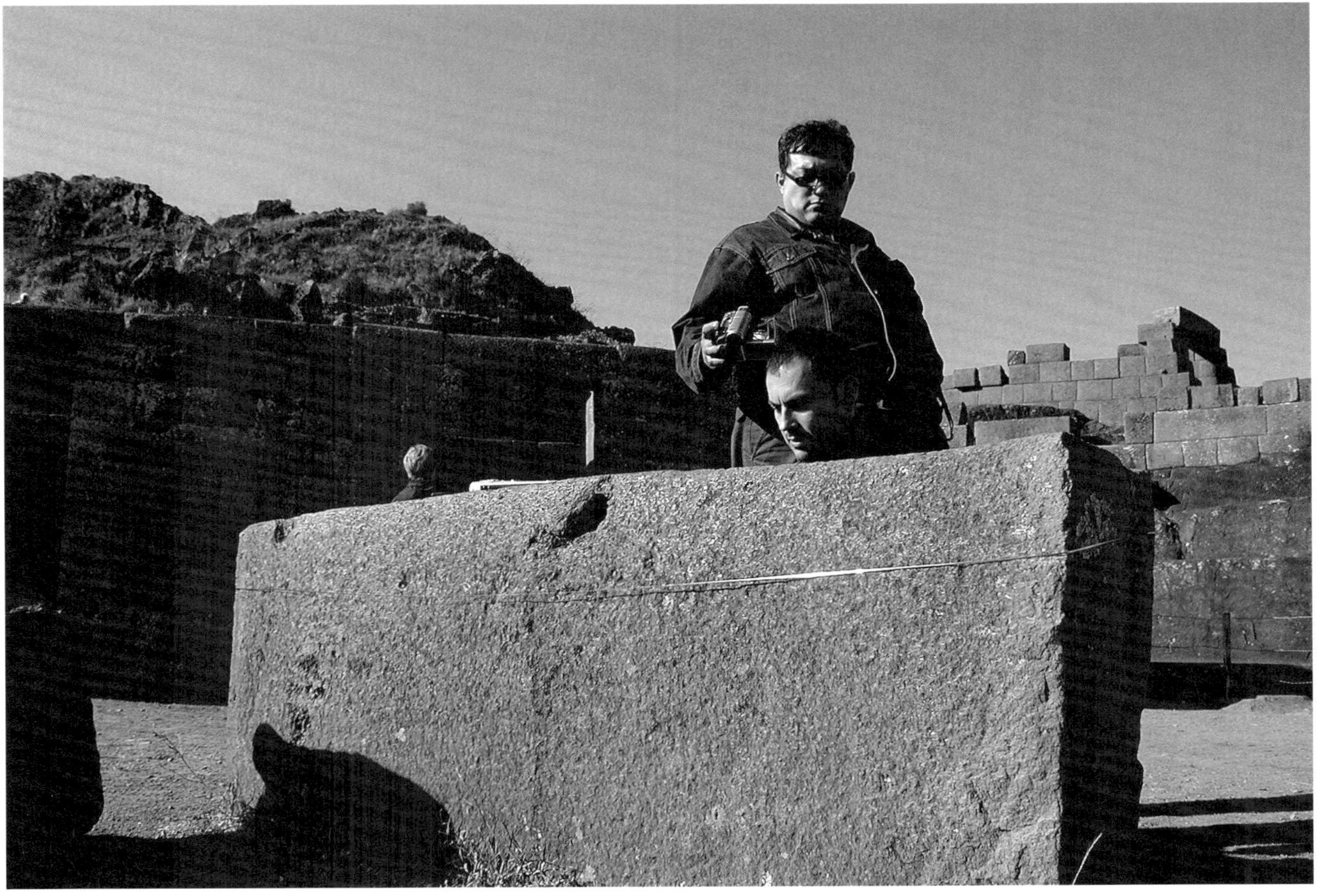

Pisaq, Perú, 2003

Cuauhtémoc me comentaba que las intervenciones de Luciano rechazaban la idea de cubo blanco. Lo veo un poco distinto. Creo que Luciano Matus invierte esta relación, y crea un cubo blanco. Es decir, la obra invoca la pureza del cubo blanco del museo. Me gustaría explorar este tema, la inversión de esta relación. No es el cubo blanco el que acoge la obra, sino el hilo que, de alguna manera, transforma y resignifica el espacio, lo musealiza. Lo que hacen esas tramas de hilos es representar la arquitectura; no sólo ponerla en evidencia, si no convertirla en real objeto de la mirada.

Si insisto en el asunto del cubo blanco es porque entiendo el trabajo de Luciano como una obra modernista, cuyo formalismo, históricamente desplazado, adquiere nuevos significados. Y persiste, aunque de una manera ciertamente extraña, el énfasis en la autorreferencialidad de la obra.

Ahora bien, quiero tratar también la idea del no-lugar. Esta secuencia de instalaciones, de intervenciones en sitios concretos, son todas efímeras: Matus las constituye, luego desaparecen rápidamente y su único rastro es lo que queda fijado en la memoria del espectador, o registrado por la cámara fotográfica. Me pregunto entonces, quién es el público de este tipo de intervenciones, y cuáles sus circuitos de difusión; pero también cuál es la infraestructura que la hace posible. Sería interesante discutir esto, porque al fin y al cabo, es una obra

where there are four magnets. There the work becomes sculptural, and mobilises a quasi-poetic formalism.

Cuauhtémoc was saying to me that Luciano's interventions reject the notion of the white cube. I see it a little differently. In my view, Luciano Matus inverts the usual relationship to create a white cube. I mean, the work invokes the purity of the white cube of the museum. I'd like to go more deeply into that, the inversion of the relationship. Instead of the white cube hosting the work, it's the thread that in some sense transforms and resignifies the space, "museifying" it, so to speak. What these frameworks of threads do is to represent architecture—they don't merely undescore it, but actually turn it into the real object of contemplation.

I want to insist on the white cube, because I understand Luciano's work as a modernist enterprise, in which formalism, historically displaced, acquires fresh meanings. And there is still an emphasis on the self-referentiality of the work, even if this takes an unusual form.

Now, I'd also like to talk about the idea of non-place. This sequence of installations, these interventions in selected sites, are all ephemeral; Matus puts them in place, then they vanish almost at once, their only trace is that left in the memory of the spectator or that which has been registered by the camera. So what I'm wondering is, who is the audience for

creada para ser documentada y publicada. A mí me preocupa, porque siento que, de cierta forma, se pierde la conexión con el lugar cuando, aparentemente, esto es lo que esta serie de obras parece querer establecer. No estoy emitiendo aquí un juicio, sino una pregunta. Quizá sea en realidad una forma de discutir una problemática o hasta una condición del arte contemporáneo en sus recorridos internacionales.

G. B.: ¿Quieren devolver el golpe?

OLIVIER DEBROISE: ¿El plural abarcaba a toda la mesa?

G. B.: Que diga Luciano...

LUCIANO MATUS: Bueno, en cuanto al carácter efímero de estas piezas y la documentación, y lo de la "vida" de este trabajo, Natalia, quiero reafirmar aquí que, en cada lugar, tiene diferentes características.

En el caso de la intervención en Pisaq, por ejemplo, yo tenía una intención personal, que no requería necesariamente que existiera el público. De hecho, el hilo profundo que une las intervenciones, es ese interés, y es la razón de ser de estos encuentros azarosos. No me refiero solamente a encuentros con la obra, sino a las que ocurren en el contexto de "la posibilidad". Esto se convierte en parte de la obra. Es la dimensión continental del proyecto, de estos encuentros entre especialistas y otras personas diversas. Me interesa cómo se van generando historias alrededor de estas intervenciones. En Cartagena de Indias, por ejemplo, el hilo cruzaba la calle, y

this kind of action, and what are its circuits of dissemination? What kind of infrastructure makes this possible? It would be interesting to discuss this, because after all, here is a work existing principally to be documented and published. It worries me, because I feel that one loses, to some extent, the connection with place—when that's precisely what this series seems to want to establish. It's not a value judgement, but a question. Maybe it's a way of broaching a certain problematic, not to say a condition, which now characterises a lot of international contemporary art.

G. B.: Who's going to hit back?

OLIVIER DEBROISE: Can the whole table?

G. B.: It's up to Luciano…

LUCIANO MATUS: Well, about the ephemeral nature of these pieces and the documentation issue, and the matter of the "life" of this work, Natalia, I must stress that the pieces display different characteristics in each place.

In the case of the Pisaq work, for instance, I had a personal intention, which did not necessarily call for the presence of a public. In fact, the underlying thread that unites all these actions, is that same interest, and it's the wherefore of these random encounters. I don't just mean the encounters with the work, but also those which take place in the context of "possibilitity." All these become part of the work, in its continental dimension of encoun-

empezó a generar historias. Empezó a correr el rumor que eran nuevos tipos de pararrayos, mecanismos para espantar a las gaviotas, hilos para atrapar brujas..., que sé yo.

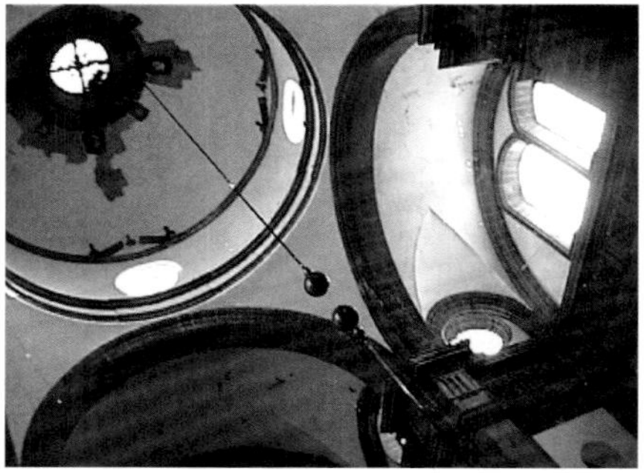

San Agustín, México, 2002

Ahora bien, para responder a tu comentario sobre la documentación, quiero decir que no concibo estas intervenciones como efímeras, ni sólo para ser documentadas y *bye bye*... Pero, a veces, no queda otra, por razones puramente técnicas: que si el uso del edificio, que si el viento, que sé yo... Las piezas empiezan a envejecer; lo puedes ver aquí: están realizadas en exteriores y se empiezan a pandear, tienen una vida propia. Lo que sí busco, es que los hilos llenen el espacio. Luego, cuando los recojo, se convierten en parte de la documentación, como si atrapara ahí el espacio.

ters between specialists and a host of other people. I like to see how stories spring up around these events. In Cartagena de Indias, for example, the thread went to and fro across the road, and all kinds of theories were generated. Rumours spread that this was a new type of lightning conductor, or a seagull repellent, or a witch trap... what have you.

Now to answer your query about the documentation, let me say that I don't conceive these installations as ephemeral, or just for the sake of the photo, and bye bye... It's just that sometimes there's no alternative, for purely technical reasons. Here, the purpose of the building, there, the wind factor... I don't know. The works begin to age; you can see that here; they live in the open air and they start to buckle and sag, they have a life of their own. What is important to me, is that the threads should fill the space. Then, when I take them down, they turn into a part of the documentation, as though the space were forever trapped among them.

N. M.: My question wasn't addressed to your work alone, but to a particular condition of ephemeral art works today. Obviously, in the case of performance and many other kinds of proposition, documentation is indispensable. It is part of the actual history of the genre...

CUAUHTÉMOC MEDINA: I think it's a highly relevant question, which must be tackled with the utmost precision, and perhaps by setting aside, for a moment,

N. M.: Mi pregunta no estaba dirigida a tu trabajo solamente, sino a cierta condición de la obras efímeras de hoy. Es evidente que en el caso de la *performance* y de otro tipo de manifestaciones, donde la documentación es necesaria y forma parte de la historia misma del género...

CUAUHTÉMOC MEDINA: Creo que es una pregunta muy sensata, que hay que abordar con cierta precisión, y quizá haciendo un tanto a un lado los resquemores éticos. En términos estrictos, el recorrido de Luciano es como un embudo: tiene un origen puntual, y se extiende en una serie de escenificaciones de la relación entre público y escultura a nivel continental. Las intervenciones, efectivamente, sólo van a circular por la vía de la documentación, pero esto tiene que ver con el hecho de que la obra tiene un carácter seriado, definido por su recorrido.

La primera instalación de la obra ocurrió en la iglesia de San Agustín en México, es decir, fue una exhibición pública en una iglesia desacralizada. Como cualquier espacio religioso que pierde su función original, a San Agustín sólo le quedó convertirse en espacio museográfico. De hecho, a últimas fechas ha venido utilizándose como espacio de instalaciones específicas, es decir, como un espacio de exhibición definido, precisamente, por la carga histórica que lo habita. Por consiguiente, la noción de que esto es una escultura y opera en un espacio "natural" de actividad artística contextual, en el que el artista

one's ethical misgivings. Strictly speaking, Luciano's itinerary is like a funnel: it starts at a point, and fans out into a series of stagings of the relation between sculpture and the public, on a continental scale. It's true that the interventions will only circulate in the form of documentation, but that is because the work is of a serial nature, defined by its displacements.

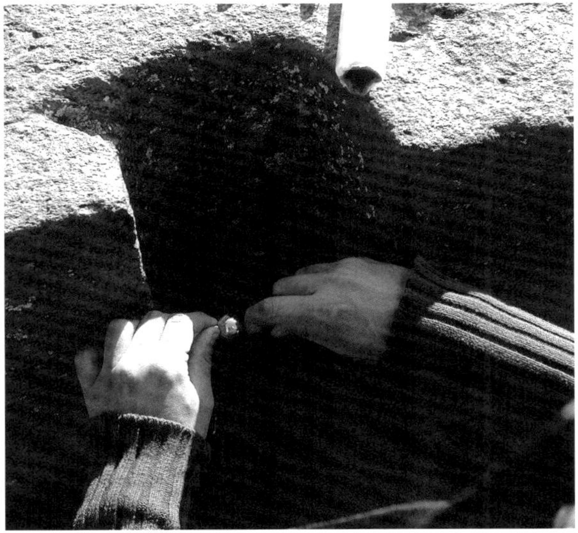

Pisaq, Perú, 2003

presenta su obra con determinado sustento institucional y se confronta públicamente, antecede a la creación misma de la pieza.

Fue entonces que la AECI le abrió la posibilidad de extender la estrategia de sus intervenciones de San Agustín, a un proyecto latinoamericano.

Luciano se monta en la posibilidad que le abre la AECI, pero en lugar de representatividad que convendría a esta estructura transatlántica, opta por realizar una serie de intervenciones específicas, se va separando de los edificios y estructuras que han sido restauradas con ayuda del capital español. El resultado es que algunas obras tienen la posibilidad de ser contempladas, exhibiendo a la vez el espacio y escena artística ante sí misma, pero en otros casos —sobre todo las últimas obras— Matus conduce una práctica casi privada, en la que el espectador no es un ingrediente central de la intervención. En Pisaq, donde Matus circunda una piedra creándole un cinturón, o en la catedral de Cusco, donde coloca un simple hilo colgado desde uno de los candiles, no hay público efectivo.

Estamos aquí ante un proceso que intenta construir un circuito sin acompañarlo de una estrategia clásica de promoción continental latinoamericana, es decir donde el posible efecto público de la presentación no es un componente fundamental de la obra. Esa mediación por la vía de la documentación es parte de una estrategia, que teje la obra como si fuera parte de una historia subterránea.

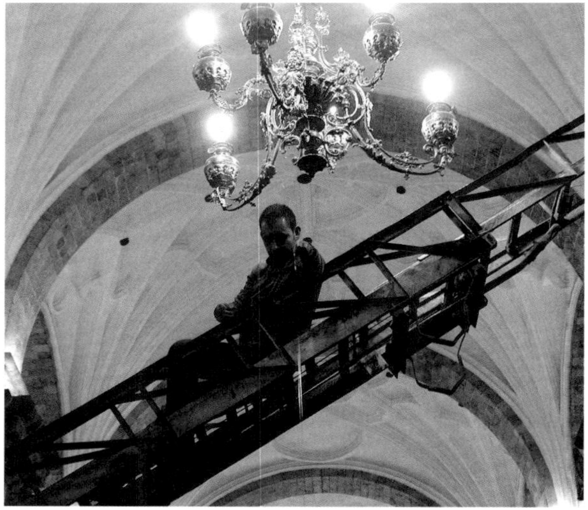

Catedral de Cusco, Cusco, Perú, 2003

The first installation of the work was in the church of San Agustín in Mexico, that is, it took the form of a public exhibition in a deconsecrated church. As with most religious buildings which lose their original function, the only option for San Agustín was to be converted into a museographic space. Lately, in fact, it's been used as the site for specifically conceived installations, which is to say, as a showing space precisely defined by the historic energy it possesses. Therefore the notion that this is a sculpture—which is being deployed in a "natural"

G. B.: Por más obvio que parezca, hay que recordar que las obras de Luciano efectivamente intervienen el espacio físico, es decir ocupan lugares, pero ocupan también los espacios sociales que estos lugares configuran. Más allá de cualquier semejanza o continuidad formal entre las distintas instancias de su trabajo, es muy distinto, imagino, realizar una intervención así en una iglesia semiabandonada en México, que hacerlo en otra en pleno uso litúrgico. O en este ceremonioso salón general del Centro Cultural de San Marcos, donde precisamente ayer se inauguraba con todo protocolo un Curso de Actualización Docente para Profesores de Folklore, y los discursos y los bailes adquirían una actualidad distinta bajo el despliegue aéreo de los cables de níquel.

A veces me gusta decir que en la medida en que puede haber un horizonte estratégico único para el proyecto del Centro Cultural de San Marcos, este es el de la fricción creativa entre lo pequeño-burgués-ilustrado y lo popular emergente. La figura corre un evidente riesgo retórico, pero al menos en esa ocasión adquirió una materialización insólita. Creo que marcó un momento de excepción en los usos y tradiciones a los que suele dar cabida este salón general.

Dicho todo eso, vale la pena desarrollar la aguda preocupación de Natalia por el imperativo de registro que va implícito no sólo en la obra de Matus sino en su proceso, en su aparataje y acompañamiento. Una necesidad casi obsesiva de fotografiarlo todo, de

space of contextual artistic activity, where the artist presents his work endorsed by whatever institutional support, and confronts a public with it—predates the actual creation of the piece.

It was only afterwards that AECI offered him the chance to extend the strategy he had applied in San Agustín to other places in Latin America.

Luciano jumps at the chance, but then, instead of proceeding with the representativity which would best have suited this transatlantic outfit, he decides to carry out a series of one-off interventions, while retreating from the edifices and structures which have been restored with the help of Spanish capital. The result is that some works lend themselves to being seen, displaying both space and art scene to itself; but in others, especially the more recent ones, Matus performs an almost private act, in which the spectator is not a crucial ingredient. In Pisaq, where he girdled a single stone, or in Cusco Cathedral, where he hung a plain thread to dangle from a candelabrum, there was no audience to speak of.

What we have here is a process in which someone attempts to construct a circuit outside the classic Latin American continental promotion strategy, a circuit in which the potential effect of public presentation is not a fundamental component of the whole. The mediation by way of documentation is part of this approach, this surreptitious way of weaving the work as though it were part of some underground history.

grabarlo todo en vídeo —incluso una charla de café— buscando captar hasta el mínimo gesto, logro o torpeza vinculado a esta experiencia.

Eso significa algo. Significa probablemente muchas cosas, no todas ellas conscientes o deliberadas. Y así nuevos sentidos se van agolpando. Natalia asocia la intervención de Luciano con cierta tradición formalista y con el modernismo mismo. Pero ese impoluto hilo cortante, reluciente, del modernismo clásico, del *high modernism*, podría contaminarse rápidamente por los espacios densamente históricos que escoge recorrer.

O. D.: Abogo por el artista. Creo que a Luciano no le interesa demasiado el registro. Cuando llegué a Cartagena, le pregunté: "Oye, ¿conseguiste un fotógrafo?". Me dijo: "No, ¿para qué?". La insistencia en el registro viene más bien por el lado de los documentalistas. Es decir, de nosotros, los críticos. ¿Por qué estamos aquí, sino para escribir? Venimos a eso, a ver el resultado. Natalia tiene razón, y Cuauhtémoc lo acaba de decir: estamos premeditando la obra de Luciano a partir de lo que ya hizo. Esa es quizá la condición de muchos proyectos en años recientes. Fue Francis Alÿs, quizá, quien desarrolló esta estrategia de lo "privado-documentado" cuando hizo aquel recorrido solo a través del mundo en 1997: sus tarjetas postales, sus dibujos, el boleto de avión, fueron los únicos residuos de una obra cuya existencia no iba más allá del procedimiento. Tenemos que

G. B.: On pain of restating the obvious, we should remember that Luciano's works effectively intervene physical space, by occupying a location, but they also intervene the social spaces configured by those locations. Over and above the basic likeness or formal continuity between the various instances of his work, I assume that it's completely different to perform an intervention of the sort in a semi-derelict church in Mexico, and to do so in another, fully operative, religious building. Or in this ceremonious Salón General at the Centro Cultural de San Marcos, where only yesterday a Refresher Training Course for Teachers of Folklore was launched to great fanfare, and we saw how the speeches and the dancing took on a new currency beneath the aerial display of nickel wires.

I often say that insofar as there can be a single strategic outlook for the project of the Centro Cultural de San Marcos, it would centre on a kind of creative friction between the enlightened petty-bourgeois spirit and that of the popular cutting edge. This formula might be a tad rhetorical, but on this occasion it certainly took on an unexpected materiality. For me the experience has been an exceptional one, in the context of the kind of events usually held at this Salón General.

That said, it is important to respond to Natalia's concern about the imperative to record which is implicit not only in Matus's end product but also in

entender que estos motivos son los que nos tienen reunidos aquí. La obra de Luciano puede prescindir de un acto social como el que estamos presidiendo esta noche, aunque hay ciertos protocolos que seguir. Pero la obra podría prescindir de esto.

C. M.: El hecho de que los críticos y curadores cumplan la función de documentar tiene varias implicaciones, particularmente en un circuito como el nuestro donde documentar es un intento desesperado de competir contra la estructura de poder del centro. Un artista del *mainstream* tiene una estructura económica que garantiza una documentación profesional de cada uno de sus parpadeos. Competir con el *mainstream* pasa por una improvisación que convierte a los participantes del medio artístico en los documentalistas. Documentar crea la sensación colectiva de que algo está pasando, de simular una sensación de actividad y significación. Por supuesto, el acto de documentar es también una forma de endosar la obra, tiene un carácter similar al efecto de escribir una nota crítica; es una forma de participar en su proceso y habla, ciertamente, de la pérdida de diferenciación entre esos campos. Esto no implica que estas obras estén hechas para ser documentadas, sino que su existencia tiene que ser documentada como efecto de una especie de narración.

Ahora bien, la obra de Matus es imposible de fotografiar. En otro tiempo, este hecho se hubiera usado como un argumento para hablar de la supe-

his whole process, with its accompanying paraphernalia. There's this almost obsessive drive to photograph everything, to video everything—even a chat in a café—in a bid to pin down the least gesture, achievement or cock-up that has anything to do with the project.

This means something. It probably means a lot of things, not all of them conscious or intended. And thus new meanings build up. Natalia associates Luciano's intervention with a certain formalist tradition, and even with modernism itself. But the unsullied, gleaming, trenchant wire of classical or high modernism is liable to be promptly contaminated by the densely historical spaces he has elected to run it through.

O. D.: I'd be the artist's advocate. I don't think Luciano is all that interested in the record. When I arrived in Cartagena, I asked him, "Hey, did you hire a photographer?" And he said, "No, what for?" The insistence on documentation comes rather from the documentarians. Meaning us, the critics. Why are we here, if not to write? We come for that, to see the result. Natalia is quite right, and Cuauhtémoc just explained it: we are premeditating Luciano's work from the basis of what he did before. This has happened with plenty of projects in the last few years. It was Francis Alÿs who really mooted this "private-with-documents" strategy when he went around the world alone in 1997: post cards, draw-

rioridad de la experiencia sobre el documento, un poco como se argumentaba que la pintura no podría ser fotografiada. En este caso, esa relación está alterada: es imposible fotografiar la obra en su conjunto, pero la documentación crea una segunda forma de consumo, una ficción basada en la ubicación de un detalle, en la creación de cierto "momento decisivo" de la interacción de la pieza con su entorno y una especie de narración de la producción misma. La obra tiene que tener una doble vida: una, su vida efectiva, y otra, "la posibilidad de vida" de la documentación que genera nostalgia o una sensación de privación al no haber visto el original.

G. B.: La mistificación fotográfica... Sin embargo, hay que señalar que esta mistificación del registro va de la mano con otras mistificaciones inscritas en la obra misma. Un inconsciente religioso que valdría la pena explorar en otro momento. En ese sentido hay allí una coherencia respetable y respetuosa en la atención puesta en la fotografía, en el vídeo, en el detalle invisible que se vuelve momento memorable, momento decisivo, que perdurará a través de la reproducción. Pero como moderador he hablado demasiado. Tal vez algunos de los que nos están acompañando desde el público quieran decir algo. Aquí también hay arquitectos renegados. ¿Se dio usted por aludido?

PÚBLICO: Esto fue puro conductismo de tu parte, para variar. Creo que lo que hace Luciano es devolvernos conciencia sobre el espacio. Es un tema que no se ha

ings, plane tickets, were all that remained of a work which had no existence beyond its own accomplishment. We have to accept that such are the motives that have brought us all together here tonight. Luciano's work can do without this kind of social ritual, though there are certain protocols to be observed. But still, the work itself could dispense with this meeting.

C. M.: The fact that critics and curators must fulfil the task of documentation has several corollaries, especially in a milieu like ours, in which keeping records amounts to a desperate attempt to compete with the established power structure. Mainstream artists enjoy an economic situation that guarantees the professional documentation of every blink. To compete with the mainstream implies embracing an improvisation that forcibly turns members of the artistic community into record-keepers. To document things creates the collective impression that something is going on; it stimulates a sensation of meaningful activity. Of course, the act of documenting is also a form of endorsing the work, similar to the effect released by writing a serious review; it is a way of participating in the artistic process, and it does, unmistakably, illustrate the growing loss of differentiation between the two fields. This is not to say that such works exist only for the sake of the record. But their existence has to be recorded, for the purpose of a species of narrative.

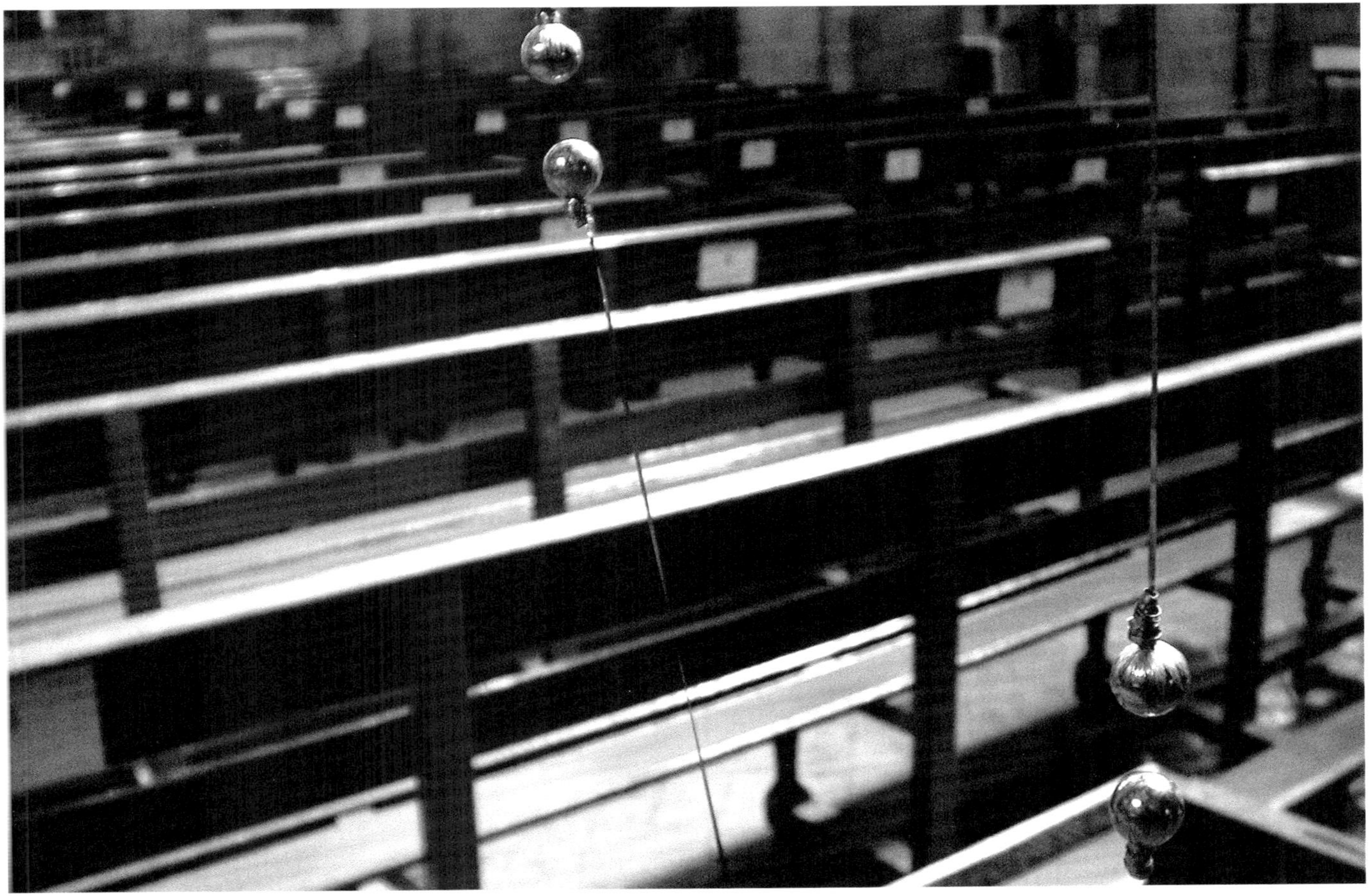

La Merced, Cusco, Perú, 2003

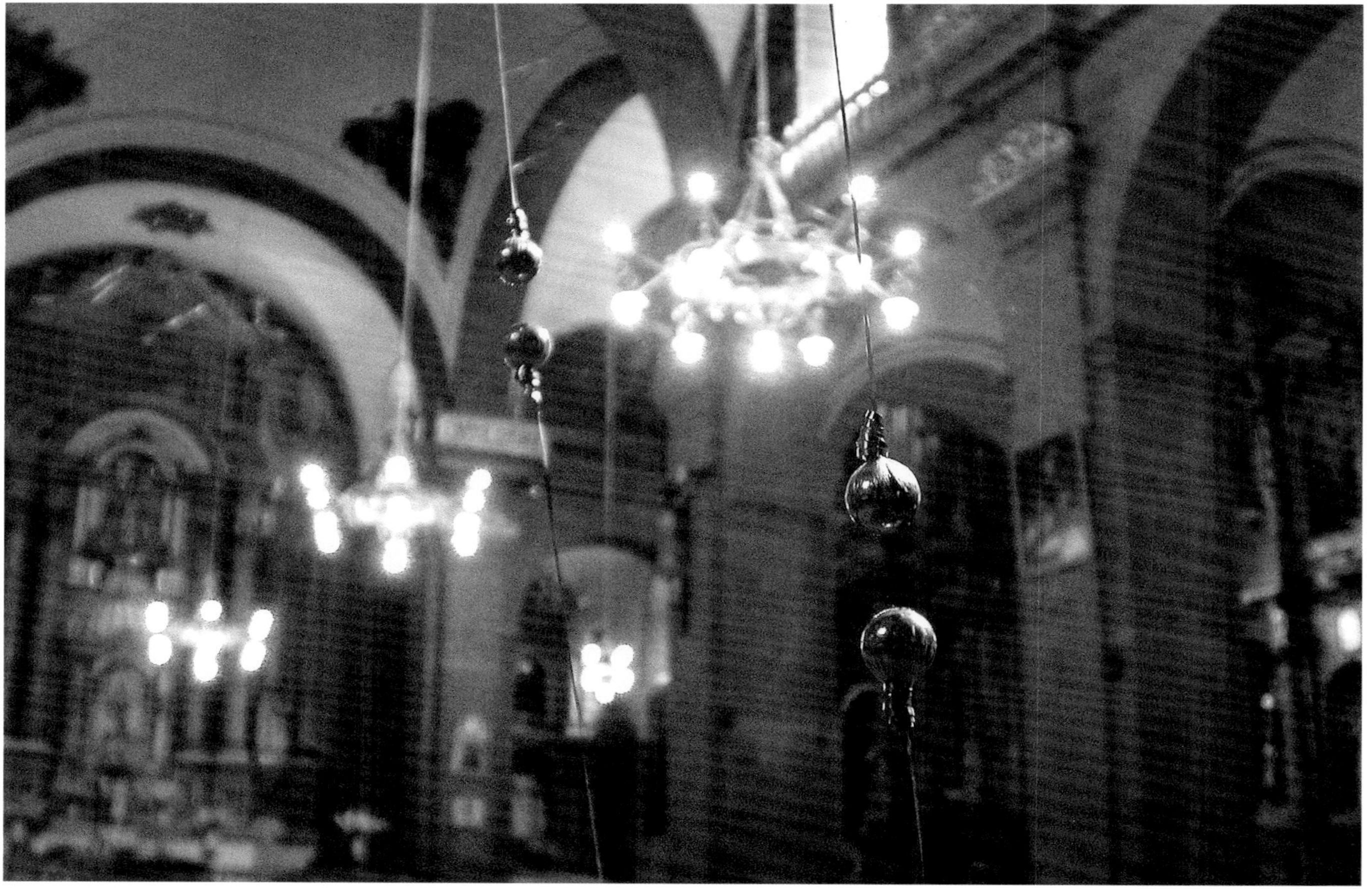

La Merced, Cusco, Perú, 2003

tocado en esa discusión: el papel del espacio en los proyectos. La documentación parte, sencillamente, de hacer que el proyecto viva para otros. Pero la experiencia del espacio es cosa única. Estas tensiones creadas por las intervenciones de Luciano me han provocado particularmente. Cada vez que me enfrento a alguna de estas líneas que atraviesan el espacio, descubro millones de cosa que había visto, pero no tenía conciencia de que estaban ahí. No creo que esto sea una cuestión meramente de arte efímero, o de arte para ser documentado, sino por el contrario, de la experiencia del espacio. Recorrer San Marcos va ser distinto ahora. Esta intervención acentúa nuestra percepción y nos permite re-conocer el espacio. Como arquitecto lo digo.

P.: Luciano, me imagino que tu selección de determinados espacios no es necesariamente una deriva situacionista... Más allá de la desacralización de San Agustín, veo una constante: edificios con un contenido ritual, algunos de evidentemente cuño hispánico, convertidos ahora en espacios museísticos no precisamente con el minimalismo del cubo blanco actualmente en boga... ¿Tu selección, digamos, sólo incluye espacios en proceso de restauración por el AECI?

L. M.: En Guatemala, me enfrenté con la primera restauración —mejor dicho, con la primera "construcción", porque La Compañía no fue restaurada, sino reconstruido y no tiene nada que ver con lo que fue

The trouble is, these works by Matus are impossible to photograph. In the past, this circumstance might have been exploited to argue for the superiority of the experience over the document, rather as people used to claim that painting couldn't be accurately photographed. In this case, the equation is modified.

It's impossible to photograph the work as a whole, but the documentation does provide a second level of consumption: a fiction based on the choice of a detail, or on the creation of some "decisive moment" in the work's interaction with its environment; an account of the production process itself. The work must have a double life: one, its actual, effective life, the other, the "potential life" transmitted by the documentation—to generate nostalgia, or a sense of deprivation for not having been there to see the real thing.

G. B.: The photographic mystique... All the same, one must point out that this mystique of the record goes hand in hand with other mystifications, inscribed into the work itself. A religious unconscious that merits to be explored on another occasion. In that sense there is a respectable, respectful coherence about the attention paid to photography, video, the invisible detail become memorable moment, decisive moment, enduring by virtue of its reproduction. That's enough talking from the moderator. Perhaps some of those who are with us

el edificio, ni con el lugar, pero bueno... Tomé la decisión de salir de ese esquema, de olvidarme de estos espacios. En la Compañía de Jesús realicé la intervención en una de las partes más afectadas por uno de los temblores, un lugar en donde la arquitectura se convierte en escultura caótica, con bloques de piedra que tienen una relación directa con el techo, pero dejaron de ser parte del techo para convertirse en un elemento que se rodea caminando. Lo mismo en Cartagena de Indias. Empecé en Santo Domingo, que está en proceso de restauración, luego el cable salía a la plaza y a todas las calles para llegar a la plaza del Museo Naval y entrar en el museo. Así que la selección de espacios no fue ni impuesta, ni determinada por la AECI, sino lo contrario. Los seleccioné como arquitecto, no por la calidad de las restauraciones. Las intervenciones en Perú fueron aún más complejas, empezando por el hecho de que se realizaron en espacios "activos", en uso, ya sea en este Salón General en San Marcos, en la iglesia de la Merced, en las ruinas de Pisaq, y aún en la catedral de Qotsqo —como dice Gustavo—. Aunque no estuvo abierta al público, mientras estuvimos ahí.

Y en todos estos caso, tuve que negociar con los guardias de estos espacios, incluso aquí —lo digo como una forma de agradecimiento y para cerrar esto con un poco de humor—: la intervención en San Marcos sí fue verdadera, en el sentido de que,

would like to say something from the floor? I spot plenty more renegade architects down there... So, you recognised yourself in that description, did you?

AUDIENCE MEMBER: Pure behaviourism on your part, as usual! I think that what Luciano does is to make us aware of space all over again. This is an issue that has not come up: the role of space in these projects. Documentation is quite simply a response to the need to make the project live for other people. But the experience of being in a space is unique. I was intensely excited by the tensions created through Luciano's interventions. Every time I confront one or other of those lines through space, I become aware of a million things that I'd often seen, yet without real consciousness of their existence. I don't think it all comes down to matters of ephemeral art, or of art for the record, it's far more importantly a question of the experience of space. To be in San Marcos will always be different from now on. This intervention sharpens our perception and allows us to re-connoitre the space. It's my opinion as an architect.

A. M.: Luciano, I assume that your choice of spaces is anything but a situationist *dérive*... Apart from the deconsecration of San Agustín, I perceive a constant here: they are all buildings with some kind of ritual content, many of unadulterated Hispanic origin, converted into museistic spaces in a way that's

por cuestiones de comunicación previas, Gustavo no estaba enterado de lo que iba a suceder, así que lo tuve que hacer sin que lo viera. Por eso te quiero agradecer que me hayas dejado intervenir tu espacio, fue como una intervención en la intervención, me ahorraste permisos, gestiones, una serie de cosas, y te lo agradezco...

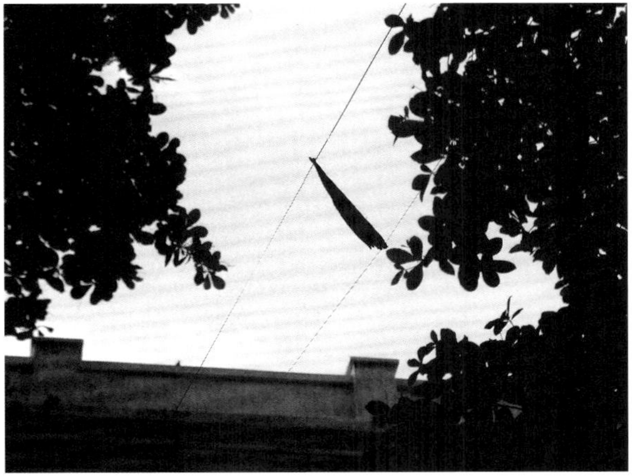

Santo Domingo, Cartagena de Indias, Colombia, 2003

G. B.: Se lo debemos, en buena parte, a la Agencia Española de Cooperación Internacional que, además, culmina con esta actividad una etapa en la aún inconclusa restauración integral de la antigua Casona

not exactly an example of the white-cube minimalism of current fashion... Are all the monuments on your list places being restored by AECI?

L. M.: In Guatemala, I came face to face with the first restoration—better said, the first "construction," since La Compañía was not so much restored as rebuilt, and what there is has nothing to do with what there was, neither the building nor the place, but there we are... I decided to try a whole different approach, forgetting about those spaces. At La Compañía de Jesús I shifted my intervention to an abandoned section that had borne the brunt of a major earthquake, a place where architecture had collapsed into chaotic sculpture, among blocks of stone which had left clear gaps in the roof but were no longer part of it, they were now like a mass to be walked around. I did the same in Cartagena de Indias. Starting in Santo Domingo, the site that's being restored, I drew the wire out into the square and through the streets, across the Naval Museum plaza, and into that museum. In other words the choice of spaces was not imposed or decided by AECI, far from it. I chose them myself, as an architect, regardless of the quality of any restorations. The interventions in Peru were even more complex, given that they affected "active" spaces, places that are still in use, whether it be this room in San Marcos, or the Church of La Merced, or the ruins of Pisaq, or the actual Cathedral of Qotsqo—as

de San Marcos y su adaptación como centro cultural... En esa nota concluiremos. Gracias, Luciano. Gracias, Cuauhtémoc. Gracias muchas, Natalia. Y gracias, Olivier, por estar precisamente con nosotros en esta primera presencia tuya en Lima. Gracias finales a todos los que nos acompañaron.

Gustavo calls it. Though that wasn't open to the public while we were in it.

In every single case, I had to negotiate with the custodians of the spaces involved, except here—I mention this in grateful acknowledgement, and to close the conference on a humorous note: the intervention in San Marcos was a genuine one, in that due to an earlier problem of communication, Gustavo hadn't been informed of what was going to happen, so I had to do it without his approval. That's why I'm so grateful you let me intervene in your space, it was like an intervention within the intervention, you spared me the headache of permits, applications, all sorts of red tape, I'm deeply obliged.

G. B.: We owe it in large part to the Agencia Española de Cooperación Internacional, which marks, with this event, the completion of one stage in the ongoing restoration of the old Casona de San Marcos and its conversion into a cultural centre... And with this we must end. Thank you, Luciano. Thank you, Cuauhtémoc. Many thanks, Natalia. Special thanks to you, Olivier, for making this the occasion of your first visit to Lima. And thanks to all of you, for being with us this evening.

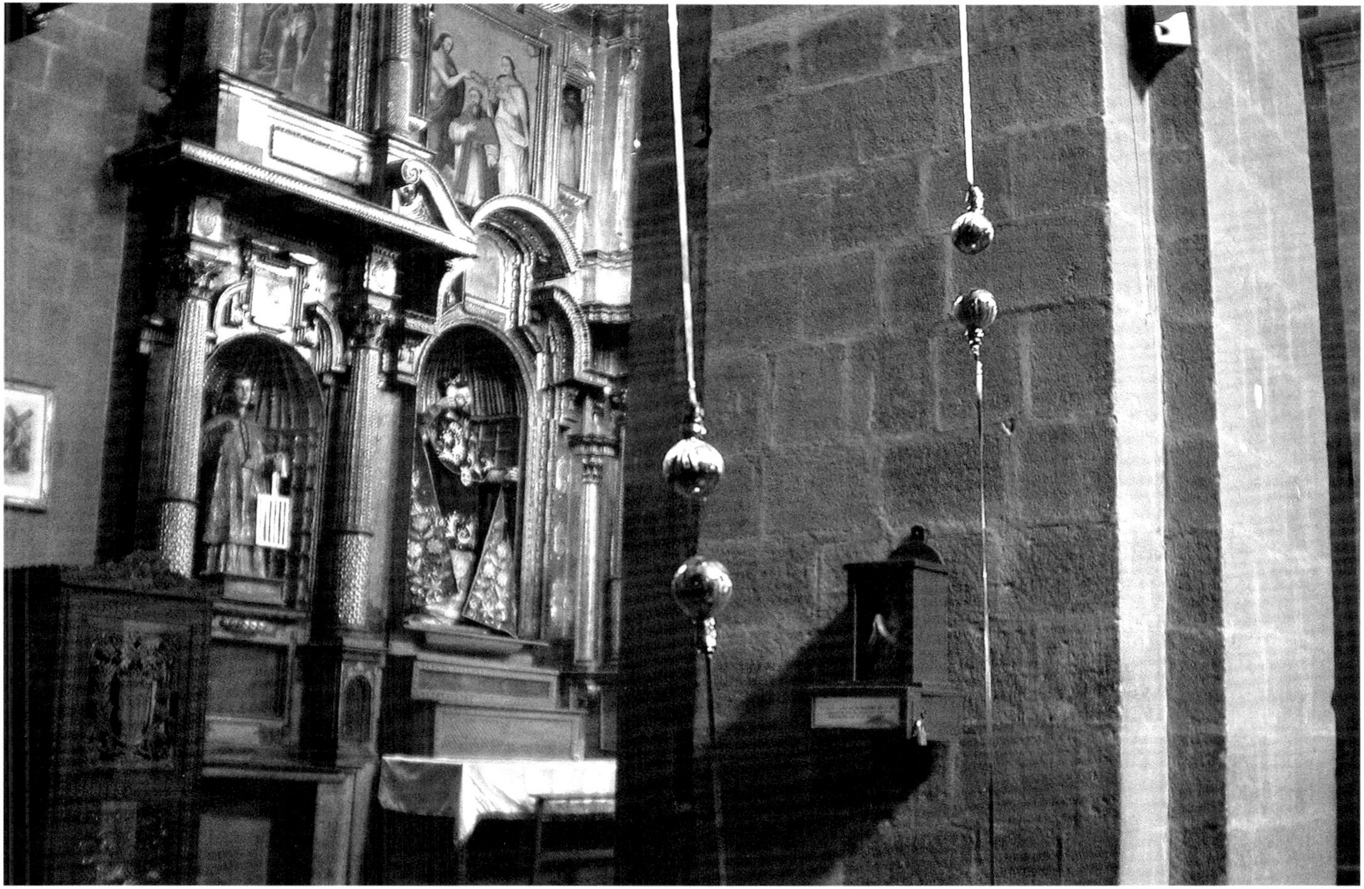

La Merced, Cusco, Perú, 2003

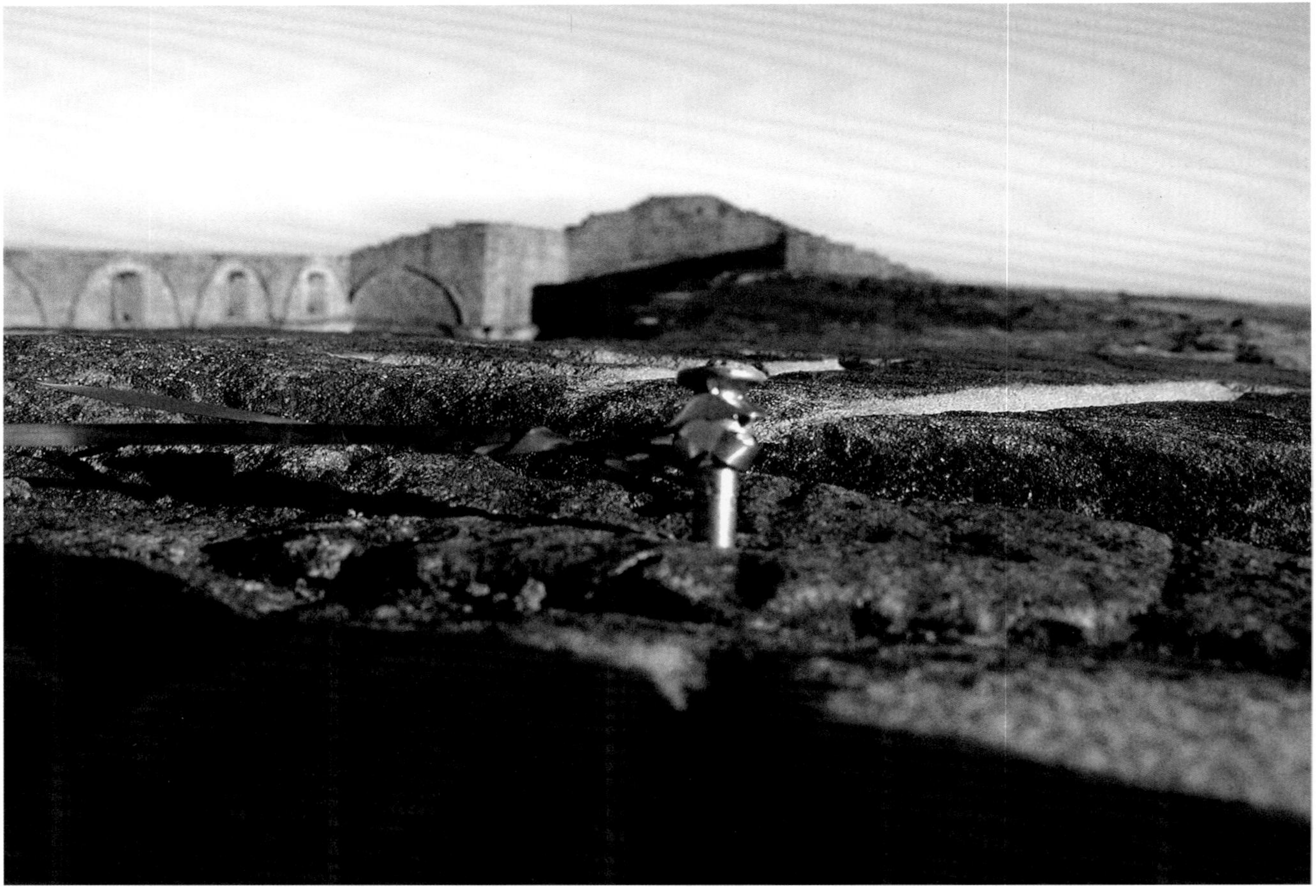

Jesús de Tavarangüe, Itapúa, Paraguay, 2003

Capitán Miranda, Itapúa

Olivier Debroise

Asunción, Paraguay. 4 de agosto—. En Asunción la temperatura ambiente es de 32 grados, y la ciudad entera huele a ceniza —el olor de las quemas, sistema de cultivo arcaico y desastroso (sobre todo cuando se practica en gran escala, como ahora) cubre el continente americano de norte a sur con una nube tan grande como la erupción simultánea de varios volcanes, y deja las tierras yermas después de dos o tres cosechas—. Apenas se percibe un sol rojizo, incendiado como las tierras bañadas de humo azuloso, desde la ventanilla del vuelo de TAM Mercosur, la compañía multinacional que cubre, con diminutos *jets* Fokker de fabricación brasileña, un trapecio delimitado por los Andes occidentales y los grandes ríos del sur, el Paraná y el Paraguay. En esta zona de Paraguay no existe contaminación industrial, aunque sí contaminación agrícola, tan grave como la otra, si no más.

Y estoy solo en Asunción, con 32 grados de temperatura, en pleno invierno: Luciano se tuvo que quedar en Santiago de Chile, bajo la lluvia austral.

El vuelo de Lan Chile llegó a su hora marcada, y nos daba tiempo de comer algo antes de abordar la correspondencia en TAM. Despreocupados, deambulamos por el impecable aeropuerto Alberto Merino de

Capitán Miranda, Itapúa

Olivier Debroise

Asunción, Paraguay. 4 August—. The temperature in Asunción is 32 degrees, and the whole city reeks of ashes—the smell of grass-burning, an archaic, catastrophic system of cultivation (especially when practiced on a grand scale, as it is now) which shrouds the American continent from north to south under a cloud that would rival the simultaneous eruption of several volcanoes, and leaves the soil barren after two or three harvests. A hazy, reddish disc of sun, aflame like the land under its veil of blue smoke, could be glimpsed through the windows of the TAM Mercosur plane, a multinational airline equipped with small, Brazilian-built Fokker jets, servicing the trapezium outlined by the Andes to the west and the great rivers of the south, the Paraná and the Paraguay. This region of Paraguay is free of industrial pollution, but the agricultural pollution is as bad, if not worse.

And I am alone in Asunción, in this winter heat of 32 degrees: Luciano had to stay behind in Santiago de Chile, under the southern rain.

The Lan Chile flight reached Santiago on time, and we had the leisure for a meal before going to board our TAM plane. Feeling carefree, we ambled around the spotless Alberto Merino airport, as pristine as one

Santiago, que nos parecía tan limpio, tan como debe ser un aeropuerto después de salir —una vez más hacia las seis de la mañana— del *hub* subcontinental de Lima, atravesando a pie la pista, y subiendo por escaleras. (El de Lima es, tal vez, uno de los últimos aeropuertos internacionales del mundo en el que se baja del avión a pie, por una escalera montada sobre ruedas, privilegio ahora de papas, reyes y presidentes...) La lluvia detrás de los cristales, los *boeings* de Air France y KLM bien alineados ante los colectores extensibles, el estricto orden en los salones de recepción de inmigración y aduana: parecía que habíamos regresado al primer mundo.

Con el pase de abordar en mano, Luciano fue detenido por carecer de visa para Paraguay... Paraguay es (por cuánto tiempo más) el único país de América Latina que no tiene intercambio turístico —y por ende, no posee acuerdos sobre visas— con Estados Unidos o con México. Así que tuvo que formar cola en el consulado, y pagar setenta dólares...

En el consulado de Paraguay en Santiago, se entiende.

La negociación duró lo que los escasos pasajeros con destino a Asunción subieron al avión. En el desorden, me quedo con el pasaporte de Luciano en la mano. Tengo que correr de vuelta a entregárselo. "Chateamos más tarde...", es lo último que logramos acordar.

Tengo Internet directo en mi cuarto del noveno piso del Hotel Las Margaritas —tan adornado de flores de

expects an airport to be after Lima, where, at some ungodly hour yet again, we had crossed the apron of the subcontinental hub on foot and mounted the steps into the aircraft. (Lima must be one of the last international airports in the world where you get to enter and leave the plane by way of a staircase on wheels, a privilege normally reserved for kings, popes and presidents...) The rain beating against the windows, the neat rows of Air France and KLM Boeings stuck fast to their accordion ramps, the orderliness of the immigration and customs halls: it was like being back in the "First World."

With his boarding pass in hand, Luciano was stopped for not having a visa to enter Paraguay... Paraguay is (who knows for how much longer) the only country in Latin America which lacks a tourist exchange—and hence, accords regarding visas—with the US and Mexico. So Luciano must queue up at the consulate, and pay seventy dollars...

The Paraguayan consulate in Santiago, that is.

The emergency arrangements took as long as it took for the few passengers for Asunción to settle into the plane. In all the confusion, I found myself clutching Luciano's passport. I had to run back and give it to him. "We'll chat later..." was the last thing we agreed on.

I have Internet access in my very own room on the ninth floor of the Hotel Las Margaritas—as rich in plastic flowers as its name, The Daisies, suggests—and I'm waiting for Luciano to appear in the MSN window,

plástico como su nombre lo indica—, así que espero la aparición de Luciano en la ventanilla del MSN, viendo por el balcón la "Bahía de Asunción", un ancho recoveco en el río Paraguay.

Luciano no llegará hasta el miércoles —apenas le dará tiempo, mañana, de tramitar la visa, y no hay vuelo disponible desde Santiago antes del 6 de agosto—. No es tan grave. Apenas estuve cuatro días en Guatemala, un fin de semana en Cartagena, y seis madrugadas seguidas (o eso es lo que recuerdo) en los aeropuertos peruanos; aquí estaremos casi tres semanas. Porque las condiciones son muy distintas: las distancias entre las misiones jesuitas, la carencia de carreteras, el aislamiento... Me toca, pues, esta vez, organizar nuestra estancia. No tengo, además, inconveniente en pasar dos días enteros, solo, en Asunción.

Asunción. 5 de agosto—. Aquí, ya quedó en claro, aún no llegan los *charters* del turismo *new age*. El único atractivo turístico accesible son las misiones del sur y el occidente de Paraguay.

Cuando, en 1987, llegué a Potosí después de un viaje de ocho horas desde Sucre, tenía la intención de seguir hacia el Chaco y, quizá, descender por los ríos hacia La Plata. Así como el camino de Puno estaba cerrado por Sendero Luminoso, el ferrocarril del Chaco estaba tan descalabrado que a veces pasaba y ciertos días no. Las ocho horas de recorrido andino —ciento veinte kilómetros en total— a bordo de un microbús Mercedes cuyas

looking out over the so-called Bay of Asunción (a broad meander of the Paraguay River) from the balcony.

Luciano cannot get here until Wednesday. He will barely have time tomorrow to transact his visa, and there's no seat available from Santiago until the 6th. It's not a disaster. I spent just four days in Guatemala, one weekend in Cartagena, and six successive dawns (as I remember it) in Peruvian airports; whereas here, we have three weeks in hand. The conditions are completely different, given the distances between the Jesuit missions, the dearth of roads, the isolation... So this time, it's my job to organise our programme. And I rather like the prospect of two days to myself in Asunción.

Asunción. 5 August—. The charter planes of New Age tourism have not yet discovered Paraguay, that much is clear. The only accessible tourist attractions are the missions to the south, and the west of the country.

When I went to Potosí in 1987, reaching it after an eight-hour journey from Sucre, I intended to push on into the Chaco and, perhaps, descend along the rivers towards the Plate. But just as the road to Puno was closed by Sendero Luminoso, so the Chaco train was on its last legs, turning up on a good day but more probably not. The eight hours of mountain road I had just endured, a total of 120 kilometres in a rickety Mercedes microbus whose tires blew out each time

llantas reventaban cada vez que rodaban sobre clavos sembrados por aymaras globalifobos *avant la lettre* me desalentaron. Asunción y las rutas arrieras de los grandes ríos del sur quedaron en un sueño.

Teresa Corella, coordinadora de la AECI en Asunción, es bastante explícita al respecto: los caminos del Chaco, la antigua ruta andina de las "mulas pianeras" —que llevaban a cuestas clavicordios, pianos y salterios alemanes y franceses para amenizar las largas veladas de los administradores de las minas de plata de Potosí— sigue cerrada.

Asunción, es evidente, en los diez años que nos separan de la caída de Alfredo Stroessner, pasó del completo aislamiento económico y cultural a tratar de ser centro de negociación de las economías de Mercosur. Una situación geográfica que determinó la fundación de la ciudad en el siglo diecisiete se replica en tiempos de liberalismo económico: cómo explicar de otra manera un hotel tan equipado de salones de reunión y tecnología avanzada como Las Margaritas... Aun así, estos diez o doce años de apertura no han sido suficientes para quitarle a Asunción su verdadera personalidad.

Se encuentra, en Asunción, la primera estación de ferrocarril del continente americano, edificada en 1863, sobre el modelo de las estaciones británicas. La noticia me sorprende, aunque pensándolo bien, tiene su lógica enlazada con el sistema fluvial; la red ferroviaria sólo duplicaba la rutas arrieras. Ello era un indicador más de las riquezas de la región... y de la necesidad de sacarlas

they ran over the tacks scattered over the road by some precociously globalophobic Aymara Indian, discouraged me from further adventure. Asunción, and the mule-train routes of the great southern rivers, remained a dream.

Teresa Corella, the coordinator of AECI in Asunción, is unambiguous on the subject: the Chaco roads, the ancient Andean routes of the "piano mules"—beasts laden with German and French clavichords, pianofortes and psalteries for enlivening the long evenings of the managers of the silver mines of Potosí—are still closed.

Over the ten years since the fall of Alfredo Stroessner, Asunción moved from what had been a wholesale economic and cultural isolation, to offering itself as a centre for the economic parleys of the Mercosur countries. A geographical situation which determined the foundation of the city in the seventeenth century has become once more decisive, in these times of economic liberalism: how else to explain this hotel, bursting with conference rooms and equipped with the most advanced technology... Even so, these ten or twelve years of opening up to the world have not been enough to strip Asunción of its true character.

This city boasts the first railway station in the American continent, built in 1863, on the model of British stations. I am surprised to learn this, although come to think of it, there is a logical analogy with the fluvial systems; the railway network merely duplicated the paths of the mule trains. It was one more token of

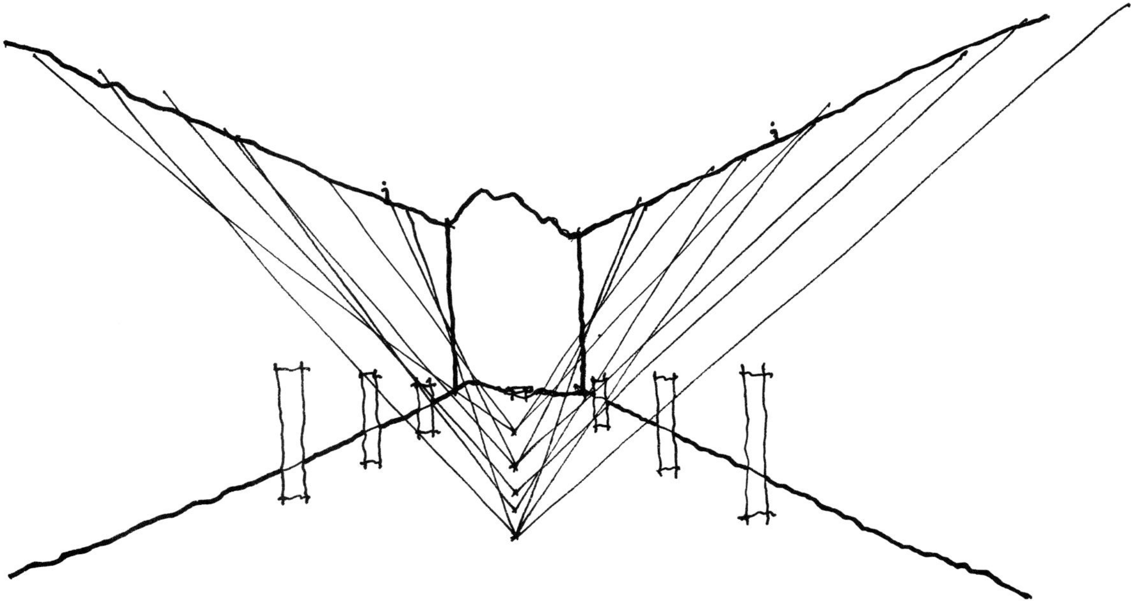

de ahí lo más pronto posible. Por lo mismo, Asunción se parece a otros puertos fluviales del siglo diecinueve —esa mezcla de atmósfera porteña, los barrios de fondas, hoteles de paso, bares abiertos sobre la calle tal y como existían aún, hace quince o veinte años, en lugares tan remotos y cercanos a la vez como Coatzacoalcos, Buenos Aires y Belén do Parra (para sólo limitarnos a este continente)—. Luego los barrios ricos, con esas fachadas de colores, estucos "a la francesa", jardines por aquí y por allí, y las bancas donde sentarse a respirar el aire que remonta por el río.

En menos de veinticuatro horas, el clima cambió radicalmente: una lluvia mañanera barrió con el olor a ceniza, y Asunción dejó de ser semitropical, para regresar al invierno austral. El cielo ya no carga con el humo de las quemas.

Hotel Tirol del Paraguay. Capitán Miranda, Itapúa. 7 de agosto—. A quinientos kilómetros al norte de Asunción, cerca del Paraná. La esposa del embajador de España fue muy clara: no hay mucho que escoger, el Hotel Tirol o el Hotel Papillon. Me pregunto por qué le pusieron así. ¿Acaso en honor del presidiario prófugo de la Guayana francesa, que en su momento se hizo célebre por sus memorias?

No es muy difícil tomar esa decisión: en un guiño de ojo, escogemos el Hotel Tirol. Por lo menos, no se parece al motel de *Psycho*, al borde de la única carretera que une Ciudad del Este (hasta 1989, "Puerto Presidente

the riches of this region... and a sign of the incentive to whisk said riches out of there as quickly as possible. For this reason Asunción is reminiscent of other nineteenth-century river ports. Their classic blend of wharfs, taverns, brothels and seedy bars open to the street could still be found, fifteen or twenty years ago, in places as remote from each other and yet alike as Coatzacoalcos, Buenos Aires and Belén do Parra (to confine ourselves to this continent alone). Further back lie the affluent neighbourhoods, with their colourful façades in Frenchified stucco, their gardens and parks, and benches where you can sit and sniff the air wafting up from the river.

In under twenty-four hours, the weather has changed completely: this morning the smell of ashes had been rinsed off by showers of rain, and Asunción ceased to be semitropical, sinking back into southern wintriness. The sky is no longer hazy with smoke.

Hotel Tirol del Paraguay. Capitán Miranda, Itapúa. 7 August—. Five hundred kilometres north of Asunción, near the Paraná. The Spanish ambassador's wife warned us that there's not much choice of lodgings: the Tirol or the Papillon. I wonder what the latter was named for. Could it be after the convict who famously escaped from a penal colony in French Guyana, and told the tale in his best-selling memoirs?

It's not hard to decide: we plump for the Hotel Tirol. At least it does not remind us of the motel in *Psycho*,

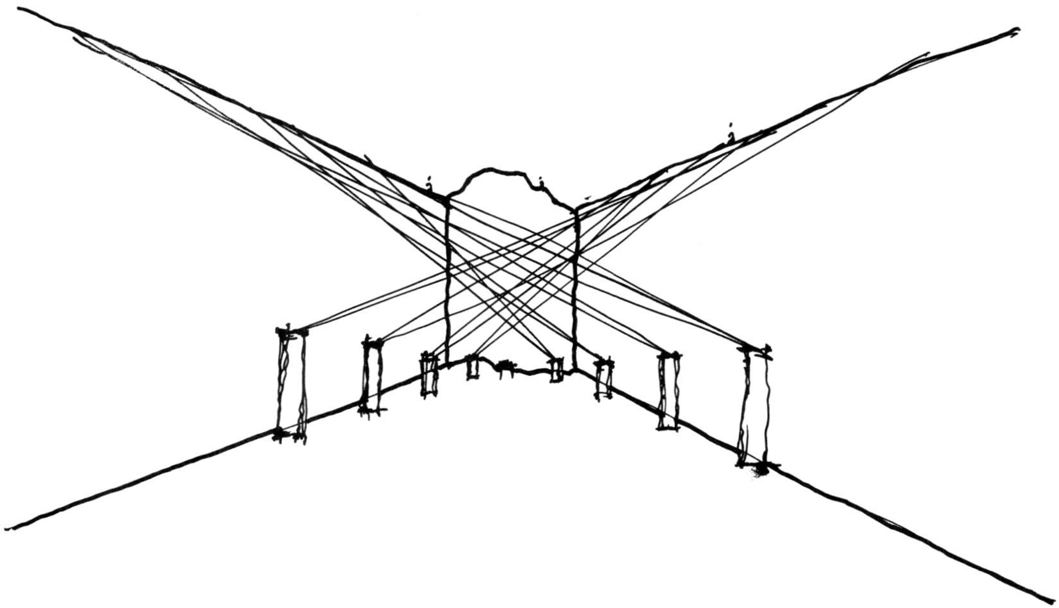

Stroessner") con Encarnación, en la frontera argentina. El Tirol existe desde 1952. Fue una concesión de Stroessner a Armand Reynaers, empresario belga cuya llegada a Paraguay se pierde en los meandros de una historia que quizá no es necesario recordar, aunque —sin buscarle tres pies al gato— se empotra en la arquitectura de este *resort* y en la configuración de la región. El Hotel Tirol ocupa un hermoso valle en declive, que se abre en V sobre la cuenca del Paraná: sus terrazas, sus jardines y la media docena de piscinas de diversos tamaños están rodeados por espesos bosques de robles, pinos y numerosos árboles nativos; una especie de réplica de la Selva Negra mezclada con el nido de águila en los altos de Berchtesgaden.

Qué mejor lugar para el aislamiento: el camino sale del *freeway* de paga, que lleva de Asunción a Ciudad del Este —decorado con *billboards* en alemán y guaraní, anunciando exclusivos *spas* en las orillas del Paraná—, y se hunde entre los árboles en un declive abrupto en la selva. Pasando un arco, se llega a una plataforma adoquinada, con una garita sencilla de la que sale un guardia armado con un gran perro encadenado. Existen dos maneras de ingresar al Hotel Tirol. En carro o a pie. A pie, hay que descender una larga escalera de tabique rojo, abovedada, inserta en el costado de la pendiente. Después de varias curvas, aterrizamos en un recoveco con una puerta de madera. Ahí hay un salón de billar, con varias mesas a media luz, donde una puerta lleva al restaurante, que es a la vez sala de estar suspendida sobre

on the single road that runs between Ciudad del Este (called Puerto Presidente Stroessner until 1989) and Encarnación, on the Argentine border. The Tirol has been in business since 1952. It was given by Stroessner to Armand Reynaers, the Belgian entrepreneur whose career in Paraguay is lost in the twists and turns of a history that we had best not delve into, even if it is closely entwined with the architecture of this resort and the configuration of the whole region. The Hotel Tirol stands in a beautiful sloping valley, opening up in a V over the Paraná basin; its terraces, gardens and at least six swimming-pools of varying size are surrounded by lush groves of oak, pine and native trees; a sort of imitation Black Forest, crossed with the Führer's eyrie high above Berchtesgaden.

There could be no better spot for the seeker of seclusion: the drive branches off from the Ciudad de Este toll road (lined with billboards in German and Guaraní to advertize exclusive spas on the banks of the Paraná...) and dives down through a cleft in the leafy hillside. Passing under an arch, you arrive at a paved platform with a simple guardhouse, whence an armed watchman emerges with a huge dog on a leash. There are two ways of reaching the Hotel Tirol: by car or on foot. Walkers must descend a long covered staircase of brick, cut into the flank of the slope. After several bends, you arrive before a big wooden door. Inside is a billiards room, containing several baize-topped tables under low lamps, and a door leading to the dining room

la barranca arbolada. Lambrones de madera, una barra, cabezas de venados y tigres del Chaco disecados, cajas de cerveza Bavaria. Un acuario sobre una chimenea inútil, con peces chinos iluminados sobre fondo rocoso. Parte de esta pieza está incrustada en la misma montaña, y las piedras afloran aquí y allá. Lo demás son jardines, a los que se llega por pasadizos empinados, abovedados, de tabique y piedra. No podía faltar: también hay un teleférico sobre riel, que permite bajar de la "zona residencial" y las piscinas al restaurante y los billares.

Las habitaciones, alrededor de las piscinas, parecen chalets alpinos con techos a dos aguas, cubiertos de teja, construidos con las mismas piedras del lugar. En esa ambigüedad germano-latinoamericana, esa "réplica" —no encuentro cómo adjetivarla— funciona como una utopía cerrada sobre sí misma: forma parte de un Paraguay germanizado que se vale del mundo exterior. El agua, aquí, brota de las fuentes y los pozos perforados por los colonos; es límpida, impoluta y potable —la antítesis de las botellas de Evian que cargan los émulos del Wandervögel, la teoría prenazi de reconciliación con la naturaleza— que ocupa el imaginario de los neoturistas veinteañeros de Antigua o de Cusco.

Armand Reynaers y su esposa francesa ocupan una mesa. Ella teje, sin levantar la mirada a los clientes del hotel. Él lee los periódicos. Erick Reynaers, su hijo, se encarga ahora de la administración. Cada día, nos llevará en su camioneta a las misiones jesuitas. Nos dejará

which doubles as a lounge, jutting out over the luxuriant valley. Rustic wood, a long bar, stuffed deers's heads and exotic animal skins, crates of Bavarian beer. An aquarium on top of an unused fireplace, with Chinese fighting fish in a grotto under a spotlight. This room backs deep into the mountainside, allowing the naked rock to show through here and there. The rest is gardens, reached by a series of steep covered walkways of brick and stone. Inevitably, there is also a cable car to transport one effortlessly up and down, from residential areas and pools to restaurant and games room.

The suites arrayed around the swimming pools look like Alpine chalets with pointy tiled roofs, and walls clad in local stone. With its Germano-Latin American ambiguities, this "replica"—I cannot find a suitable adjective—works like a self-contained utopia; it is part of a Teutonic Paraguay which cares not a toss for the outside world. Water spouts abundantly from springs, and is drawn from wells dug by the colonists; it is clean, clear and drinkable, the antithesis of the ubiquitous Evian bottles shlepped by the epigones of the Wandervögel, the pre-Nazi theory of reconciliation with nature, which seems to dominate the imagination of the new breed of young tourists in Antigua or Cusco.

Armand Reynaers and his French wife are sitting at a table. She knits, without a glance at the hotel guests. He reads the papers. Their son Erick has taken over the management. Every day he drives us in his station

ahí, y regresará por nosotros. Nos permitirá usar su computadora para leer nuestro correo electrónico.

Debido a la crisis de diciembre 2001 en Argentina (que llevó, de rebote, a la economía paraguaya a una semiquiebra), Luciano y yo somos los únicos clientes del Hotel Tirol del Paraguay. Clientes privilegiados —de hecho, debería decir "huéspedes", porque Erick nos adopta de alguna manera, nos pasea y nos mima—.

Vamos a vivir aquí tres semanas.

Hotel Tirol. 9 de agosto—. Hemos establecido una rutina. Desayunamos en el comedor del hotel —la comida es abundante y sana—, luego Erick lleva a Luciano a las misiones. Me quedo en mi cuarto número 14, donde instalé un escritorio frente a la ventana, con vista al valle, y me pongo a escribir. A las cuatro de la tarde, Erick pasa por mí para ir a recoger a Luciano. A veces, acompaño a Erick al mercado de Encarnación, la ciudad fronteriza con Argentina sobre el Paraná. Como es invierno, la noche cae temprano. Pasamos al despacho de Erick a leer nuestros mensajes. Luego, nos instalamos en el gran comedor y nos quedamos a cenar, jugando baraja, leyendo o conversando con Viviana Kuri que nos alcanzó para la "ceremonia de inauguración".

wagon to the missions. He drops us off, and comes back for us. He lets us use his computer to retrieve our e-mail.

Owing to the Argentine financial crisis of December 2001 (which dragged the Paraguayan economy with it into semi-bankruptcy) Luciano and I are the only people staying at the Hotel Tirol del Paraguay. Privileged clients indeed, or should I say "guests," for Erick comes to adopt us, in a sense, chauffeuring and pampering us.

We shall live here for three weeks.

Hotel Tirol. 9 August—. We have established a routine. Breakfast in the dining room—the food is abundant and salubrious. Erick takes Luciano to the missions. I go back to my domain, room 14, where I have pushed the desk against the window to overlook the valley, and get on with my writing. At four o'clock, Erick collects me and together we fetch Luciano. Sometimes I accompany our host to the market in Encarnación, the border town, with Argentina across the Paraná. As it is winter, the light fades early. We sit in Erick's office reading our mail. Then we move to the big dining room for dinner, cards, reading, or chatting with Viviana Kuri who has joined us for the "opening ceremony."

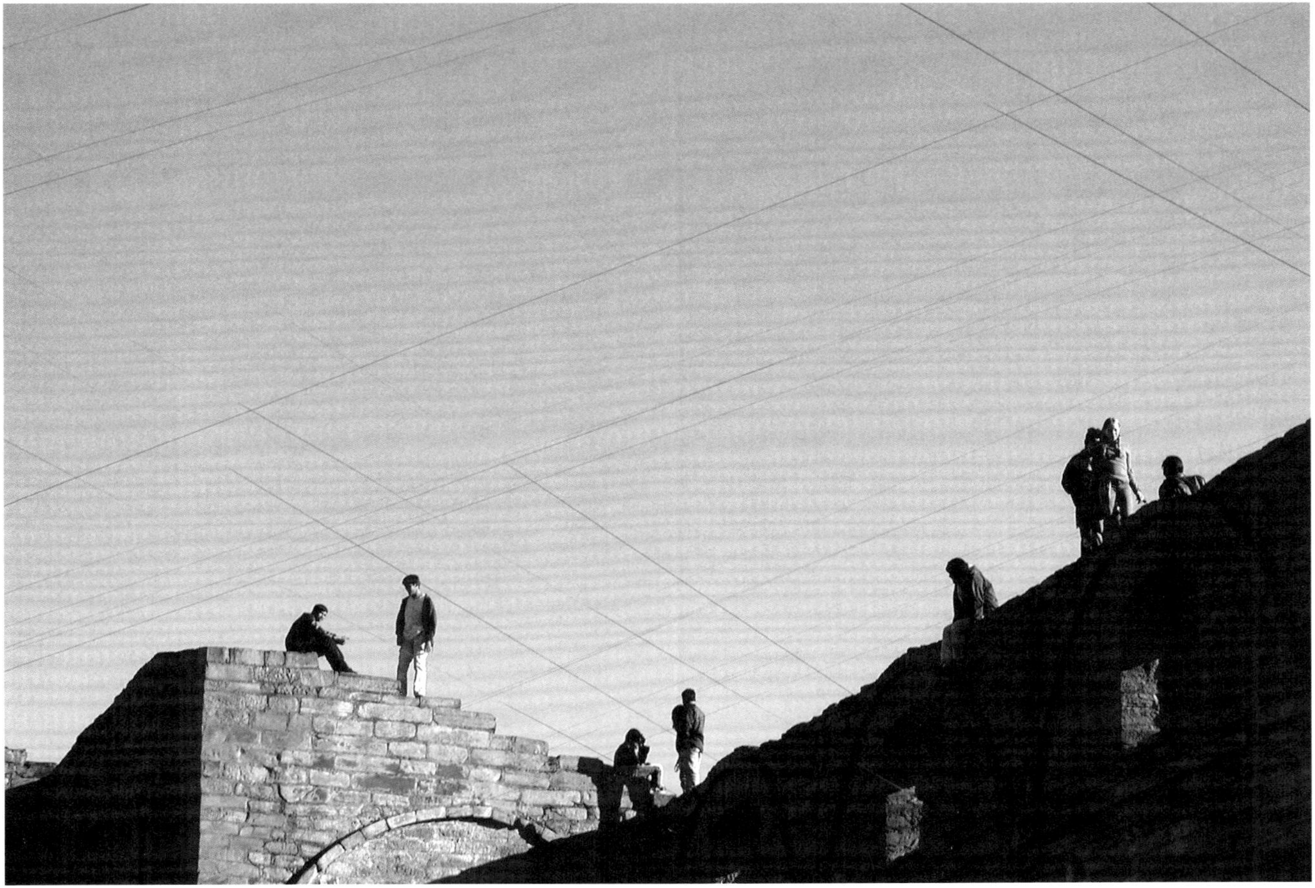

Jesús de Tavarangüe, Itapúa, Paraguay, 2003

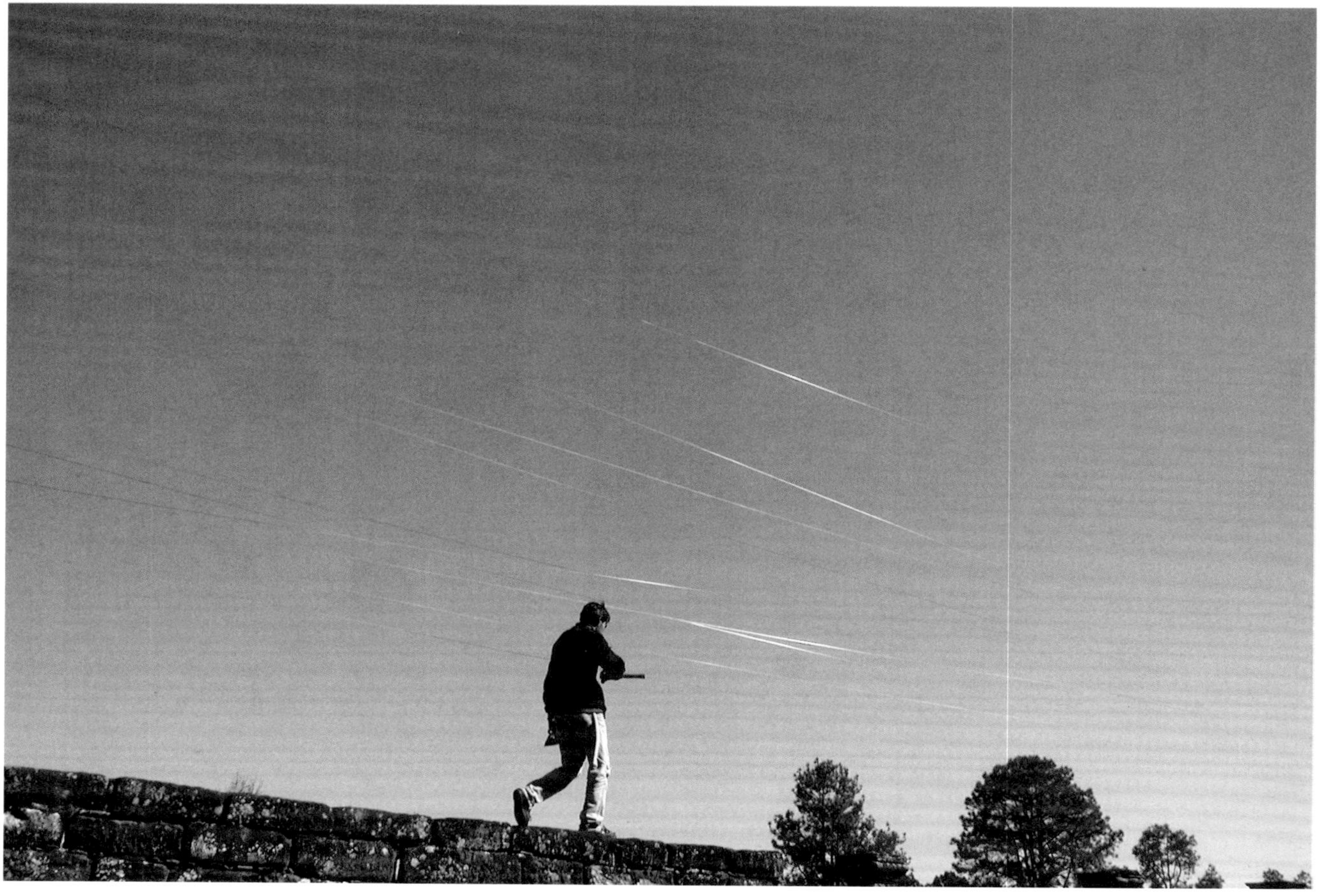

Misión Trinidad, Itapúa, Paraguay, 2003

Entreveros

VIVIANA KURI HADDAD

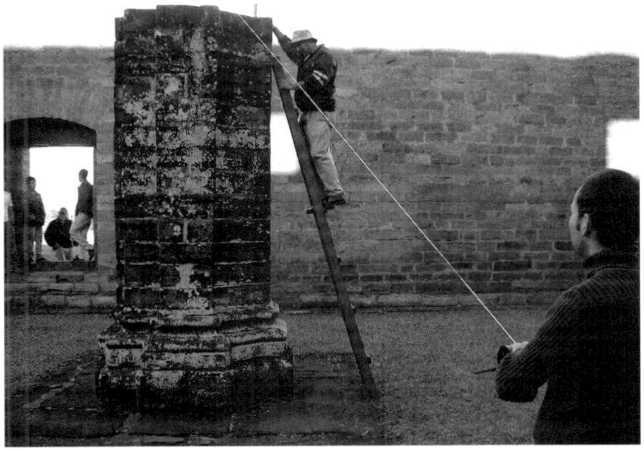

Jesús de Tavarangüe, Itapúa, Paraguay, 2003

Luciano Matus realizó sus intervenciones en sitios considerados como patrimonio mundial, ya sea en monumentos que forman parte de centros o ciudades históricas, o en conjuntos aislados, como por ejemplo las misiones jesuitas en Paraguay.

Las misiones fueron inscritas en la Lista de Patrimonio Mundial de la UNESCO en Cartagena de Indias, en el año de 1993. La Convención sobre la Protección del

Minglings

VIVIANA KURI HADDAD

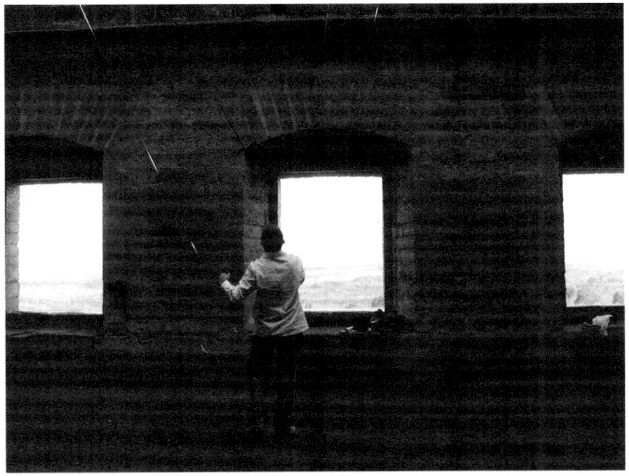

Jesús de Tavarangüe, Itapúa, Paraguay, 2003

Luciano Matus performed his interventions in places that are part of World Heritage: he worked either in monuments within historic centres or cities, or in isolated complexes such as the Jesuit missions of Paraguay.

These missions were inscribed in the UNESCO list of World Heritage Sites at Cartagena de Indias in 1933. The Convention Concerning the Protection of the World

Patrimonio Mundial Cultural y Natural es un instrumento que nace en el seno de la Organización de las Naciones Unidas para la Educación, la Ciencia y la Cultura (UNESCO) en la década de los setenta con la intención de identificar, conservar y difundir el patrimonio con valor excepcional y universal ubicado en todo el del mundo. Hoy en día, ciento setenta y siete países se han adherido a este documento[1].

Los paraguayos originalmente querían inscribir tres misiones pero el Comité de Patrimonio Mundial —instancia que toma la decisión final—, consideró que una de éstas, Santos Cosme y Damián— no cumplía

[1]Los pasos que los Estados deben seguir para lograr inscribir sus sitios en la Lista de Patrimonio Mundial son los siguientes: en primer lugar se debe hacer una identificación del patrimonio cuyas características cumplan con uno o más de los diez criterios (seis para bienes culturales, cuatro para naturales) que son requisito primordial de inscripción. A continuación hay que preparar un expediente que, entre otras cosas, debe contemplar la ubicación, descripción y justificación del sitio, así como garantías legales de protección, planes de manejo y delimitación de la zona de amortiguamiento o abrigo para los límites y el entorno del bien. El expediente se entrega en las oficinas centrales de la UNESCO en París, en el Centro d Patrimonio Mundial, para que esta institución acuda a sus órganos asesores, el Consejo Internacional para Sitios y Monumentos (ICOMOS) o la Organización Mundial para la Naturaleza (IUCN), de manera que éstos estudien el expediente y realicen una misión de evaluación al sitio. Las recomendaciones de estos organismos son tomadas en cuenta en las reuniones del Bureau y Comité de Patrimonio Mundial que sesionan normalmente una vez al año. El comité está integrado rotativamente por los representantes de veintiuno de los países miembros de la UNESCO y que están adheridos a la Convención. Es en la reunión anual del Comité que, tras analizar las recomendaciones tanto de los organismos asesores como del Bureau, además de una presentación audiovisual del bien, se toma la decisión final si éste debe ser inscrito, rechazado, pospuesto o diferido.

Cultural and Natural Heritage is an instrument which was created by the United Nations Educational, Scientific and Cultural Organization (UNESCO) during the early 1970s, with the mandate to identify, preserve and publicise outstanding examples of heritage anywhere in the world which possess exceptional and universal value.[1]

The Paraguayans originally wished to submit three distinct missions, but the World Heritage Committee, responsible for final decisions, considered that one of these, Santos Cosme y Damián, did not measure up to the required standards. This left only Jesús de Tavarangüe and La Santísima Trinidad de Paraná meeting the crite-

[1]The steps which countries must take in order to have their sites inscribed on the World Heritage List are as follows: first, an identificatory description of the site, showing that its characteristic match one or more of the ten criteria (six for cultural assets, four for natural environments). After that a dossier is prepared which must contain, among other data, the location, description and justification of the site, as well as outlining legal protection guarantees, management plans, and the design of a buffer zone to protect and shield the asset and its surroundings. The dossier must be delivered to the head office of UNESCO in Paris, seat of the World Heritage Centre -so that this insitution may consult its advisory bodies, the International Council on Monuments and Sites (ICOMOS) or the World Conservation IUnion (IUCN), which will examine the dossier and conduct an on-site evaluation. The recommendations issued by these bodies will be taken into account during the meeting of the World Heritage Bureau and Commitee, which normally take place annually. The Commitee is staffed on a rotating basis by representatives of 21 of the countries affiliated to UNESCO and adhering to the Convention. Having analyzed the findings of the advisory bodies and of the Bureau, it is during its annual meeting that the Commitee views an audiovisual presentation of the site and takes the final decision as to whether it merits to be listed, rejected, postponed or deferred.

con los requerimientos necesarios, quedando únicamente Jesús de Tavarangüe y La Santísima Trinidad de Paraná bajo el criterio (IV)[2]. A su vez el Comité invitó a Brasil, Argentina y Paraguay a estudiar una inscripción conjunta de las misiones jesuitas dentro de sus territorios.

Hicimos un recorrido relámpago por las misiones en la provincia argentina que lleva ese nombre. Logramos visitar unas cuantas, las de Loreto y San Ignacio Miní. Todo mundo tenía prisa menos Olivier y yo. Él había entrado a tomar una coca-cola a un establecimiento turístico entre restaurante y tiendita folclórica, frente a la puerta de acceso al sitio, y me llamó con señas pues había encontrado fotografías de Horacio Quiroga.

Resulta que Quiroga vivió ahí por un tiempo, su casa es ahora museo y fue el primer promotor de aquellas misiones. Luciano y los coordinadores de la AECI, nos esperaban impacientes en la camioneta y no pudimos oír lo que la dueña del establecimiento tenía que contar sobre el escritor, ni ver las fotos amarillentas que se exhibían junto con otros deprimentes objetos. A pesar de que Luciano no hizo sus intervenciones en las misiones argentinas, nuestro recorrido tuvo un mismo sentido: el de integrar y atar personas con referencias y

[2]Como requisito, los sitios deben ser inscritos bajo uno o más de los seis criterios que se manejan para bienes culturales. El criterio (IV) establece que el bien debe "ser un ejemplo sobresaliente de un tipo de construcción, de un conjunto arquitectónico, tecnológico o de paisaje, que ilustre una o más etapas significativas de la historia de la humanidad".

ria set out in Criterion *iv*[2]. At the same time, the Committee invited Brazil, Argentina and Paraguay to study the possibility of registering the missions on their respective soils as a joint site.

We made a lightning tour of the missions located in the eponymous Argentine province of Misiones, fitting in several, those at Loreto and San Ignacio Miní. Everyone was in a hurry except for Olivier and I. He wandered off to get a soda at the tourist outlet, a blend of snack bar and craft shop by the main gate, and began waving urgently at me: he had come across some photographs of Horacio Quiroga.

It turns out that Quiroga lived here for a while, in a house that is now a museum; he was the first person to promote the missions. Luciano and the AECI coordinators were waiting impatiently for us in the van and we could not stop and listen to what the woman running the shop had to say about the writer, nor linger over the yellowing prints exhibited beside other dispiriting objects. Although Luciano did not intervene any Argentine missions, our tour was an equivalent action: that of integrating and joining people to references and ancient memories in order to create new patterns. Our itinerary formed a single loop, like the threads, like the

[2]Each site must fulfil one or more of the six criteria established for cultural assets. Criterion *iv* stipulates that it must "be an outstanding example of a type of building or architectural or technological ensemble or landscape which illustrates (a) significant stage(s) in human history."

antiguos recuerdos para luego hacer nuevos registros. El camino fue un solo circuito tal como los hilos y la posibilidad que se sugiere entre los imanes de Luciano, que relacionan y van tejiendo encuentros a través del tiempo y en distintos espacios

Horacio Quiroga fue mi escritor favorito por mucho tiempo. Adolescente, me impresionó bastante; no sólo su obra, también su trágica vida. Entre otros dramas se suicidó su padre, y él mismo siguió sus pasos. Sus personajes daban vueltas en mi cabeza constantemente.

La provincia paraguaya de Itapúa está llena de japoneses y alemanes, una combinación extraña de ojos rasgados y germanos, agricultores pudientes unos y otros no tanto. Niños güeritos y descalzos caminan o andan en bicicleta por las calles terrosas.

Había una niña de rizos dorados, caireles, vestidito ampón y botines negros. Era la más pequeña de cuatro hermanos, y los cinco eran retrasados mentales. Un día, los muchachos, tras mirar cómo la sirvienta degollaba una gallina para la cena, agarraron a su hermanita por la pantorrilla y la arrastraron a la mesa de la cocina donde por la mañana habían atestiguado cómo se desangró el animal[3].

Nosotros no nos topamos con la niña bonita ni con los hermanos abandonados. Son personajes de un cuento de Quiroga. Sin embargo, Olivier fotografió al que

[3]Quiroga, Horacio, "La gallina degollada", en *Cuentos de amor, locura y muerte*, Editores Mexicanos, México, 2000.

possibility hovering between Luciano's magnets, which forge relationships and weave encounters through time and in different spaces.

Horacio Quiroga was my favourite writer for a long time. As an adolescent, I was intensely affected not only by his work, but also by the tragedy of his life. Among other dramas, his father committed suicide and he eventually followed suit. His characters were constantly alive in my mind.

The Paraguayan province of Itapúa is packed with Japanese and German emigrés, a strange combination of oriental and nordic looks. Some of them are prosperous farmers, others are not so lucky. Barefoot blond kids scamper or cycle along the muddy lanes.

There was one little girl with golden curls, in a baggy smock and black boots. She had four older brothers who were mentally retarded. One day, the boys saw the maid decapitate a chicken for dinner. Afterwards they fell on their sister, dragging her to the kitchen table where that morning they had watched the fowl bleed.[3]

We did not really meet the pretty little girl, or her abandoned brothers. They are characters in a story by Quiroga. And yet Olivier took a picture of a youth who might well have been a distant relative living in this dusty backwater, so bizarre, so far from everywhere.

[3]Quiroga, Horacio, "La gallina degollada", in *Cuentos de amor, locura y muerte*, Editores Mexicanos, Mexico, 2000.

bien podría ser un primo lejano de aquella niña en estas lugares terrosos, un poco extraños y lejanos. El rubito de mirada clara apareció tocando la guitarra en un figón al que Luciano, Olivier y yo, nos detuvimos a comer unas chipas, lo poco que había en el pueblo, antes de llegar a Jesús de Tavarangüe.

La Misión de Jesús de Tavarangüe nunca fue terminada por la expulsión de los jesuitas antes de finalizar la construcción del edificio. Quedó, pues, sin el techo. La edificación es imponente, con una techumbre de aire rematada por el cielo. La obra de Luciano consistió en imitar con dos carretes de hilo de metal el proyecto de la cubierta a dos aguas que nunca se construyó, pero de forma invertida. El hilo continuo se entrecruzaba en la nave principal hasta llegar a un espacio contiguo en donde finalmente los cables, aunque siempre en tensión, hallaron reposo en dos imanes encontrados. El día de la inauguración el Príncipe de Asturias, Felipe de Borbón, fue el primero en entrar acompañado por su comitiva. De pronto un sonido llenó el espacio e hizo que todas las cabezas se volvieran hacia arriba: los cables en tensión vibraban con el fuerte viento, como aleteo de pájaros de metal.

Horas antes de la apertura, nos llegó por radio-teléfono, la noticia de que alguien había soltado los cables de la intervención en la Misión de Trinidad del Paraná. Desencajado, Luciano trataba de entender qué había pasado. Su interlocutor, el custodio de Trinidad, parco en razones, lo desesperaba. Olivier no sabía nada (seguía

The fair boy with the pale eyes was playing the guitar at a cheap restaurant where Luciano, Olivier and I stopped for some *chipás*, corn cakes, practically all there was to eat on the way to Jesús de Tavarangüe.

The mission of Jesús de Tavarangüe was never completed, since the Jesuits were expelled from the continent before the building was finished. Most conspicuously, the roof is missing. The structure is no less imposing, with its lid of air weighted down by the sky. Luciano's piece consisted in two reels-worth of metal thread tracing the lines of the projected pitched roof, but upside down. A continuous thread criss-crossed the main aisle until reaching a contiguous space where the ends of the cables, in permanent tension, found repose in two contrary magnets. At the opening, the Prince of Asturias, Felipe de Borbón, was the first to come in, followed by his retinue. Suddenly a thrumming filled the air and everyone looked up: the stretched wires were vibrating in the wind, quivering like the wings of metal birds. Hours before the inauguration, we received news by radio-telephone that someone had pulled down the cables of the intervention at the Trinidad del Paraná mission. White-faced, Luciano tried to understand what had happened, becoming even more frustrated by the laconic, uninformative replies of the custodian at the mission. Olivier, still wielding his camera at the Misión de Jesús, knew nothing about it. Luciano and I found a telephone box administered by a peroxide blonde, and

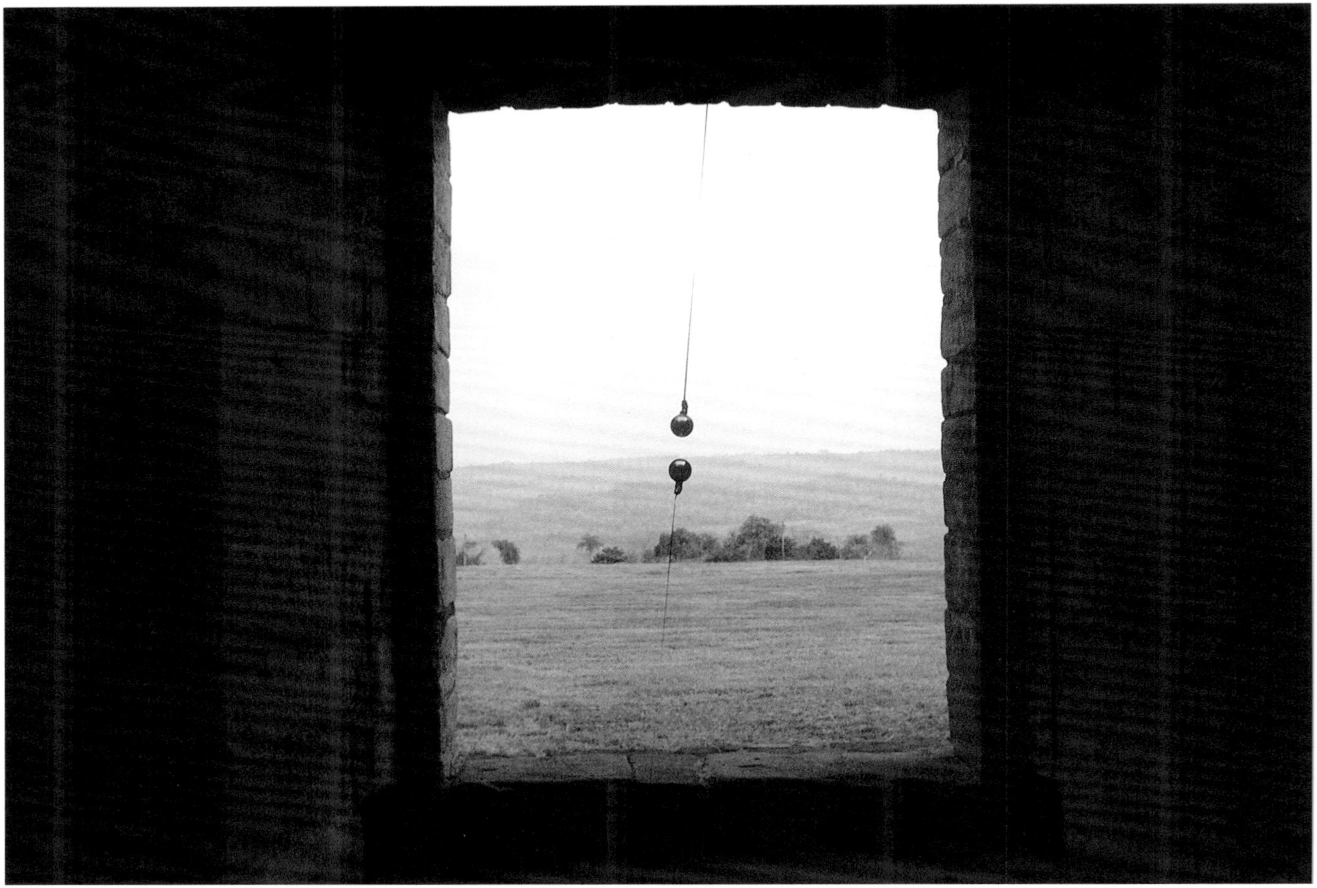

Jesús de Tavarangüe, Itapúa, Paraguay, 2003

tomando fotos en la Misión de Jesús). Luciano y yo encontramos una cabina telefónica que despachaba una güera teñida, y tratamos de saber la magnitud de los daños, pero ni oíamos ni entendíamos nada del relato de los chicos que —supuestamente— estaban custodiando la intervención. Al fin y al cabo conseguimos un aventón para llegar al sitio, a unos veinte kilómetros de donde nos encontrábamos. Cuando llegamos, sólo un par de alambres se mantenían tensados por encima de los muros en ruinas; el resto de ellos yacía hechos bolas en un gran nudo de fierros lacios.

La reacción inmediata del artista fue dejarlo todo así, y que ese mismo asalto fuera parte la obra.

Matus hace viable otra posibilidad abierta, una intervención creativa al patrimonio histórico mundial a través de una perspectiva actual, una conversación entre tiempos y espacios. Establece un diálogo entre lo histórico y lo contemporáneo, reinterpreta desde su lenguaje el pasado. Sus telarañas en tensión recrean espacios o entrelazan restos, obligando al espectador a interactuar, a ser parte de la obra y hacer su propia interpretación, a mirar hacia arriba, a caminar agachado haciéndole una reverencia al pasado del que, sin embargo, ahora no quedan más que escombros, hasta que alguien los mira y les da sentido. Luciano dota de sentidos al ayer con una visión puramente actual; la historia y las historias recorren sus hilos.

tried to elicit the scale of the damage, but we could not make head or tail of the explanations from the men who were supposed to be guarding the art work. At last we managed to get a lift to the site itself, some twenty kilometres away. We found only a couple of wires still stretched tight over the ruined walls; the rest was lying in a tangle, a huge knot of bent metal strings.

The artist's immediate reaction was to leave everything as it was, so that the vandalism became part of the piece.

Matus makes viable a new, open-ended possibility, that of creative interaction with the historic heritage of the world from a contemporary perspective, in a conversation between epochs and places. He establishes a dialogue between the historical and the current, reinterpreting the past by means of his own language. His tensed webs recreate spaces or link their vestiges, encouraging the spectator to participate, to enter into the work and respond to it in his own way, to stare upwards or crawl along the ground as if in homage to a past which is, by now, nothing but rubble—until someone comes along and looks, and recharges the ruins with meaning. Luciano endows yesterday with meanings through a gaze that belongs fully to today; histories and stories travel along his wires.

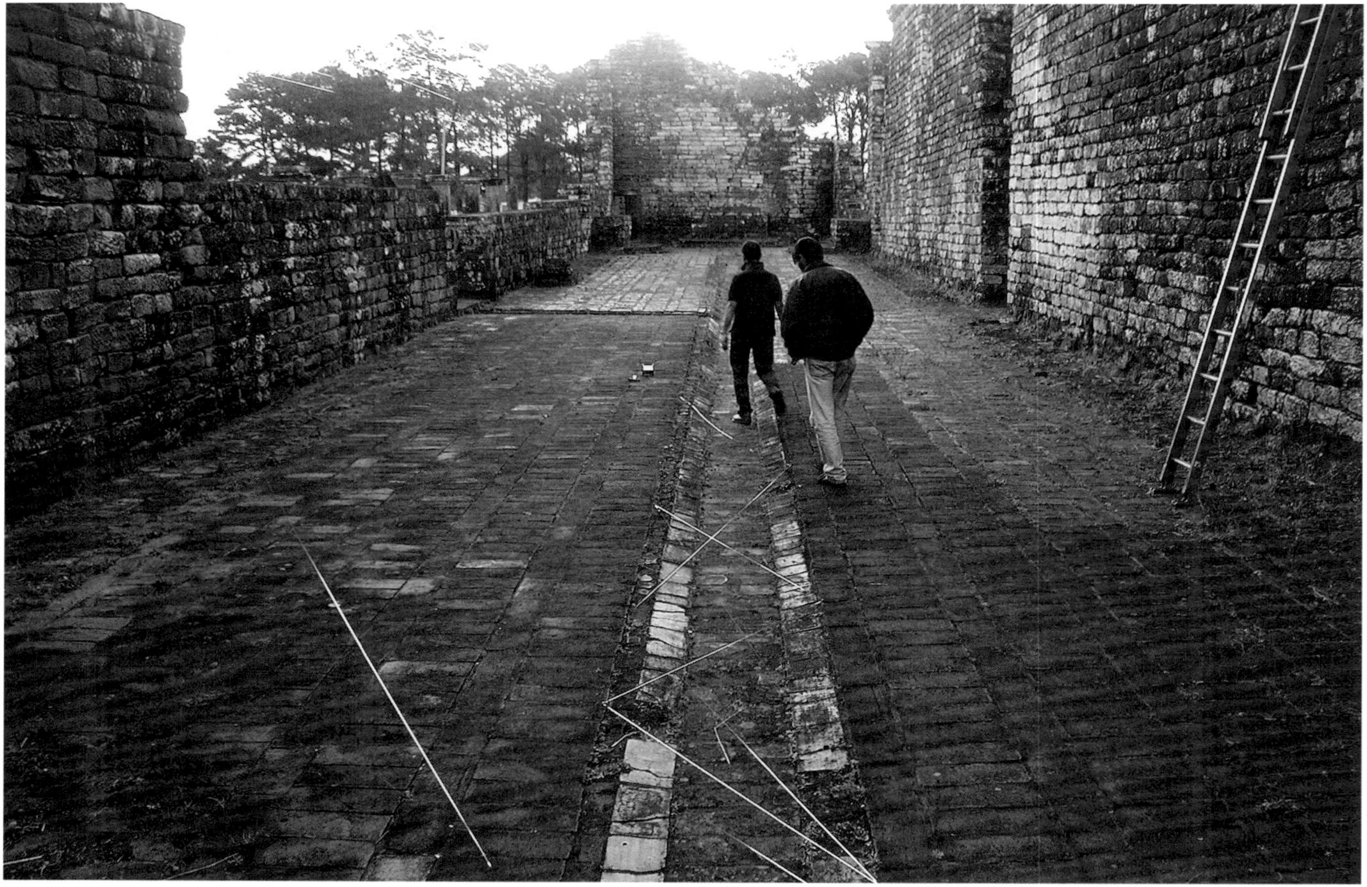

Misión Trinidad, Itapúa, Paraguay, 2003

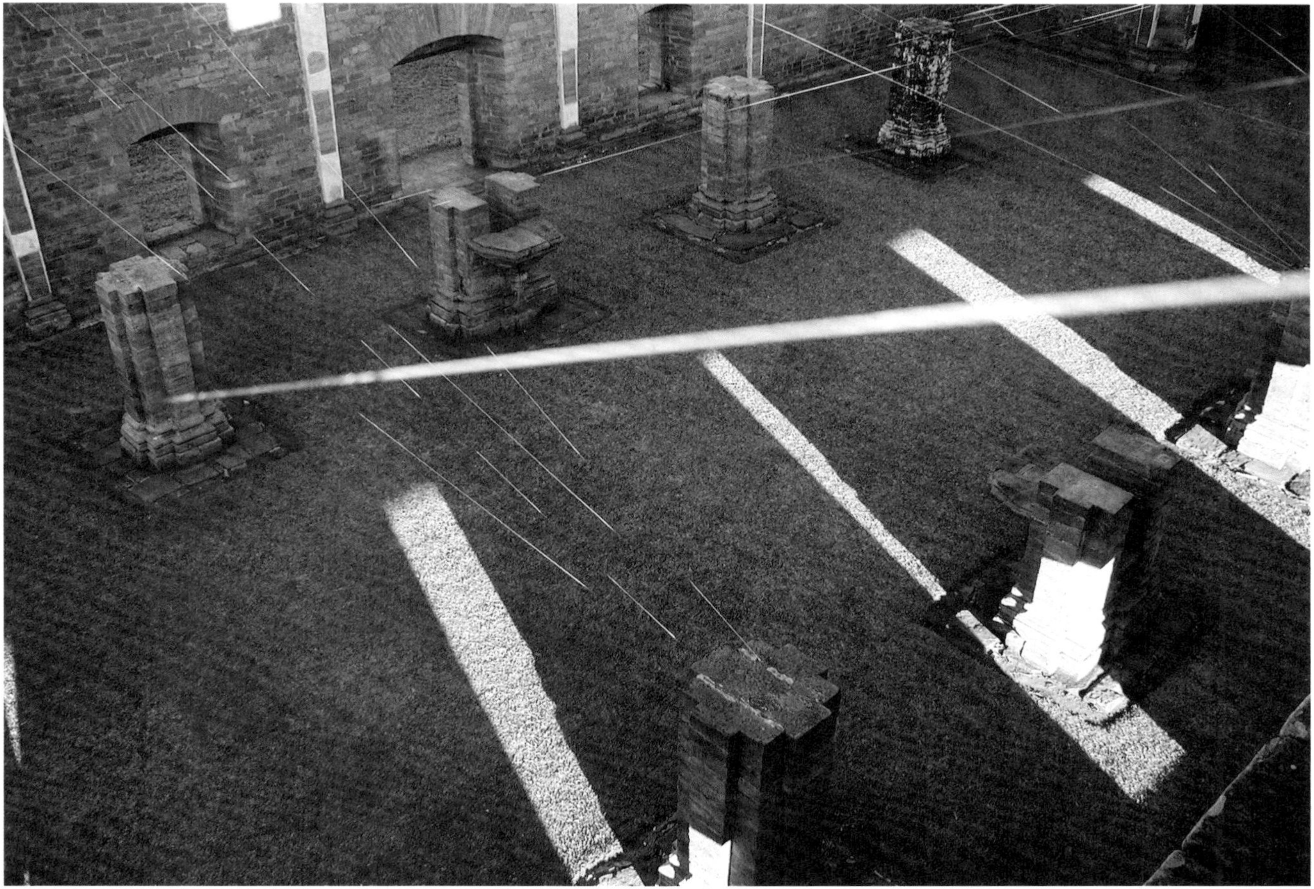

Jesús de Tavarangüe, Itapúa, Paraguay, 2003

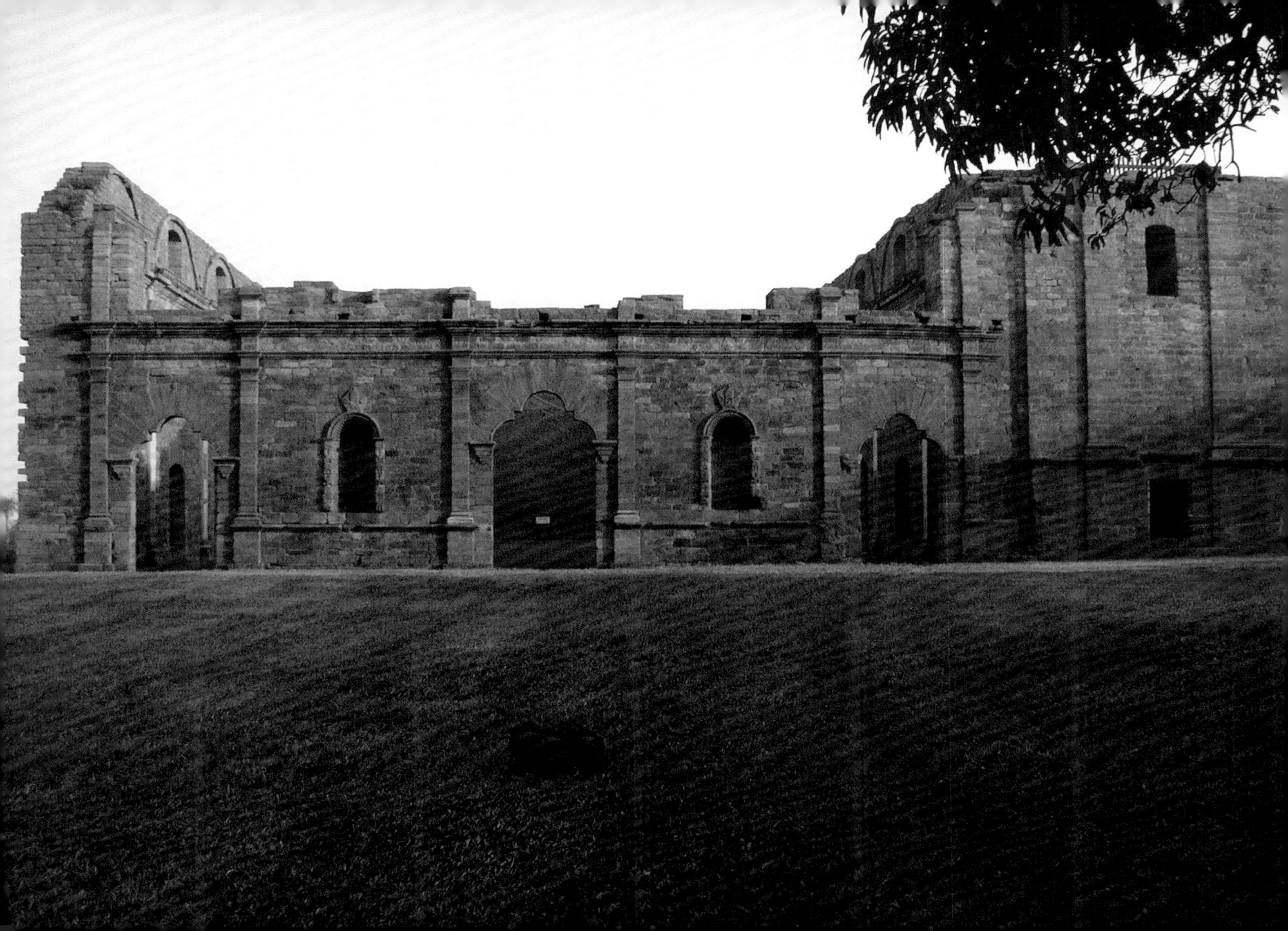

Lo que no fue: Jesús de Tavarangüe

OLIVIER DEBROISE

Hotel Tirol. 14 de agosto—. La Misión de Jesús de Tavarangüe es una de las últimas que construyeron los jesuitas en la llamada "provincia de misiones" que ahora se encuentra repartida entre Brasil, Paraguay y Argentina, a ambos lados del Paraná. Fundada en 1685 por el padre Jerónimo Delfín, sobre una alta explanada a un costado del río Monday, no estaba aún concluida, ni habitada, en 1767, cuando los jesuitas fueron expulsados de América. La gran paradoja de la Misión de Jesús, una de las más ambiciosas del proyecto misional jesuita en Paraguay, es que "nunca fue". Eso es lo que significa *tavarangüe* en tupi-guaraní, la lengua franca que adoptaron los frailes para catequizar y someter a los indígenas de esta extensa región.

En Jesús de Tavarangüe, el poblado que se constituyó en el siglo veinte a un costado de la misión, y vive principalmente del cultivo de hierba mate, se habla español, se habla alemán y japonés, pero la lengua común de los descendientes de estas diversas oleadas de colonos sigue siendo el tupi-guaraní. Esa es quizá la más importante herencia del proyecto misional jesuita de la región: Paraguay es el único país de América que tiene una lengua indígena oficial. Jesús de Tavarangüe es un poblado de media docena de calles de arcilla roja (la laterita), flanqueada por *bungalows* prefabricados y

What Never Was: Jesús de Tavarangüe

OLIVIER DEBROISE

Hotel Tirol. 14 August—. The Mission of Jesús de Tavarangüe was one of the last to be built by the Jesuit order in the "province of missions," as it was dubbed, an area now split between Paraguay and Argentina to either side of the Paraná. Founded in 1685 by Father Jerónimo Delfín, on a high bluff over the Monday River, it was neither completed nor inhabited in 1767, when the Jesuits were expulsed from America. The great paradox of this mission building, one of the most ambitious of the whole undertaking, is that it "never was." This is the translation of the word *tavarangüe* in Tupi-Guarani, the lingua franca adopted by the friars to catechize and subordinate the natives of this vast region.

Jesús de Tavarangüe is also the name of the village that sprang up during the twentieth century below the mission complex, and lives chiefly from the production of mate herb. The inhabitants may speak Spanish, German or Japanese; but the common language of the descendents of the various waves of settlers is still Tupi-Guarani. And this is doubtless the most far-reaching legacy of the Jesuit missionary project in the region. Paraguay is the only country in America where an indigenous language is one of the official ones. Jesús

Jesús de Tavarangüe, Itapúa, Paraguay, 2003

algunas casas de inspiración helvética —variación y fuga sobre el tema del chalet—. Existe, incluso, un café-internet, donde sirven las mejores hamburguesas que he comido en años, sentado ante una pulcra barra de formica y viendo *Friends* en televisión.

La misión se encuentra en la parte más alta del lugar, y domina con su silencio los valles circundantes. Desde que fue "recuperada" por Patrimonio Mundial de la UNESCO en 1993, la "Reducción Jesuítica de Jesús de Tavarangüe" —su nombre oficial con el núm. 648 en la Lista de Patrimonio Mundial— ha cambiado sustancialmente. En este caso, no es sólo culpa de la AECI, que se encargó de la "restauración", sino de la misma ambigüedad de su condición.

Una misión que nunca fue...

Una ruina sin acabar.

Para los arquitectos, restauradores e historiadores de las misiones jesuitas del Paraguay, Jesús de Tavarangüe se ha vuelto paradigma de estudio, puesto que, como "nunca fue", lo que ahí quedó es un "programa" que no sufrió alteraciones, y permite analizar en qué consistía la utopía jesuita. Se trata de una traza arquitectónica impoluta: aquí, la nave principal; al fondo, la sacristía, con su fuente para el ritual del lavadero; más allá, las aulas (puesto que, como para cualquier misión jesuita, la parte educativa, los colegios, eran fundamentales, si no la razón de ser del conjunto); luego, los servicios —huertos, vergeles, hortalizas, lugares de experimentos y aclimataciones botánicos—; luego, las casas de

de Tavarangüe is a hamlet of half a dozen streets lined with red clay (laterite); it is flanked by a sprinkling of prefabricated bungalows, and a few homes of Swiss inspiration—variations and fugue upon the chalet theme. It even has an Internet café, where they serve the best hamburgers I've tasted in years, sitting at a hygienic formica counter watching *Friends* on TV.

The mission is uphill, at the top of the village, casting its silence over the neighbouring valleys. Ever since it was "rescued" as a UNESCO World Heritage Site in 1993, the converted Indian "reduction"—or, to quote its official title as Site no. 648, the "Reducción Jesuítica de Jesús de Tavarangüe"—has changed substantially. For once it is not all the fault of AECI, which undertook the restoration, but a consequence of the very ambiguity of its status.

The mission that never was...

An unfinished ruin.

All the architects, restorers and historians of the Paraguay missions approach Jesús de Tavarangüe as the high spot of their research, because since it "never was," what we see is an intact "programme" which did not evolve, allowing us to contemplate a model of the Jesuit utopia. The architectural design is pristine: here, the central aisle; at back, the sacristy, with its fountain for the washing ritual; beyond, the classrooms (since as in all Jesuit missions, the educational aspect, the colleges, were a fundamental and even prime *raison d'être* for the rest); then there are the service and auxiliary

Jesús de Tavarangüe, Itapúa, Paraguay, 2003

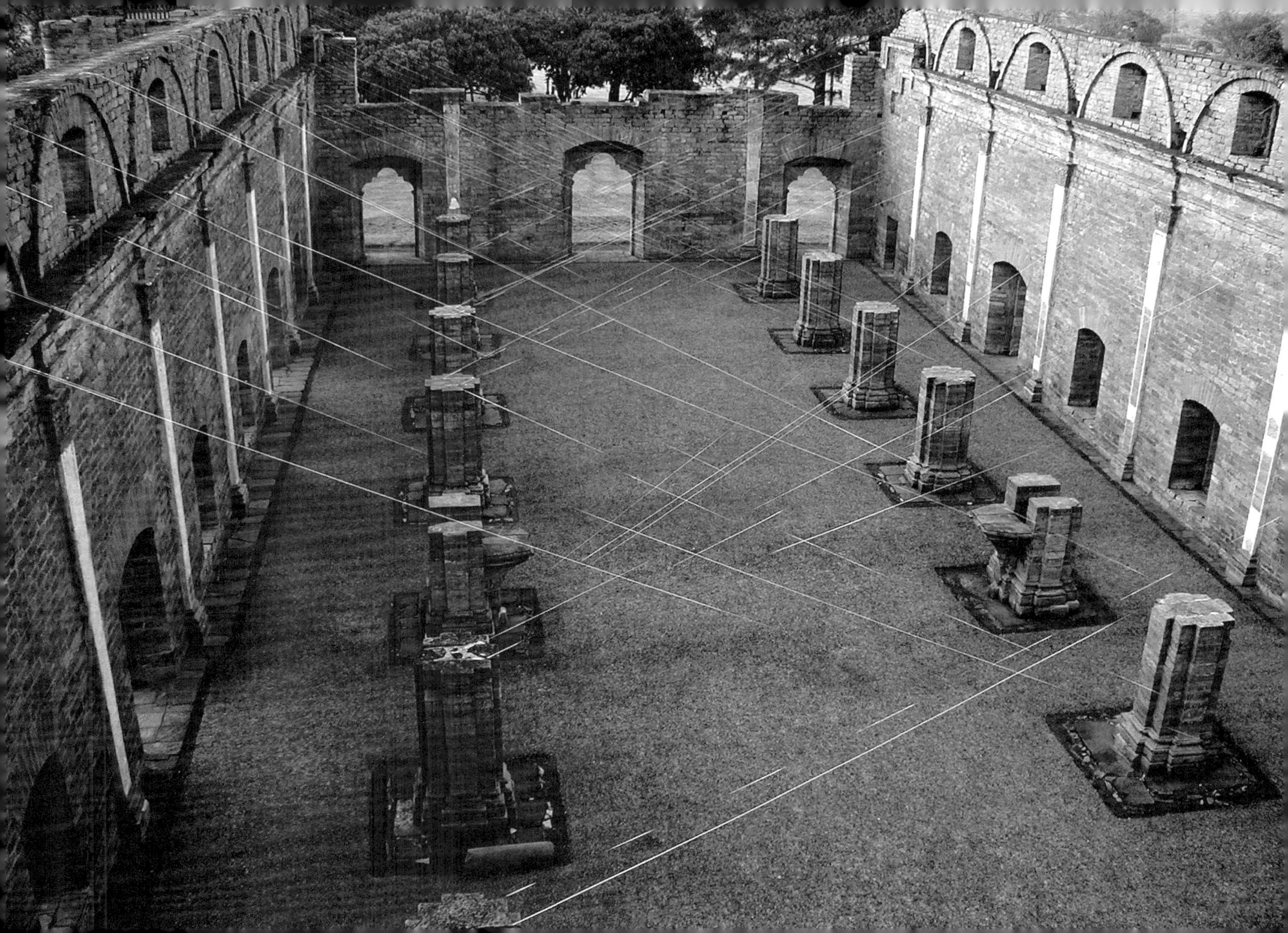

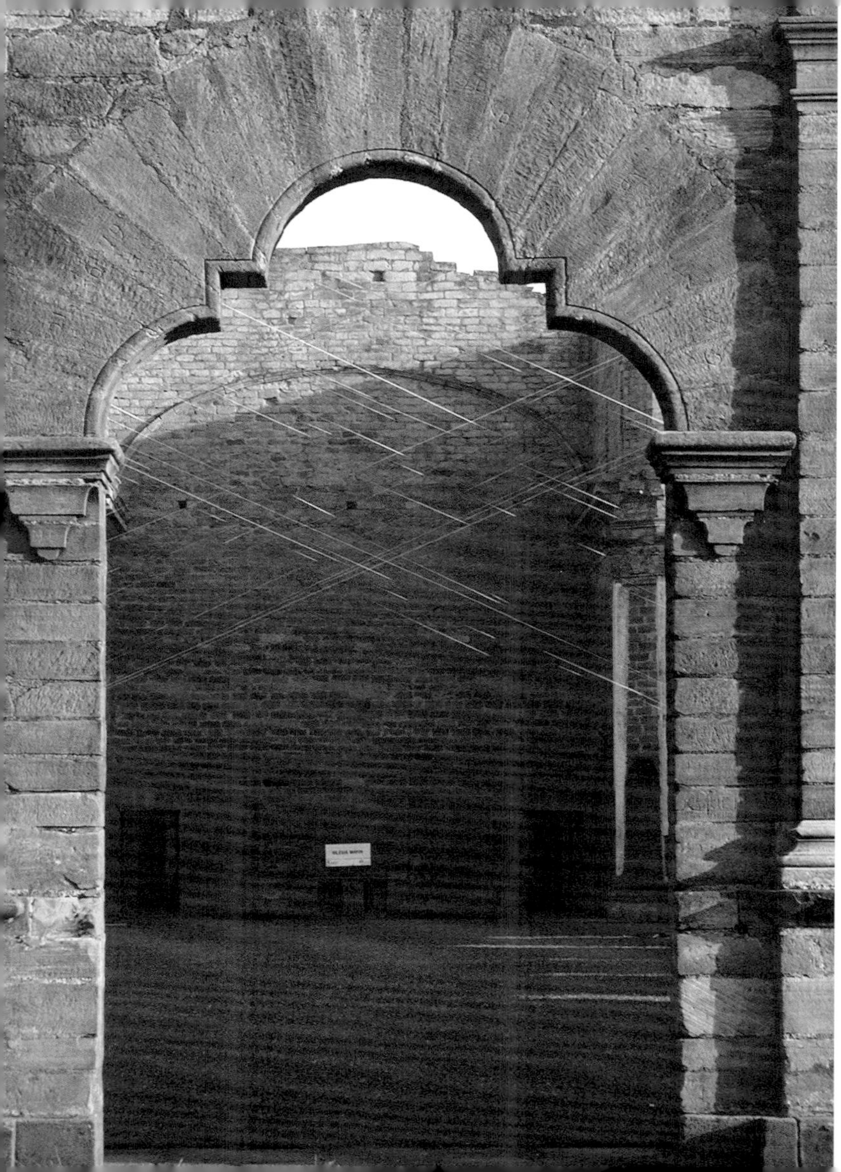

Jesús de Tavarangüe, Itapúa, Paraguay, 2003

indios... De éstas sólo queda, aquí, cimientos cuadriculados, como una especie de suburbios apenas esbozados.

La gran diferencia entre Jesús de Tavarangüe y los colegios jesuitas que conocemos (Tepotzotlán, en el Estado de México, como el que más) es que este no fue amurallado: la "ciudad perfecta" se integraría definitivamente a la naturaleza circundante, y formaría parte de esta misma Natura. No es casual, creo, que las aulas del colegio debían abrirse sobre el valle del río Monday, una lenta bajada plantada de árboles frutales, punteada de palmeras, donde reverbera la luz del Paraguay en fina bruma solar.

(Estamos muy lejos aquí de Asunción y el sur de Paraguay; aquí, no hay quemas, aquí la luz es simplemente radiante, y tiembla sobre la laterita roja de los caminos.)

Pensé, en algún momento, que la Misión de Jesús de Tavarangüe era un invento reciente, un proyecto más de restauración de la AECI supervisado por Patrimonio Mundial, una ruina sin concluir implantada románticamente al modo de Viollet-le-Duc o Claude Lorrain, para transformar un paisaje y volverlo atracción turística. Sin embargo, después de recorrer doce misiones jesuitas, en Paraguay y en Argentina, ahora sé que no es así. Jesús de Tavarangüe sí es el broche final del proyecto jesuita en el Paraguay, un intento límite y la revelación de una estética muy particular, que se inserta en el romanticismo y deriva del humanismo de un Jean-Jacques Rousseau: la integración del arte (la arquitectura, la

areas, orchards, vegetable gardens, greenhouses for botanical transplants and experiments; last and not least, the Indian houses, of which all that remains here is a checkerboard of foundations, like an incipient suburb, to the west.

The major difference between Jesús de Tavarangüe and the Jesuit colleges we are familiar with (Tepotzotlán, in the State of Mexico, is the best-known to me) is that the former was not enclosed: the perfect city would integrate with the natural world round about, and form a part of that Natura. It is surely no coincidence that the college classrooms were positioned to overlook the valley of the Monday River, a soft incline planted with fruit trees and spiked with tall palms, where an intense Paraguayan light reverberates through the misty air.

(How far away we are from Asunción and the south of the country: here, there is no burning, here the light is simply radiant, and quivers over the red laterite of the roads.)

I thought at one point that the Mission of Jesús de Tavarangüe was a recent invention, another restoration idea from AECI sponsored by World Heritage, an unfinished ruin, romantically implanted like a folly by Viollet-le-Duc or Claude Lorrain, in order to transform a landscape and turn it into a tourist attraction. But after seeing twelve other Jesuit missions, in both Paraguay and Argentina, I realised that this was not the case. In reality, Jesús de Tavarangüe constitutes the cherry on the cake of the Jesuit project in Paraguay. It

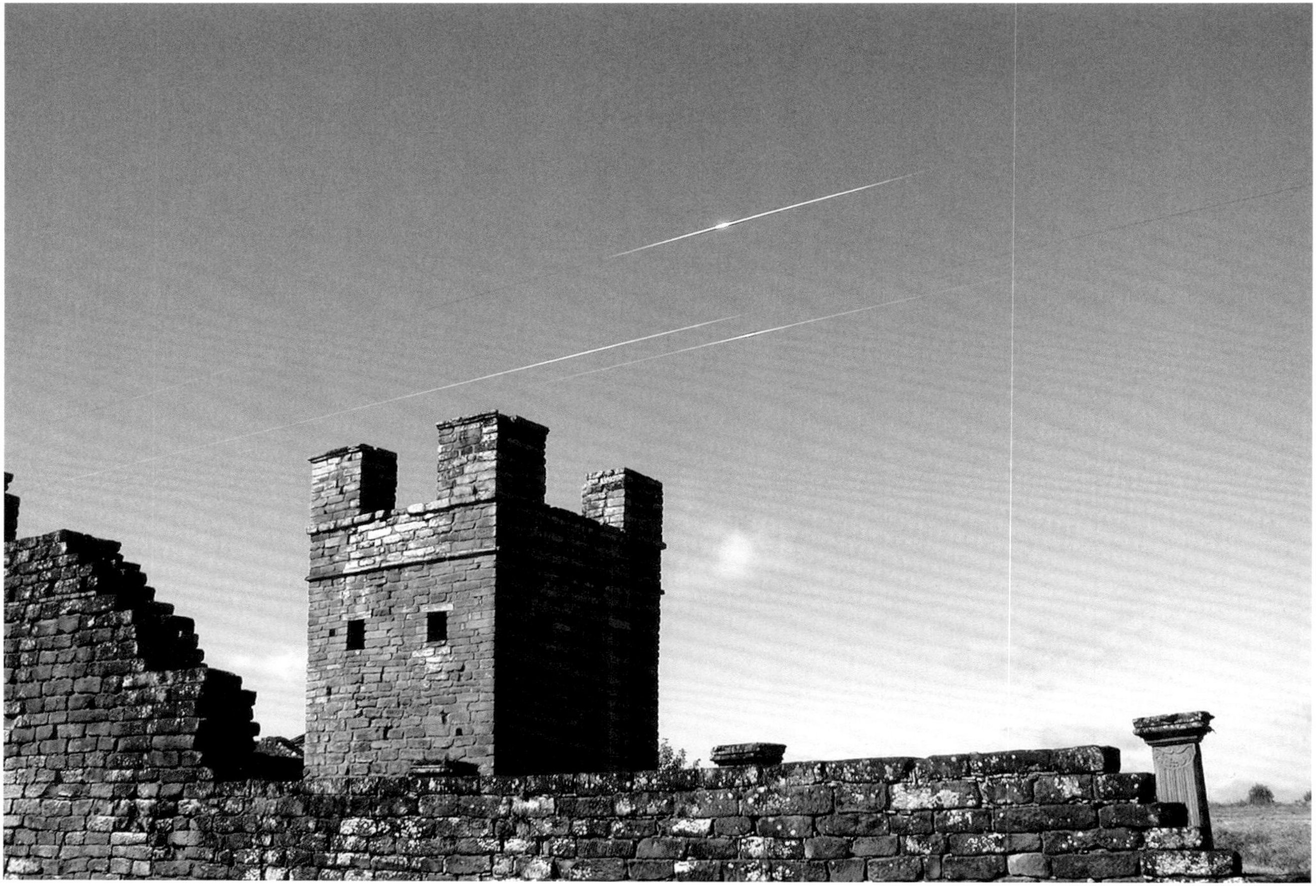

Misión Trinidad, Itapúa, Paraguay, 2003

escultura, la sociedad toda) en un vergel. La diferencia queda establecida, sin ir más lejos, por las murallas de la Misión de la Santísima Trinidad del Paraná, que se encuentra apenas a quince kilómetros de Jesús de Tavarangüe, pero pertenece a una etapa anterior del proyecto misional —una etapa de paranoia, de necesidad de catequizar por la fuerza, de enclaustrarse aún al modo medieval y cerrarse al mundo—. Abierto de par en par, en medio de su vergel, bajo la luz imponderable del Paraguay, recorrido por las brisas del Paraná, Jesús de Tavarangüe iba a demostrar la integración del proyecto humano a la naturaleza de América.

Quizá por eso nunca fue y, en 1767, cuando el programa quedó trunco y los muros sin acabar y sin adornar, las columnas a medias que iban a sostener un techo inmenso, quedaron como lo que son ahora, columnas sin sentido, como implantadas al azar.

Porque la naturaleza, aquí, fue la que ganó.

En vez de ponerme a escribir, en mi chalet del Hotel Tirol, prefiero acompañar a Luciano a Jesús de Tavarangüe, tirarme en la hierba, sentarme en el borde de las ventanas del colegio inconcluso, a ver pasar las nubes y caer la tarde en el valle del río Monday. También prefiero imaginar la población que nunca fue, mientras Luciano construye el techo —aunque invertido, pero simulado— que nunca fue. Desde el momento en que empieza a tender su doble cable de níquel entre las columnas y los remaches que, en algún momento del siglo dieciocho, iban a atrapar vigas de madera, el vien-

is an experiment at the limit, the embodiment of a peculiar aesthetic allied with romanticism and responding to the humanism of Rousseau: the merging of art (architecture, sculpture, society as a whole) with an orchard. To grasp the difference one need only compare this place with the walled Santísima Trinidad del Paraná, a mission lying only ten miles from Jesús de Tavarangüe, but reflecting an earlier stage of the missionary effort: a paranoid stage, requiring forced indoctrination of the flock, medieval cloistering of the priests, closure to the world. Jesús de Tavarangüe was to stand open to the four winds, nestling amid fruitful trees under the fathomless light, refreshed by the breezes of the Paraná; it was going to demonstrate the fusion of the human project with the nature of America.

And that's why, perhaps, it never was. In 1767, when the Jesuit project was cut short, these walls were left half built and unadorned, and these columns, intended to support a huge roof, were left as we see them now, meaningless stumps, as though scattered at random.

The victory, here, was scored by nature.

Rather than sit writing in my little chalet room at the Hotel Tirol, I prefer to accompany Luciano to Jesús de Tavarangüe, where I can lie in the grass or sit in the embrasure of a college window, watching the clouds sail overhead and the evening descend over the Monday valley. I like to imagine the community that never was, while Luciano constructs the roof—an

to que viaja sobre los grandes ríos empieza a llenar la nave inconclusa de susurros y de gritos, como las voces de los alumnos del colegio que nunca fue, clamando por encima de las palmeras y los troncos torcidos y mutilados de la hierba mate, y los caminos de laterita roja, y el río Monday, y los riachuelos que corren hacia el Paraná, *tavarangüe, tavarangüe,* nunca fue, nunca fue... No nos dieron ninguna oportunidad, por eso estamos cómo estamos, por eso nos hicieron lo que somos, en tupi y en guaraní.

El viento se infiltra por las ventanas de la sacristía que nunca sirvió como sacristía, entre las columnas que nunca sostuvieron el techo que no fue. Su fuerza tumba los imanes que soportan la inasible estructura que pretende remachar lo que no fue. El sonido es ensordecedor: como si un helicóptero estuviera aterrizando en el jardín de la hespérides.

Es domingo. Río abajo, una luna llena tempranera se alza por encima de los altos muros de piedras arrancadas a la cantera, y traídas una por una por manos guaraníes, durante casi un siglo, para terminar haciendo lo que nunca fue. Los descendientes guaraníes mezclados con argentinos, alemanes, polacos, japoneses y quién sabe qué más, invadieron a Jesús de Tavarangüe para ver qué es lo que Luciano está haciendo. Ésos son su territorio, su lugar, sus muros, sus piedras, sus vientos. Hoy, ríen con nosotros, en el viento guaraní.

Hay un naranjo solitario frente al pórtico de Jesús Tavarangüe, cubierto de frutas que se tornan doradas en el atardecer paraguayo.

inverted simulation of it—that never was. From the moment he began to extend his double nickel thread between the columns and the rivets which were meant, at some time during the eighteenth century, to fasten wooden rafters, the wind that travels down mighty rivers began to fill the unfinished nave with cries and whispers, like the voices of students at the College that never was, keening over the tops of the palm trees and the gnarled mutilated stems of the mate plants, and the red dust of the roads, and the Monday River, and the streams flowing towards the Paraná, *tavarangüe, tavarangüe,* never was, never was... We never had a chance, that's why we are this way, that's why they made us as we are, in Tupi and in Guarani.

The wind whistles through the bays of the sacristy that never served as one, soughs between the columns that never sustained the roof that never existed. Its violence knocks over the magnets supporting the elusive structure that pretends to clinch something that never was. The sound of it is deafening: as though a chopper were trying to land in the garden of the Hesperides.

Today is Sunday. Downriver, a full moon hoists itself pallidly above the high walls of stones hacked from the quarry and carried here one by one on Guarani backs, for almost a hundred years, to build something that would never be. The descendants of those Guaranis, mingled with Argentine, German, Polish, Japanese and who knows what other bloods, invaded the shell of Jesús de Tavarangüe to see what on

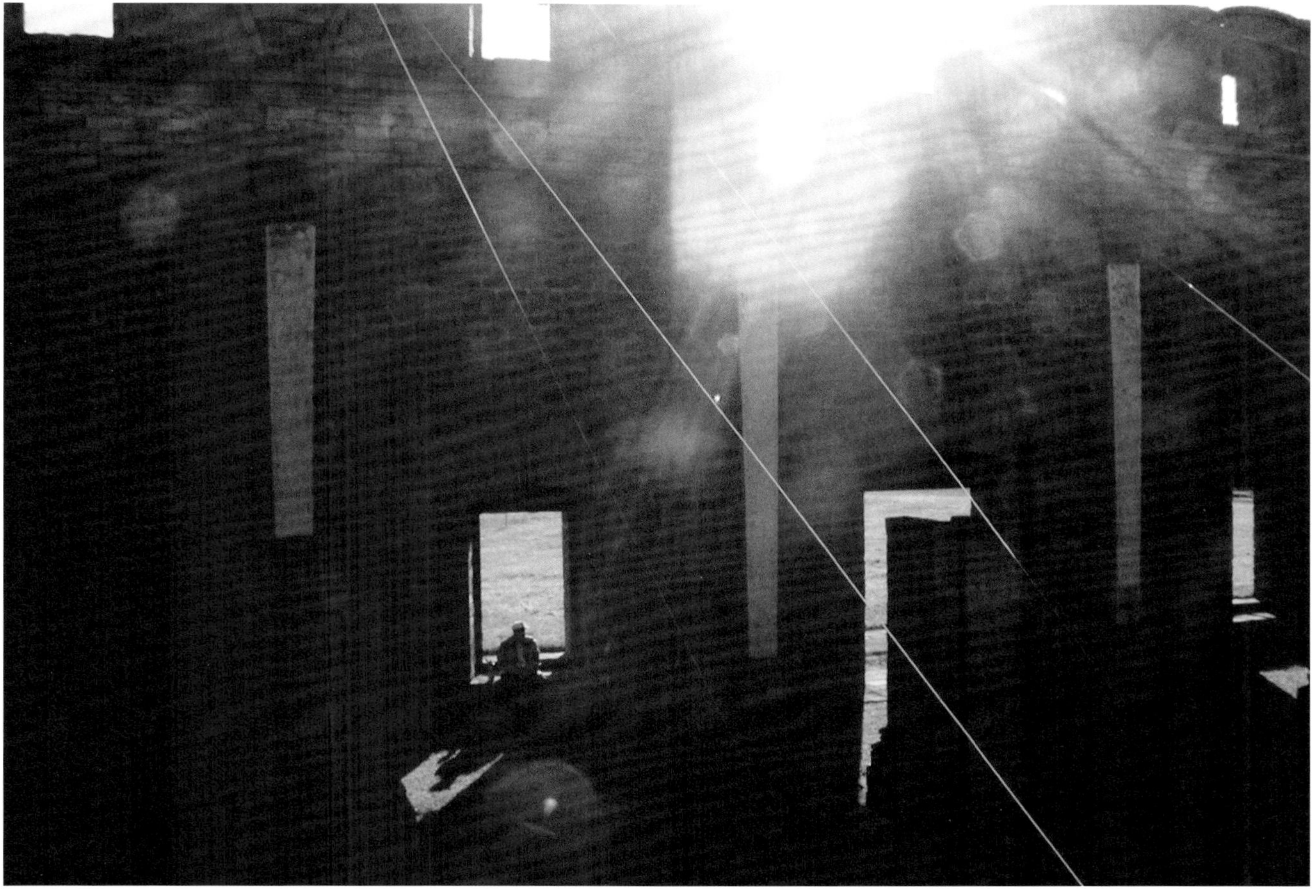

Jesús de Tavarangüe, Itapúa, Paraguay, 2003

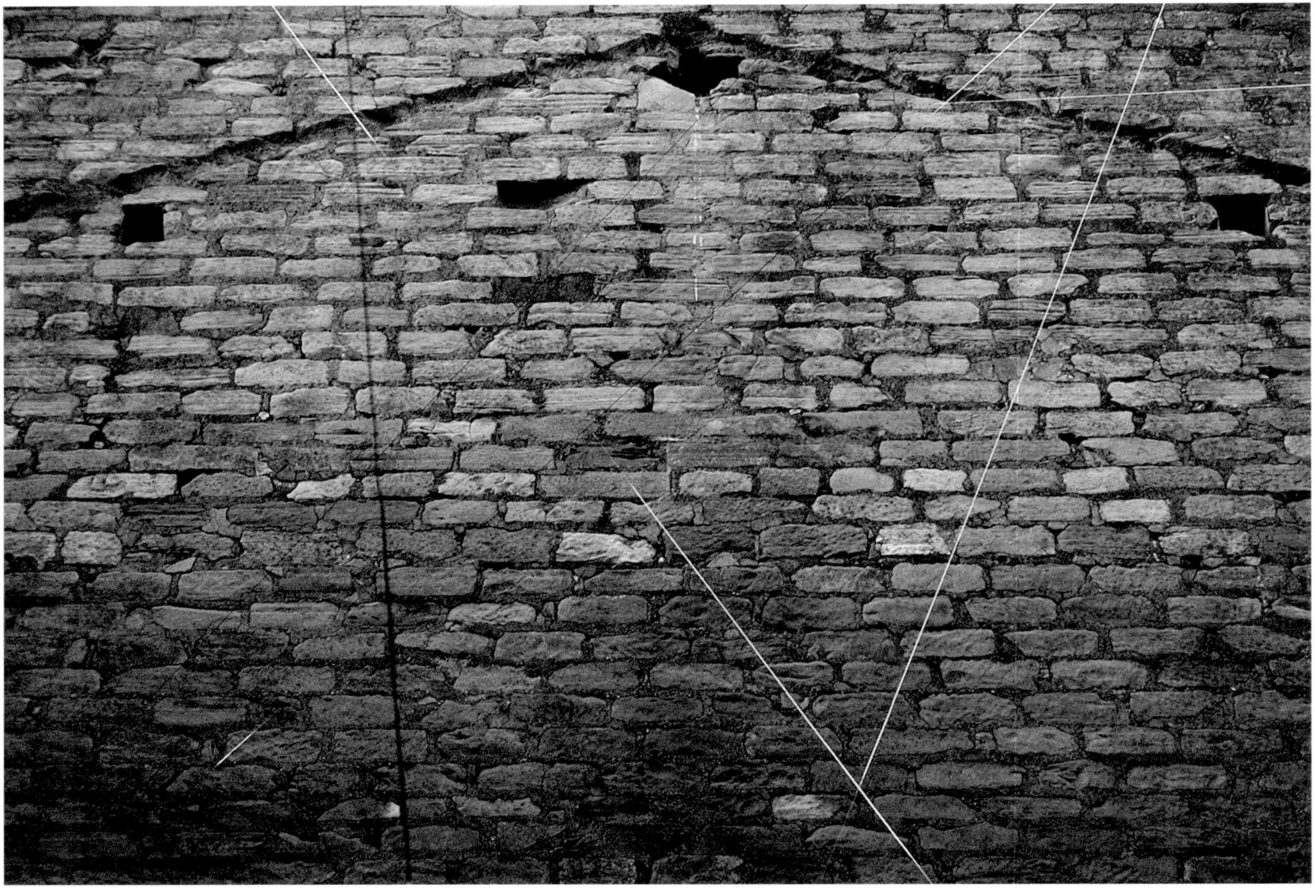

Jesús de Tavarangüe, Itapúa, Paraguay, 2003

Por eso no quiero hablar de la inauguración oficial, ni de la visita de Felipe de Borbón, manejando él mismo un avión de las fuerzas aéreas paraguayas, ni de la carpa con plástico, ni de los platillos "típicos", ni de la orquesta que entonaba *El lago azul de Ypacarai,* ni de nuestra última noche en el Hotel Papillon, en la carretera hacia Ciudad del Este, cuando mesas de familias japonesas junto a largas mesas de alemanes y de españoles brindaban sin mirarse racialmente a los ojos, aquí de sake, allá con cerveza o vino de Rioja, y sin mirarse, en la madrugada borracha del camino a Ciudad del Este, entonaron juntos y en sus lenguas respectivas: "Soy paraguayo, y qué, y qué, y qué...".

Buenos Aires, 17 de agosto—. En menos de doce horas, cruzamos cuatro veces la frontera entre Paraguay y Argentina; primero por el puente entre Encarnación y Posadas en el Alto Paraná, para recorrer las misiones jesuitas al este del río; luego, después de cincuenta kilómetros sobre la calzada del embalse de Yaciretá, para hundirnos en las entrañas de la presa hidroeléctrica binacional, en la afluencia del Paraná y el Uruguay. Aun cuando opera al cuarenta por ciento de su capacidad, Yaciretá suministra energía eléctrica a São Paulo, Montevideo, Buenos Aires y puntos intermedios. El desvió por Yaciretá no estaba programado en el viaje, pero, después de una breve visita a la Misión de los Santos Cosme y Damián, en la ribera de lo que fue río y ahora es lago, nos hundimos bajo la cascada de quin-

earth Luciano was up to. This is their territory, their place, their walls, their stones, their wind. They were laughing with us today, in the Guarani wind.

There is an orange tree before the portico of Jesús de Tavarangüe, hung with fruits that shine like gold in the Paraguayan dusk.

That is why I do not wish to describe the official opening, or the visit by Felipe de Borbón, Prince of Asturias, piloting a Paraguayan Air Force plane all by himself, or the big plastic marquee, or the "typical" dishes, or the orchestra playing *El lago azul de Ypacarai,* or our last night in the Hotel Papillon, on the road out to Ciudad del Este, as tables full of Japanese, and Germans, and Spaniards, began toasting each other without looking racially at anyone else, here with sake, there with beer or Rioja wine and without a glance for each other in the drunken wee hours of the road to Ciudad del Este, and struck up simultaneous choruses each in their respective language: *"Soy paraguayo, y qué, y qué, y qué..."* (I'm a Paraguayan, so what, so what, so what).

Buenos Aires, 17 August—. In under twelve hours, we crossed the frontier between Paraguay and Argentina four times: first via the bridge from Encarnación to Posadas, in the Alto Paraná, to look at the Jesuit missions east of the river; then, after fifty kilometres on the Yaciretá dam road, we plunged into the depths of the binational hydro-electric dam at the confluence of

ce metros de altura, en un paisaje subterráneo que pudo haber sido diseñado por Stanley Kubrick: un kilómetro y ocho pisos de galerías de concreto bruto, asépticas y ensordecedoras, que recorremos a pie o en bicicleta, a la luz de los neones, hasta llegar a la turbina que gira sin cesar, sin cesar.

Afuera, en el poniente de esta última tarde sobre el Alto Paraná, vuelan gaviotas extraviadas, que llegan del mar siguiendo a las pangas repletas de trigo y soya, en un sentido, Mercedes y tubos de PVC en el otro, desde el río de La Plata hasta los Andes. En la cabina de mando, símil de un centro de dirección de la NASA, nos enteramos que la luz se fue en Nueva York —luego aprenderemos que no sólo fue en Nueva York, también en Chicago y en Minneapolis, y en Boston...—. Mientras, y tal vez por cierta perversidad, el director de la planta redirige ante nosotros, quién sabe cuántos millones de kilowatios al Retiro, sacándolos de tal o cual barrio de la provincia de Buenos Aires en que los "cartoneros" produjeron disturbios, y atiende, al mismo tiempo, la demanda de una empresa brasileña dispuesta a pagar cuatro centavos más de dólar que su competidor argentino. (En Brasil, la energía eléctrica está liberada, lo que permite a las empresas regatearla sin control, lo que no sucede en Argentina, donde es estatal, pero a merced de la política.)

Nueva York y la costa este de Estados Unidos están a oscuras desde hace varias horas —una televisión, conectada a CNN, nos muestra a los burócratas de Wall

the Paraná and the Uruguay. Even when it is operating at forty per cent capacity, Yaciretá supplies electricity to São Paulo, Montevideo, Buenos Aires and points between. The detour via Yaciretá was not part of our original plan, but after a brief hop to see the Mission of Santos Cosme y Damián, on the edge of what used to be a river and is now a reservoir, we ventured under the fifteen-metre high cascade into an underground landscape that might have been designed by Stanley Kubrick: a kilometre and eight storeys of naked concrete, aseptic and deafening, which we explored on foot or by bicycle, under neon strip lights, as far as the turbine revolving without pause, without end.

Outside, in the dying glow of this our last afternoon on the Alto Paraná, gulls are wheeling, strays that wander inland following the wheat and soya barges going one way, the lighters laded with Mercedes cars and PVC tubes going the other, from the River Plate to the Andes. In the control room, which looks not unlike the NASA version, we hear about the black-out in New York—then we learn that it wasn't just New York, it spread to Chicago and Minneapolis and Boston...

Meanwhile, maliciously ramming the point home, the plant manager redirects before our eyes a few million kilowatts to the Buenos Aires neighbourhood of El Retiro, having withdrawn them from somewhere in the outlying province where some bolshy *cartoneros* were creating a disturbance. At the same time he deals with the request of a Brazilian company, willing to pay

Street caminando por los puentes en un hermoso atardecer de verano—; aquí en el corazón del capitalismo energético austral, sentimos la vibración de la turbina que gira en la noche, y nos ilumina y nos embriaga de poder. Podríamos quedarnos aquí, inventar algo nuevo, aquí…, la fuerza del agua, el poder, y su contrario, el vacío…

El corazón de la turbina de Yaciretá es un imán así de grande, y gira sobre sí mismo.

Me quedo en Buenos Aires. Luciano regresó a México. Hace rato, nos despedimos en la banqueta del aeropuerto de Ezeiza, en una noche helada del invierno argentino. "¿Se acabó?", me preguntó Luciano. Asentí con la cabeza.

El taxi me dejó en Barrio Norte, y me siento desatado.

four more cents in the dollar for power than its Argentine competitor (in Brazil, electric power is deregulated, so that companies can bid as much or as little as they please; not so in Argentina, where it is state-controlled, but at the mercy of politics).

New York and the eastern seaboard have been without power for several hours. A TV tuned to CNN shows images of Wall Street execs pouring across the bridges on a splendid summer evening. Here, at the core of southern energy capitalism, we can feel the throbbing of the turbine as it goes round and round in the darkness, and it illuminates us, intoxicates us with power. Why not stay here, and invent something new... the force of water, power, and its opposite, emptiness...

The heart of the turbine of Yaciretá is a gigantic magnet, revolving upon itself.

I'm staying in Buenos Aires. Luciano has gone back to Mexico. We said goodbye a short while ago at the entrance to Ezeiza airport, on a freezing winter's night in Argentina. "Is that it, then?" Luciano asked. I nodded.

The taxi dropped me off in Barrio Norte, and I felt delivered.

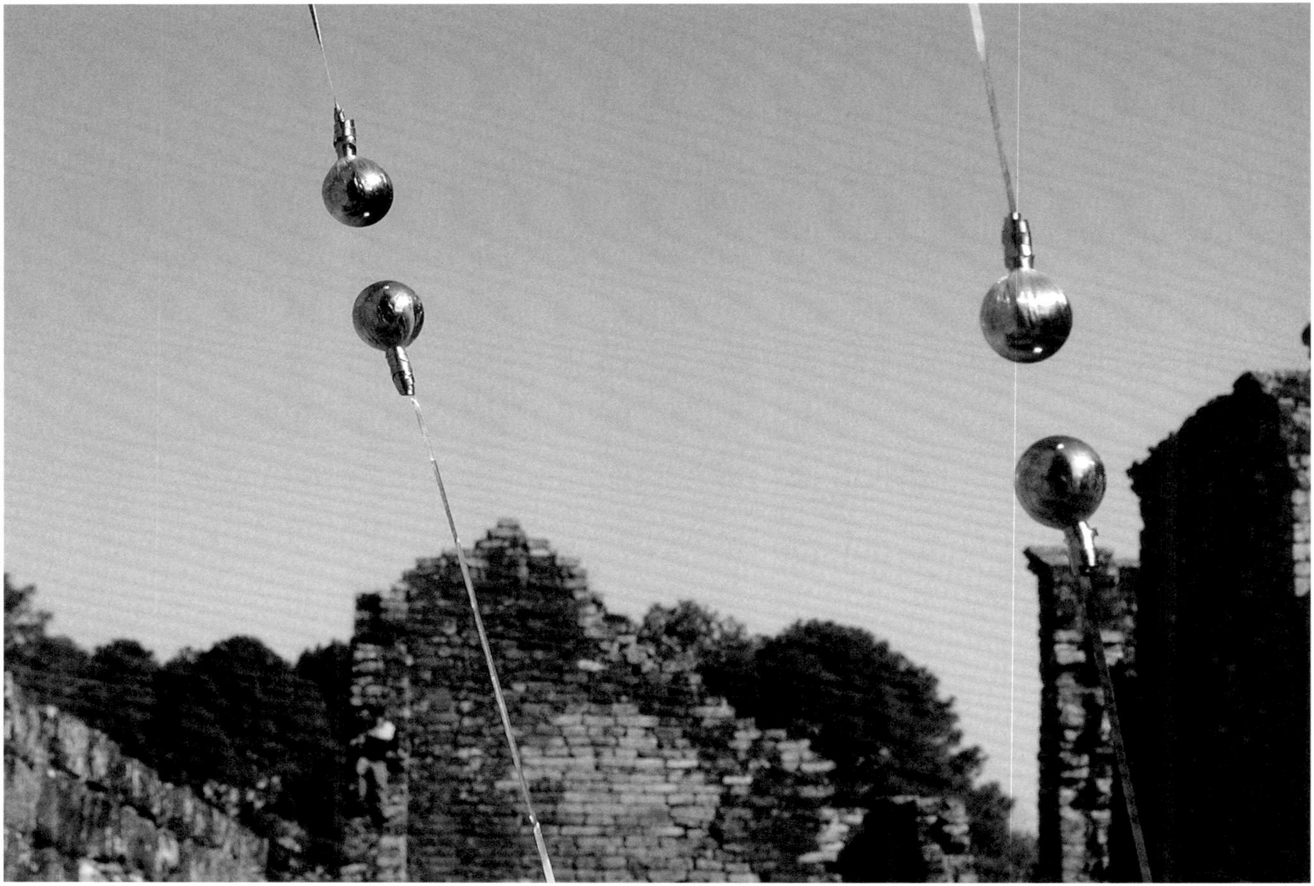

Misión Trinidad, Itapúa, Paraguay, 2003

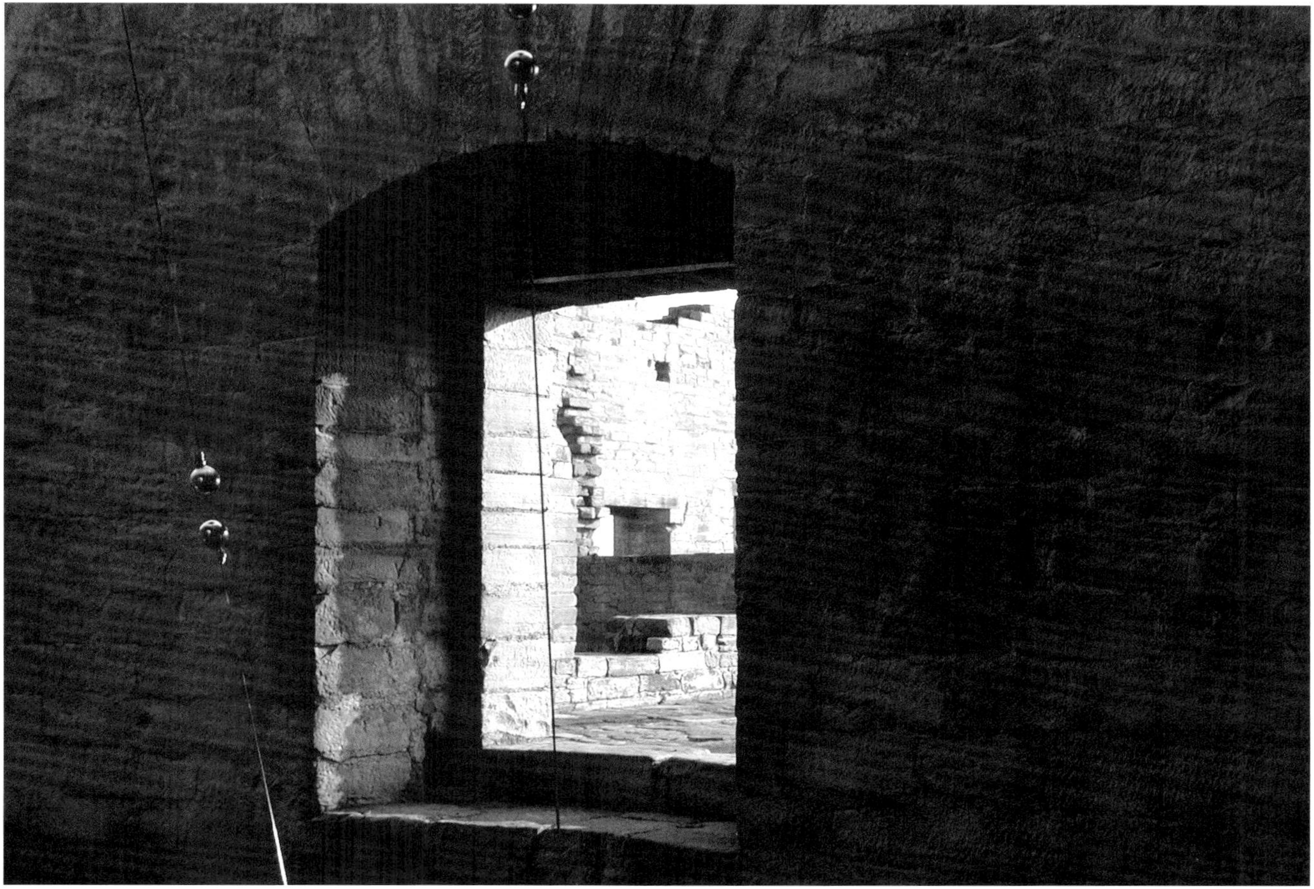

Jesús de Tavarangüe, Itapúa, Paraguay, 2003

Los autores de este libro

Gustavo Buntinx

Gustavo Buntinx es historiador, crítico de arte y curador independiente. Actualmente dirige el Centro Cultural de la Universidad Nacional Mayor de San Marcos. Licenciado en Historia y Literatura por la Universidad de Harvard, realizó estudios de doctorado en la Universidad de Buenos Aires. Ha sido profesor de Historia de la Crítica de Arte, Arte de Latinoamérica, Siglo xx, en las universidades de Buenos Aires y São Paulo. En Lima dirigió el Museo de Arte Italiano y el Museo de Arte e Historia de la Universidad de San Marcos. Ha sido curador de más de una docena de exposiciones tanto en Perú como en Uruguay y México. Ha publicado catálogos sobre Mario Urteaga y Moico Yaker. Sus ensayos se encuentran en publicaciones especializadas y antologías de la nueva crítica latinoamericana editados en Estados Unidos y Europa. Es miembro fundador del Centro de Investigaciones del Sur; del Comité Editor de Márgenes y del Colectivo Sociedad Civil, y miembro del Comité Artístico de la Bienal de Lima.

Rosina Cazali

Es crítica y curadora de arte. Trabaja y reside en Guatemala. Realizó estudios de licenciatura en Arte en la Universidad de San Carlos de Guatemala.

The Authors

Gustavo Buntinx

Gustavo Buntinx is a historian, art critic and independent curator. He presently directs the Centro Cultural de la Universidad Nacional Mayor de San Marcos in Lima. Having studied History and Literature at Harvard University, he obtained his doctorate at the Universidad de Buenos Aires. He has taught History of Art Criticism, Latin America in the Twentieth Century, at the universities of Buenos Aires and São Paulo. In Lima he was director of the Museo de Arte Italiano, and the Museo de Arte e Historia of the Universidad de San Marcos. He has curated more than a dozen exhibitions, in Peru, Uruguay and Mexico. He has published catalogue essays on Mario Urteaga and Moico Yaker. His essays appear in numerous specialised publications and anthologies of new Latin American criticism published in the United States and Europe. He is a founding member of the Centro de Investigaciones del Sur; of the editorial committee of Márgenes and of the Colectivo Sociedad Civil, and a member of the Comité Artístico de la Bienal de Lima.

Rosina Cazali

Art critic and curator, living and working in Guatemala. She obtained her bachelor's degree in Art at the Universidad de San Carlos in Guatemala. Co-

Cofundadora del proyecto *Colloquia,* espacio para el arte contemporáneo, fundadora de La Curandería, espacio para la investigación curatorial y el arte contemporáneo, y *Foto 30,* mes de la fotografía en Guatemala. Actualmente es directora del Centro Cultural de España en Guatemala. Curadora para Guatemala en las 23.ª y 25.ª Bienal de São Paulo; 2.ª y 3.ª Bienal Iberoamericana de Lima; IV Bienal del Caribe en Santo Domingo. Como curadora independiente, organizó la exposición colectiva *Vivir Aquí,* en el sótano del Museo Ixchel del Traje Indígena (Guatemala, 2000). Curadora invitada en el Festival *Octubreazul* (Guatemala, 2000); *Posnada. En el paisaje de Santa Ana* (Antigua, Guatemala, 2001); *1265 Kms,* Arte de Guatemala en Cuba, Centro Wifredo Lam (La Habana, 1998); *Días mejores. Arte y ética para tiempos mejores.* Arte contemporáneo de Guatemala. Centro Cultural de España (Costa Rica, 2003). Curadora invitada para la exposición de fotografía latinoamericana *Mapas abiertos,* a llevarse a cabo por Fundación Telefónica de Madrid y el Pallau de la Virreina, Barcelona, España, 2003. Columnista del diario *El Periódico,* colaboradora del suplemento cultural *El Acordeón* y la revista feminista *La Cuerda* (Guatemala), de la revista *Art Nexos* (Colombia), y de *Centrodearte.com* (España). Compiladora del libro de ensayos *Pasos a desnivel.* Contribuyó en el mapa de la cultura urbana en Guatemala (*Hivos*/La Curandería, 2003). Ha participado como relatora y ponente por Guatemala en el Primer

founder of the contemporary art space Colloquia, founder of La Curandería, a space for curatorial research and contemporary art, and of Foto 30, Guatemala's photography month. She currently directs the Centro Cultural de España in Guatemala. She curated the Guatemalan participation in the 23rd and 25th São Paulo Biennials; the 2nd and 3rd Iberoamerican Biennial, in Lima; the IV Caribbean Biennial in Santo Domingo. As an independent curator, she organized the group exhibition *Vivir Aquí,* in the basement of the Museo Ixchel del Traje Indígena (Guatemala, 2000). She was guest curator at the Festival *Octubreazul* (Guatemala, 2000); *Posnada. En el paisaje de Santa Ana* (Antigua, Guatemala, 2001); *1265 Kms,* Arte de Guatemala en Cuba, Centro Wifredo Lam (Havana, 1998); *Días Mejores. Arte y ética para tiempos mejores.* Arte contemporáneo de Guatemala. Centro Cultural de España (Costa Rica, 2003). She was also invited to curate the Latin American photography show *Mapas abiertos,* sponsored by the Fundación Telefónica in Madrid and the Pallau de la Virreina, Barcelona, Spain, 2003. She writes a column for the newspaper *El Periódico,* contributes to the cultural supplement *El Acordeón* and to feminist magazine *La Cuerda* (Guatemala); she writes for *Art Nexos* (Colombia), and *Centrodearte.com* (Spain). She edited the essay compilation *Pasos a desnivel.* She contributed to the map of urban culture in Guatemala (*Hivos*/La Curandería, 2003). She partic-

Simposio Regional *Temas Centrales,* organizado por *Teorética,* en San José, Costa Rica, mayo de 2000; encuentros teóricos del Festival *Octubreazul,* Guatemala, octubre de 2000; encuentro *Curatorial Practice and Criticism in Latin America,* organizado por el Centro de Estudios Curatoriales, Bard College, Nueva York, marzo de 2001; *IV Diálogos Iberoamericanos/Post Issues,* Valencia, España, 2001.

Olivier Debroise

Además de ser uno de los críticos y curadores de arte más conocidos en México, Debroise ha publicado a la fecha tres novelas (la última, *Crónica de las destrucciones,* ganó el Premio Colima de Novela en 1998) y ha filmado un largometraje, *Un banquete en Tetlapayac.* Entre sus muchas curadurías destacan *El corazón sangrante/The Bleeding Heart* (con Elisabeth Sussman y Matthew Teitelbaum), The Institute of Contemporary Art (ICA), Boston, 1991; *InSITE97, A Binational Exhibition of Site-Specific Installations,* San Diego-Tijuana, 1997 (con Sally Yard, Jessica Bradley e Ivo Mesquita), y *Retrato de una década. David Alfaro Siqueiros 1930-1940,* Museo Nacional de Arte, Santa Barbara Museum of Art, Museum of Fine Arts, Houston, y The Whitechapel Art Gallery, Londres 1996. Es autor de *Diego de Montparnasse* (FCE, 1979) y de *Figuras en el trópico* (Océano, 1984). Su ensayo *Fuga mexicana, un recorrido por la fotografía en*

ipated as the Guatemalan representative at the Primer Simposio Regional *Temas Centrales,* organized by *Teorética,* in San José, Costa Rica, May 2000; at the theoretical sessions of the Festival *Octubreazul,* Guatemala, October, 2000; at *Curatorial Practice and Criticism in Latin America,* a round table organized by the Center for Curatorial Studies, Bard College, New York, March 2001; and *IV Diálogos Iberoamericanos/Post Issues,* Valencia, Spain, 2001.

Olivier Debroise

As well as being one of the best-known art critics and curators in Mexico, Debroise has published three novels (the most recent, *Crónica de las destrucciones,* won the Premio Colima de Novela in 1998) and shot a feature film, *Un banquete en Tetlapayac.* Among his many curatorial achievements are included: *El corazón sangrante/The Bleeding Heart* (with Elisabeth Sussman and Matthew Teitelbaum), The Institute of Contemporary Art (ICA), Boston, 1991; *InSITE97, A Binational Exhibition of Site-Specific Installations,* San Diego-Tijuana, 1997 (with Sally Yard, Jessica Bradley and Ivo Mesquita), and *Retrato de una década. David Alfaro Siqueiros 1930-1940,* Museo Nacional de Arte, Santa Barbara Museum of Art, Museum of Fine Arts, Houston, and The Whitechapel Art Gallery, London, 1996. He is the author of *Diego de Montparnasse* (FCE, 1979) and *Figuras en el trópico* (Océano, 1984). His

México (CNCA, 1994) se ha traducido al inglés como *Mexican Suite, Photography in Mexico* por la Universidad de Texas en Austin. Como miembro fundador y director de Curare, Espacio Crítico para las Artes, entre 1993 y 1997, Debroise tuvo un papel destacado en la reflexión sobre la integración de México en la mundialización de la cultura a todo lo largo de los años noventa. Es miembro del Sistema Nacional de Creadores de Artes del Fondo Nacional para la Cultura y las Artes, curador de fotografía del Museo Nacional de Arte y fundador de la Cámara Nacional de la Industria Artística (CANAIA), espacio de arte independiente en la ciudad de México.

Viviana Kuri

Obtuvo su Máster en Historia por The University of Chicago, trabaja en el Instituto Nacional de Antropología e Historia y actualmente es coordinadora de asesores de la Dirección General asignada como especialista a la Dirección de Patrimonio Mundial de ese instituto en donde coordina diferentes proyectos de arte contemporáneo y patrimonio. Desde el año 2001 ha asistido como parte de la delegación mexicana a las reuniones del Bureau y del Comité de Patrimonio Mundial, siendo México miembro del Comité. Fue becaria del Fondo Nacional para la Cultura y las Artes, y ha participado en revistas literarias y suplementos culturales, tiene diversas publicaciones.

essay *Fuga Mexicana, un recorrido por la fotografía en México* (CNCA, 1994) was published in English as *Mexican Suite, Photography in Mexico* by the University of Texas in Austin. As founding member and director of Curare, Espacio Crítico para las Artes between 1993 and 1997, Debroise took a leading role in the discussions about the integration of Mexico into a globalized culture that so preoccupied the 1990s. He is a member of the Sistema Nacional de Creadores de Artes del Fondo Nacional para la Cultura y las Artes, photography curator at the Museo Nacional de Arte, and a founder of the Cámara Nacional de la Industria Artística (CANAIA), a new independent art space in Mexico City.

Viviana Kuri

With a Master's degree in history from Chicago University, she works at the Instituto Nacional de Antropología e Historia in Mexico City where she is currently Coordinadora de Asesores de la Dirección General, and the Institute's designated World Heritage specialist at its Dirección de Patrimonio Mundial, in whose framework she coordinates various contemporary art and heritage projects. Since 2001 she has formed part of the Mexican delegation at meetings of the World Heritage Bureau and Committee, of which Mexico is a member. She was awarded a grant by the Fondo Nacional para la Cultura y las Artes, and con-

Natalia Majluf

Es directora del Museo de Arte de Lima, institución de la que fue curadora principal de 1995 a 2001. Historiadora de arte, realizó estudios de posgrado en el Institute of Fine Arts, New York University, y obtuvo el doctorado en la Universidad de Texas en Austin (1995). Ha publicado extensamente sobre arte peruano de los siglos diecinueve y veinte. Es autora, entre otros, de *Escultura y espacio público. Lima, 1850-1879* (1994) y coautora con Luis Eduardo Wuffarden de los catálogos de las exposiciones *La piedra de Huamanga: lo sagrado y lo profano* (1997), *Elena Izcue: El arte precolombino en la vida moderna* (1999), *La recuperación de la memoria. El primer siglo de la fotografía. Perú, 1842-1942* (2001). Ha editado y contribuido con ensayos a *El arte en el Perú. Obras de la colección del Museo de Arte de Lima* (2001) y Francisco Laso, *Aguinaldo para las señoras del Perú y otros escritos* (1854-1869) (2003).

Cuauhtémoc Medina

Es investigador del Instituto de Investigaciones Estéticas de la Universidad Nacional Autónoma de México y Curador Asociado de Arte Latinoamericano de la Tate Gallery, en el Reino Unido. En el año 2002 dirigió el octavo Foro Internacional de Teoría y Arte contemporáneo (FITAC) titulado "Estéticas mercantiles

tributes to several literary journals and cultural supplements, as well as authoring a range of publications.

Natalia Majluf

She is the director of the Museo de Arte de Lima, where she acted as chief curator from 1995 to 2001. An art historian, she completed her post-graduate studies at the Institute of Fine Arts, New York University and obtained her doctorate at the University of Texas in Austin (1995). She has written extensively about Peruvian art of the nineteenth and twentieth centuries. She is the author, among other books, of *Escultura y espacio público*. Lima, 1850-1879 (1994) and co-author with Luis Eduardo Wuffarden of the catalogues for the following shows: *La piedra de Huamanga: lo sagrado y lo profano* (1997), *Elena Izcue: El arte precolombino en la vida moderna* (1999), *La recuperación de la memoria. El primer siglo de la fotografía. Perú, 1842-1942* (2001). She has edited and contributed texts to: *El arte en el Perú. Obras de la colección del Museo de Arte de Lima* (2001) and Francisco Laso, *Aguinaldo para las señoras del Perú y otros escritos (1854-1869)* (2003).

Cuauhtémoc Medina

He is a Research Fellow at the Instituto de Investigaciones Estéticas of the Universidad Nacional Autónoma de México (UNAM) and Associate Curator of Latin American Art at the Tate Gallery, London. In the year

y mercancías críticas" (Monterrey, Nuevo León, abril de 2002), organizó la acción *Cuando la fe mueve montañas* de Francis Alÿs realizada en Lima (abril de 2002) y estuvo al cuidado de la muestra *20 million Mexicans can´t be wrong* para la South London Gallery. Entre sus publicaciones recientes pueden mencionarse: "A Ghostly Museum for a Vampirelike Figure/Un museo fantasmal para un personaje vampiresco", en Vicente Razo: *The Official Museo Salinas Guide* (Los Ángeles: Smart Art Press, 2002), "Abuso mutuo/Mutual abuse" en Klaus Biesenbach: *Mexico City. An Exhibition on the Exchange Rates of Bodies and Values* (Nueva York-Berlín: PS1-Kunstwerke, 2002), y *Graciela Iturbide 55* (Londres: Phaidon Press, 2001). Escribe la columna quincenal "Ojo breve" en el periódico *Reforma*.

Patricia Sloane

Escritora y cineasta. Después de trabajar como productora cinematográfica, Patricia Sloane fundó, en 1979, la Galería Sloane-Racotta, que se estableció como uno de los centros de arte de vanguardia más importantes en México a lo largo de la década de los ochenta, representando a artistas como Alberto Gironella, José Luis Cuevas, Alechinsky, Julio LeParc, Adolfo Riestra, Yishai Jusidman, Helen Escobedo y Marcos Kurtycz. Al cierre de esta galería, en 1994, se dedicó a la curaduría independiente, y organizó numerosas exposiciones,

2002 he directed the eighth Foro Internacional de Teoría y Arte Contemporáneo (FITAC), titled "Estéticas mercantiles y mercancías críticas" (Monterrey, Nuevo León, April 2002), organized the action by Francis Alÿs *Cuando la fe mueve montañas* (Lima, April 2002) and curated *20 million Mexicans can't be wrong* for the South London Gallery. His most recent publications include: "A Ghostly Museum for a Vampire-like Figure/Un Museo Fantasmal para un Personaje Vampiresco", in: Vicente Razo: *The Official Museo Salinas Guide* (Los Angeles: Smart Art Press, 2002), "Abuso mutuo/Mutual abuse" in: Klaus Biesenbach: *Mexico City. An Exhibition on the Exchange Rates of Bodies and Values* (New York-Berlin: PS1-Kunstwerke, 2002), and *Graciela Iturbide 55* (London: Phaidon Press, 2001). He contributes a fortnightly column, "Ojo Breve," to the Mexican newspaper *Reforma*.

Patricia Sloane

Writer and film maker. In 1979, after a career as a film producer, she founded the Galería Sloane-Racotta, which became one of the leading avant-garde art venues in Mexico during the following decade, representing artists such as Alberto Gironella, José Luis Cuevas, Alechinsky, Julio LeParc, Adolfo Riestra, Yishai Jusidman, Helen Escobedo and Marcos Kurtycz. When the gallery closed in 1994 she moved into independent

incluyendo las representaciones de México en las Bienales de Johannesburgo y Estambul, así como a la promoción de espacios independientes. Fue directora del Museo de Arte Carrillo Gil en la Ciudad de México entre 2000 y 2002. Actualmente, dirige la Cámara de la Industria Artística (CANAIA) y es tesorera del Patronato de Arte Contemporáneo (PAC).

curating, and organized numerous exhibitions including the Mexican participation in the Johannesburg and Istanbul Biennials, as well as promoting independent spaces. She was director of the Museo de Arte Carrillo Gil in Mexico City from 2000 to 2002. She presently directs the Cámara de la Industria Artística (CANAIA) and acts as treasurer for the Patronato de Arte Contemporáneo (PAC).

PERSONAL QUE HA COLABORADO EN EL PROYECTO "RECONOCIMIENTO DEL ESPACIO"

"RECONNAISSANCE OF SPACE" PROJECT COLLABORATORS

GUATEMALA

EMBAJADOR DE ESPAÑA/AMBASSADOR OF SPAIN
Ramón Gandarias Alonso de Celis

CONSEJERA CULTURAL/CULTURAL ATTACHÉ
Carmen Castiella Ruiz de Velasco

DIRECTORA DEL CENTRO DE FORMACIÓN EN ANTIGUA/
DIRECTOR, TRAINING CENTRE
Inmaculada Zamora

DIRECTOR DEL PROGRAMA DE PRESERVACIÓN DEL PATRIMONIO/
DIRECTOR, HERITAGE CONSERVATION PROGRAMME
Juan de la Serna

DIRECTORA DEL CENTRO CULTURAL DE ESPAÑA/
DIRECTOR, CULTURAL CENTRE
Rosina Cazali

RESPONSABLE DE COMUNICACIÓN Y ACTIVIDADES CULTURALES DEL CENTRO DE FORMACIÓN/SUPERVISOR OF THE TRAINING CENTRE'S COMMUNICATION AND CULTURAL ACTIVITIES
Itziar Navarro

MONTAJE/MOUNTING
Kirt Douglas Armando Matheu Ramírez
Luis Iván Ramírez Meléndez
Marvel Omar Nelly Herrera

COLOMBIA

COORDINADOR DEL PROGRAMA DE PATRIMONIO CULTURAL/
COORDINATOR OF THE HERITAGE CONSERVATION PROGRAMME
Luis Villanueva

DIRECTOR ESCUELA TALLER CARTAGENA DE INDIAS/DIRECTOR CARTAGENA DE INDIAS TRAINING CENTRE
Germán Bustamante

COORDINADOR DE OBRAS, ESCUELA TALLER CARTAGENA DE INDIAS/
WORKS COORDINATOR, CARTAGENA DE INDIAS TRAINING CENTRE
Mario Zapateiro

JEFE DE ESTUDIOS, ESCUELA TALLER CARTAGENA DE INDIAS/
EDUCATION COORDINATOR, CARTAGENA DE INDIAS TRAINING CENTRE
Rodrigo Arteaga

OBRA DE RESTAURACIÓN CLAUSTRO DE SANTO DOMINGO/
RESTORATION, CLAUSTRO DE SANTO DOMINGO
Alfredo Alcalá

MONTAJE/MOUNTING
Leonardo Martínez
Jorge Elías Zamur
Enilda Llamas
Harry Auly Lozano
Elkis Ramos
Amilkar Arnedo
Juan Guillermo Suárez
Luis Enrique Vitola
Aníbal Bolívar
José Francisco Cabria
Víctor Hugo de Ávilaz
Luis Carlos Chico
Julio Ochoa
Rogelio Pérez

PERÚ

EMBAJADOR DE ESPAÑA/AMBASSADOR OF SPAIN
Carlos Díaz Valcárcel

MINISTRO CONSEJERO/MINISTER
Manuel Gómez-Acebo Rodríguez y Spiteri

CONSEJERA CULTURAL Y DE COOPERACIÓN DE LA EMBAJADA DE ESPAÑA/CULTURAL AND COOPERATION ATTACHÉ, SPANISH EMBASSY
Aránzazu Bañón Dávalos

DIRECTOR DEL CENTRO CULTURAL DE LA EMBAJADA DE ESPAÑA/DIRECTOR, SPANISH EMBASSY CULTURAL CENTRE
Ricardo Ramón Jarne ECÓNOMO ARQUIDIOCESANO DEL ARZOBISPADO DEL CUSCO/ARCHBISHOPRIC OF CUSCO
Aquiles Barrionuevo Dolmos

RESIDENTE DEL PROYECTO INTEGRAL DE RESTAURACIÓN DEL CONVENTO DE LA MERCED/RESIDENT, RESTORATION PROJECT, CONVENTO DE LA MERCED
Jacquelin Luksic

DIRECTOR DEL PROGRAMA DE PATRIMONIO CULTURAL DE LA AGENCIA ESPAÑOLA DE COOPERACIÓN INTERNACIONAL EN PERÚ/DIRECTOR, HERITAGE PROGRAMME OF THE SPANISH AGENCY FOR INTERNATIONAL COOPERATION IN PERU
Luis Mozas

DIRECTOR DEL CENTRO CULTURAL DE LA CASONA DE LA UNIVERSIDAD NACIONAL MAYOR DE SAN MARCOS EN LIMA/DIRECTOR, CASONA CULTURAL CENTRE OF THE UNIVERSIDAD NACIONAL MAYOR DE SAN MARCOS IN LIMA
Gustavo Buntinx

DIRECTORA DEL MUSEO DE ARTE DE LIMA/DIRECTOR, LIMA ART MUSEUM
Natalia Majluf

PRENSA/PRESS
César Namuche

PARAGUAY

EMBAJADOR DE ESPAÑA/AMBASSADOR OF SPAIN
José Antonio Bordallo Huidobro

CONSEJERA CULTURAL Y DE COOPERACIÓN DE LA EMBAJADA DE ESPAÑA/CULTURAL AND COOPERATION ATTACHÉ, SPANISH EMBASSY
Dolores Ríos

COORDINADORA GENERAL DEL PROGRAMA DE PATRIMONIO CULTURAL DE LA COOPERACIÓN ESPAÑOLA/GENERAL COORDINATOR, CULTURAL HERITAGE PROGRAMME OF THE SPANISH COOPERATION AGENCY
Teresa Corella Rodrigo

EXPERTO COORDINADOR PROGRAMA PRESERVACIÓN PATRIMONIO CULTURAL/COORDINATOR EXPERT, CULTURAL HERITAGE CONSERVATION PROGRAMME
Raimundo Espiau

MONTAJE, RESPONSABLE TÉCNICO/MOUNTING, TECHNICAL SUPERVISOR
Carlos Meza

RESPONSABLE TÉCNICO ADMINISTRATIVO SENATUR, 2003/ TECHNICAL ADMINISTRATIVE SUPERVISOR SENATUR, 2003
Alfredo Arzamendia
Bernardino Coronel
Antonio Ferreira
Benjamín Paunillaus

ESPAÑA

DIRECTORA PROGRAMA DE PATRIMONIO CULTURAL DE IBEROAMÉRICA AECI/DIRECTOR, CULTURAL HERITAGE PROGRAMME IN LATIN AMERICA AECI
Amparo Gómez-Pallete

COORDINADORA GENERAL DEL PROGRAMA DE PATRIMONIO CULTURAL DE LA COOPERACIÓN ESPAÑOLA/GENERAL COORDINATOR, CULTURAL HERITAGE PROGRAMME OF THE SPANISH COOPERATION AGENCY
Araceli Pereda

JEFE DE SERVICIO DEL PROGRAMA DE PATRIMONIO CULTURAL EN IBEROAMÉRICA/SERVICES SUPERVISOR, CULTURAL HERITAGE PROGRAMME IN LATIN AMERICA
Paloma García Izquierdo

PERSONAL DEL CENTRO DE FORMACIÓN DE LA COOPERACIÓN ESPAÑOLA

PERSONNEL, TRAINING CENTRE OF THE SPANISH COOPERATION AGENCY

DIRECTOR/DIRECTOR
José Roberto Piqueras

COORDINADORA DE ACTIVIDADES CULTURALES/ COORDINATOR FOR CULTURAL ACTIVITIES
Patricia Giraldo

CONDUCTOR MENSAJERO/MESSENGER
Luciano García

posibilidad – potencia de ser – móvil

vida | muerte

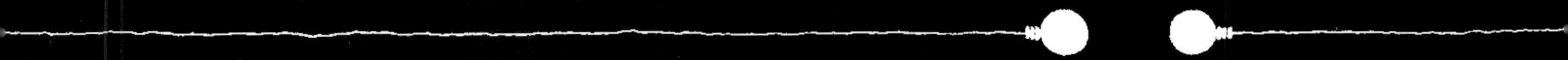

opciones
|
elección
|
referencia
|
historia – memoria

Luciano Matus (México, 1971)

Licenciado en Arquitectura en el año 1995, ha realizado intervenciones en EE.UU., museos mexicanos, así como en edificios históricos en México, Guatemala, Colombia, Perú, Paraguay y España.

Luciano Matus (México, 1971)

Obtained his degree in Arquitecture in 1995. He has interventions in USA, museums in Mexico, as well as in historic buildings of Mexico, Guatemala, Colombia, Peru, Paraguay and Spain.